JN098355

憲法判例コレクション

A Collection of Cases on the Constitution of Japan

小泉良幸
松本哲治
横大道聡 編

有斐閣

はしがき

本書は，憲法判例を編集して収録したものである。重要なものについては事案を簡潔に紹介し，必要に応じて解説コメントを付した。法学部の講義の副教材，あるいは，教科書と併読する副読本として用いられることを想定しているが，法科大学院での知識の整理に用いることもできよう。

憲法を学ぶに際して，判例の意義は，いまさら説くまでもない。抽象的で簡潔な憲法の条文は，多くの場合，判例によって具体的な事案に適用されて初めて，その意味が明らかになる。いわば，判例によって解釈されたものが，この国のかたちであるところの憲法である。まずは判例を学ばずしては，これを批判することもできない。

ただ，類書も多い中，本書を刊行する意義はどこにあるか。

第1に，収録された判決文の簡潔さである。もとより，判決文は，実はその全文を読むことが一番理解の易しいところがある。しかし，憲法施行から70有余年，先行判例の数は膨大であり，しかも，年々増加・増大する一方である。学生が，限られた期間に，他科目とも併せて学習すべき範囲を精選して示すのは，教育者の使命である。むろん，個別の論点に深く関心をもてば，本書の引用範囲では不足する。しかし，データベースで簡単に判決文全文に当たることができる今の時代，むしろ，取捨選択が重要である。

第2に，収録された判決の数である。これは，判決文の長さと異なり，極端には絞り込んでいない。これは知っていてほしいという事件は，網羅してある。その中でも，古い事件はやや絞り込み，近時の事例で関心を惹くもの，講義で言及されるであろうものは，下級審裁判例を含めて漏れのないように収録した。

第3に，収録に際して，判例の重要度を5段階で明示した。もちろん，上のような意味で，すべての判例に，一度は目を通してもらいたいが，憲法の学習上は，その事案の詳細を記憶し，あるいは，判旨の重要部分はまるごと覚えていて当然というような重要判例から，ひとまず読んだことがあることが大事という判例までさまざまである。このように言うと，教室で必ず，どれがそうですか，と尋ねられてきたが，今後は本書をもってお答えに代えることとしたい。

なお，巻末に，主要判例と世の中のできごとを年表として付した。判例相互の，また，判例と社会との関係を，時間軸の中で理解することも，時に重要である。また，私の世代は，日本国憲法下でのすべての出来事を，ご自身の目でみてこられた世代の先生方から憲法学の手ほどきを受けたが，いまや，講義を聴く学生の多くにとっては，20 世紀の出来事はすべて生まれる前のことである。しばしば教室で受けるこの衝撃を，日本国憲法の，少なくともその一部はすでに歴史となったと前向きに受け止めたのが，年表作成の由縁である。

京都支店の一村大輔氏が，相談があると，私の研究室を訪ねてこられたのは 2018 年の春先でした。学部生の頃に，有斐閣双書のコンパクトな判例集で講義を受けておられた思い出など伺いつつ，上のような条件を満たすものを，同社から出して頂けるのであれば，ありがたいとお考えの憲法の講義をご担当の先生方は多いであろうと思い至り，ご執筆の先生方にお声をおかけしました。幸いにも，年齢や出身校，地域や勤務先その他も多様な，しかし，間違いなく現在と未来の学界を支える先生方にご参加いただきました。ともすれば長く書きたいというのが学者の習性の中，本書の趣旨をよくご理解いただいたことに感謝いたしております。執筆者で会合を重ね，判例の取捨選択，要約の適否，年表の書き方・事項の採否などについて，議論して本書を作り上げてきましたが，アメリカやドイツに滞在されている先生方だけがオンラインで参加されていた最初の頃が，懐かしいものとなるとは思いもしませんでした。

最後に，本書の編集に当たっては，有斐閣書籍編集部の藤原達彦氏，佐藤文子氏に大変なご尽力をいただきました。篤く御礼申し上げます。

2021 年 10 月

編者を代表して

松本哲治

目　次

第１章　天皇

第２章　戦争放棄

第３章　国民の権利義務・総論

第 4 章 幸福追求権

第5章 法の下の平等

第 6 章　精神的自由（1）

第７章　精神的自由（2）

第 8 章　精神的自由（3）

第 9 章　経済的自由

第10章 人身の自由・適正手続

第11章 社会権

第13章　国会・内閣

第14章　司法

第 15 章　財政

第 16 章　地方自治

第 17 章　最高法規

凡　　例

Ⅰ　判例について

＊略語の主なものは以下のとおり。

[裁判所]

大　判	大審院判決
最（大）判（決）	最高裁（大法廷）判決（決定）
高（＊＊支）判（決）	高等裁判所（＊＊支部）判決（決定）
地（＊＊支）判（決）	地方裁判所（＊＊支部）判決（決定）

[判例集]

民（刑）集	最高裁判所民事（刑事）判例集
行　集	行政事件裁判例集
集　民	最高裁判所裁判集民事
高民（刑）集	高等裁判所民事（刑事）判例集
下民（刑）集	下級裁判所民事（刑事）裁判例集
裁　時	裁判所時報
家　月	家庭裁判月報
刑　月	刑事裁判月報
訟　月	訟務月報
判　時	判例時報
判　タ	判例タイムズ
労　判	労働判例
自　正	自由と正義

＊判決文を引用する場合は，原則として原典どおりの表記としたが，字体の変更や，拗音・促音を小書きとするなどの修正をしたものもある。なお，引用カギ括弧内における〔　〕表記は著者による注または原文とは異なる表現を用いていることを表す。

Ⅱ　法令名について

法令名の略語は原則として有斐閣『六法全書』の例に依った。なお，法令は判決時のものであり，現行法と異なっている場合がある（たとえば，薬事法は 2014 年の法改正により「医薬品，医療機器等の品質，有効性及び安全性の確保等に関する法律」に改められたが，**9-4** などでは当時のまま薬事法と表記している)。

Ⅲ　判例の重要度について

本書には憲法の学習を進めるうえで理解しておくべき裁判例を厳選して収載したが，その中での重要度を★マークで示した。

Ⅳ　中央省庁等の名称について

中央省庁や国務大臣の名称は事件当時のものであって，2001 年の中央省庁改革後の現行の省庁名とは異なっている場合がある（例：「厚生大臣」＝現行の「厚生労働大臣」，「文部省」＝現行の「文部科学省」)。

著者紹介

（*は編者）

*小泉良幸（こいずみ・よしゆき）

関西大学法学部教授

担　当：第6章・第7章（7-66）・第8章

*松本哲治（まつもと・てつじ）

同志社大学大学院司法研究科教授

担　当：第5章・第11章

*横大道　聡（よこだいどう・さとし）

慶應義塾大学大学院法務研究科教授

担　当：第3章・第10章・第17章

江藤祥平（えとう・しょうへい）

一橋大学法学部教授

担　当：第4章・第9章

大河内美紀（おおこうち・みのり）

名古屋大学大学院法学研究科教授

担　当：第7章（7-1〜7-65）

見平　典（みひら・つかさ）

京都大学大学院人間・環境学研究科准教授

担　当：第12章・第14章

山田哲史（やまだ・さとし）

京都大学大学院法学研究科教授

担　当：第1章・第2章・第13章・第15章・第16章

第1章
天皇

1-1 天皇と民事裁判権

★★☆☆☆

最判平成元・11・20 民集 43 巻 10 号 1160 頁

【事　実】 昭和天皇が重篤に陥り，千葉県知事はその病気快癒を願う記帳所を設置し，県の公金を支出した。住民 X は，当該支出は違法であるとして，昭和天皇の相続人たる明仁天皇（現・上皇）を被告として，県を代位して，記帳所設置費用相当額の不当利得の返還を求める住民訴訟を提起した。1 審は，天皇が民事裁判の当事者となることは想定されていないとして訴状を却下し，X は即時抗告した。2 審は，訴状却下事由（旧民事訴訟法 228 条〔現行法 137 条に相当〕）には該当しないとして原命令を破棄し，1 審に差し戻した。差戻 1 審は天皇には民事裁判権が及ばないとして訴えを却下し，差戻 2 審もこれを支持した。X が上告。

【判　旨】 上告棄却。「天皇は日本国の象徴であり日本国民統合の象徴であることにかんがみ，天皇には民事裁判権が及ばないものと解するのが相当である。したがって，訴状において天皇を被告とする訴えについては，その訴状を却下すべきものであるが，本件訴えを不適法として却下した第 1 審判決を維持した原判決は，これを違法として破棄するまでもない。」

第２章

戦争放棄

2-1 自衛権・戦力・在日米軍——砂川事件第１審

★★☆☆☆

東京地判昭和 34・3・30 下刑集 1 巻 3 号 776 頁

【事　実】 X らは，旧日米安全保障条約３条に基づく行政協定に伴う刑事特別法２条に違反して，アメリカ合衆国空軍が使用する立川飛行場内に立ち入ったとして起訴された。

【判　旨】 被告人無罪。日本国憲法９「条は，自衛権を否定するものではないが，侵略的戦争は勿論のこと，自衛のための戦力を用いる戦争及び自衛のための戦力の保持をも許さない」。「わが国が現実的にはその安全と生存の維持を信託している国際連合の機関による勧告又は命令に基いて，わが国に対する武力攻撃を防御するためにその軍隊を駐留せしめるということであればあるいは憲法第９条第２項前段によって禁止されている戦力の保持に該当しないかもしれない」が，合衆国軍隊の実質を踏まえると，「わが国が外部からの武力攻撃に対する自衛に使用する目的で合衆国軍隊の駐留を許容していることは，指揮権の有無，合衆国軍隊の出動義務の有無に拘らず，日本国憲法第９条第２項前段によって禁止されている陸海空軍その他の戦力の保持に該当」し，「わが国内に駐留する合衆国軍隊は憲法上その存在を許」されない。(駐留が違憲である合衆国軍隊の施設や区域内の平穏について，一般国民の同種法益以上の厚い保護を与える刑事特別法２条は憲法 31 条に違反し無効であるので，公訴事実は起訴状記載の訴因について罪にならないと判示した。)

2-2 自衛権・戦力・在日米軍——砂川事件上告審

★★★★★

最大判昭和 34・12・16 刑集 13 巻 13 号 3225 頁

【事　実】 2-1（砂川事件第１審）判決を受け，検察側が最高裁に跳躍上告（刑事訴訟規則 254 条 1 項）。

【判　旨】 原判決破棄，差戻し。①**9 条の趣旨** 「憲法９条は，わが国が敗戦の結果，ポツダム宣言を受諾したことに伴い，日本国民が過去におけるわが国の誤って犯すに至った軍国主義的行動を反省し，政府の行為によって再び戦争の惨禍が起ることのないようにすることを決意し，深く恒久の平和を念願して制定したものであって，前文および98条2項の国際協調の精神と相まって，わが憲法の特色である平和主義を具体化した規定である」。こうして，戦争を放棄し，戦力保持を禁止する日本国憲法9条も，「わが国が主権国として持つ固有の自衛権は何ら否定」しておらず，「わが憲法の平和主義は決して無防備，無抵抗を定めたものではない」。「憲法前文にも明らかなように，われら日本国民は，平和を維持し，専制と隷従，圧迫と偏狭を地上から永遠に除去しようとつとめている国際社会において，名誉ある地位を占めることを願い，全世界の国民と共にひとしく恐怖と欠乏から免かれ，平和のうちに生存する権利を有することを確認するのである。しからば，わが国が，自国の平和と安全を維持しその存立を全うするために必要な自衛のための措置をとりうることは，国家固有の権能の行使として当然のことといわなければならない。すなわち，われら日本国民は，憲法9条2項により，同条項にいわゆる戦力は保持しないけれども，これによって生ずるわが国の防衛力の不足は，これを憲法前文にいわゆる平和を愛好する諸国民の公正と信義に信頼することによって補ない，もってわれらの安全と生存を保持しようと決意したのであ」り，原判決のいう国連安全保障理事会等による軍事的安全措置等以外にも，「わが国の平和と安全を維持するための安全保障であれば，その目的を達するにふさわしい方式又は手段である限り，国際情勢の実情に即応して適当と認められるものを選ぶことができ」，「憲法9条は，わが国がその平和と安全を維持するために他国に安全保障を求めることを，何ら禁ずるものではない」。**②憲法9条2項の法意**　こ「のような憲法9条の趣旨に即して同条2項の法意を考えてみるに，同条項において戦力の不保持を規定したのは，わが国がいわゆる戦力を保持し，自らその主体となってこれに指揮権，管理権を行使することにより，同条1項において永久に放棄することを定めたいわゆる侵略戦争を引き起こすがごときことのないようにするためである」。「従って同条2項がいわゆる自衛のための戦力の保持をも禁じたものであるか否かは別として，同条項がその保持を禁止した戦力とは，わが国がその主体となってこれに指揮権，管理権を行使し得る戦力をいうものであり，結局わが国自体の戦力を指し，外国の軍隊は，たとえそれがわが国に駐留するとしても，ここにいう戦力には該当しない」。**③在日米軍駐留の合憲性**　(i)日米安全保障条約の性質と司法審査　在日米軍駐留の根拠となっている（旧）日米安全保障条約は，「主権国としてのわが国の存立の基礎に極めて重大な関係をもつ高度の政治性を有するものというべきであって，その内容が違憲なりや否やの法的判断は，その条約を締結した内閣およびこれを承認した国会の高度の政治的ないし自由裁量的判断と表裏をなす」ため，合憲・違憲の「判断は，純司法的機能をその使命とする司法裁判所の審査には，原則としてなじま」ず，「一見極めて明白に違憲無効であると認められない限りは，裁判所の司法審査権の範囲外」にあり，「第一次的には，右条約の締結権を有する内閣およびこれに対して承認権を有する国会の判断に従うべく，終局的には，主権を有する国民の政治的批判に委ねられる」。(ii)在日米軍の性質と駐留の合憲性　在日米軍は，「外国軍隊であって，わが国自体の戦力でないことはもちろん，これに対する指揮権，管理権は，すべてアメリカ合衆国に存し，わが国がその主体となってあたかも自国の軍隊に対すると同様の指揮権，管理権を有するものでないことが明らかである」上，「わが国がその駐留を許容したのは，わが国の防衛力の不足を，平和を愛好する諸国民の公正と信義に信頼して補なおうとしたものに外ならないことが窺え」，在日米軍の「駐留は，憲法9条，98条2項および前文の趣旨に適合こそすれ，これらの条章に反して違憲無効であることが一見極めて明白であるとは，到底認められない」。

▼コメント▼　差戻審において，被告人らは有罪とされた。また，上告審の係属中，当時の最高裁長官であり上告審の裁判長裁判官でもあった田中耕太郎判事が，駐日米国大使らと数次にわたり会談し，日米安全保障条約について評議の内容などを知らせていたことが，2008（平成20）年以降の米国公文書の公開により判明し，再審請求がなされたが，東京地決平成28・3・8判時2364号6頁は，これを退けている。

2-3　自衛隊員による「存立危機事態」における防衛出動命令に服従する義務の不存在確認訴訟

★★☆☆☆

最判令和元・7・22民集73巻3号245頁

【事　実】 陸上自衛官であるXは，2015（平成27）年のいわゆる安保法制によって設けられた，わが国と密接な関係にある他国に対する武力攻撃が発生し，これによりわが国の存立が脅かされ，国民の生命，自由および幸福追求の権利が根底から覆される明白な危険がある事態（存立危機事態）に際して内閣総理大臣が自衛隊の全部または一部の出動を命ずることができる旨を規定する自衛隊法76条1項2号は憲法に違反すると主張して，同号の規定による防衛出動命令に服従する義務がないことの確認を求めた。

【判　旨】 破棄差戻し。「将来の不利益処分の予防を目的として当該処分の前提となる公的義務の不存在確認を求める無名抗告訴訟は，蓋然性の要件を満たさない場合には不適法というべきであ」り，「蓋然性の要件を満たすものか否かの点を検討することなく本件訴えを適法とした」「原審の判断には，判決に影響を及ぼすことが明らかな違法がある。論旨は理由があり，その余の判断の当否を検討するまでもなく，原判決は破棄を免れない。そして，上記の点等について更に審理を尽くさせるため，本件を原審に差し戻す」。(差戻審〔東京高判令和2・2・13裁判所ウェブサイト〕は，本件訴えを無名抗告訴訟としても，公法上の当事者訴訟としての確認訴訟としても不適法であるとして，控訴を棄却している。)

2-4　自衛権・戦力・平和的生存権――長沼事件第1審

★★☆☆☆

札幌地判昭和48・9・7判時712号24頁

【事　実】 防衛庁(当時)は，北海道長沼町に航空自衛隊のミサイル基地を建設すべく，建設予定地域の水源涵養保安林の指定解除を申請し，農林大臣(当時)は解除処分を行った。これに対し，同町の住民であるXらが，上記解除処分の取消しを請求した。

【判　旨】 請求認容。憲法前文第2項は，「平和的生存権が，全世界の国民に共通する基本的人権そのものである」としており，平和的生存権は，「憲法第3章の各条項によって，個別的な基本的人権の形で具体化され，規定されている」。9条1項「では，未だ自衛戦争，制裁戦争までは放棄していない」が，同条2「項でいっさいの『戦力』を保持しないとされる以上，軍隊，その他の戦力による自衛戦争，制裁戦争も，事実上おこなうことが不可能となった」。「自衛隊の編成，規模，装備，能力からすると，」「陸，海，空各自衛隊は，」「『戦力』に該当する」。

＊2審は訴えの利益の消滅による却下判断をしつつ，自衛隊は一見極めて明白に侵略的なものではなく，裁判所は違憲と判断できないとした。一方で上告審は，訴訟要件についてのみ判示し，9条や平和的生存権について判示しなかった。

2-5 自衛隊海外派遣と平和的生存権 ―― 自衛隊イラク派遣違憲訴訟

★★☆☆☆

名古屋高判平成 20・4・17 裁判所ウェブサイト【確定】

【事　実】 イラクの復興・治安維持のための多国籍軍の後方支援を目的としていわゆるイラク特措法に基づき，自衛隊がイラクに派遣された。原告 X らは，これにより自身の平和的生存権が侵害されたとして，自衛隊のイラク派遣の差止め等を求めた。1 審は X らの請求を棄却。X ら控訴。

【判　旨】 控訴棄却。判決当時「イラクにおいて行われている航空自衛隊の空輸活動は，政府と同じ憲法解釈に立ち，イラク特措法を合憲とした場合であっても，武力行使を禁止したイラク特措法 2 条 2 項，活動地域を非戦闘地域に限定した同条 3 項に違反し，かつ，憲法 9 条 1 項に違反する活動を含んでいる」。「平和的生存権は，現代において憲法の保障する基本的人権が平和の基盤なしには存立し得ないことからして，全ての基本的人権の基礎にあってその享有を可能ならしめる基底的権利であ」り，「平和的生存権は，憲法上の法的な権利として認められるべきである」。しかし，「本件派遣によって」，「X らの具体的権利としての平和的生存権が侵害されたとまでは認められない」。

2-6 憲法判断回避 ―― 恵庭事件

★☆☆☆☆

札幌地判昭和 42・3・29 下刑集 9 巻 3 号 359 頁【確定】

【判　旨】 「被告人両名の切断した本件通信線」は，「自衛隊法 121 条にいわゆる『その他の防衛の用に供する物』に該当しない」。「裁判所が一定の立法なりその他の国家行為について違憲審査権を行使しうるのは，具体的な法律上の争訟の裁判においてのみであるとともに，具体的争訟の裁判に必要な限度にかぎられることはいうまでもない。このことを，本件のごとき刑事事件にそくしていうならば，当該事件の裁判の主文の判断に直接かつ絶対必要なばあいにだけ，立法その他の国家行為の憲法適否に関する審査決定をなすべき」である。「被告人両名の行為について」「自衛隊法 121 条の構成要件に該当しないとの結論に達した以上，」「弁護人ら指摘の憲法問題に関し，なんらの判断をおこなう必要がな」く，「おこなうべきでもない」。

2-7 国の私法上の行為と憲法９条――百里基地訴訟

★★★☆☆

最判平成元・6・20 民集 43 巻 6 号 385 頁

【事　実】 国（X_1）が航空自衛隊の基地を建設する予定地内に本件土地を有していた X_2 は，Y との間で本件土地の売買契約を締結し，一部土地の所有権移転登記と一部土地の所有権移転の仮登記を行った。しかし，Y は代金の一部を支払ったのみで残代金を支払わなかったため，X_2 は上記売買契約を解除した。その後 X_2 は，新たに X_1 との間で本件土地の売買契約を締結し，一部の所有権移転登記を行った。X_2 が Y に対し，本件土地の一部につき，所有権移転登記の抹消を求めるとともに，X_1 は本件土地の所有権の確認を求めて出訴した。これに対し，Y は，所有権確認等を求める反訴を提起し，X_1・X_2 の間の売買契約は憲法９条に違反し無効であるなどと主張した。1 審，2 審がともに Y の主張を退けたため，Y が上告。

【判　旨】 上告棄却。**①憲法 98 条 1 項の規定内容**「憲法 98 条 1 項は，憲法が国の最高法規であること，すなわち，憲法が成文法の国法形式として最も強い形式的効力を有し，憲法に違反するその余の法形式の全部又は一部はその違反する限度において法規範としての本来の効力を有しないことを定めた規定であ」り，「同条項にいう『国務に関するその他の行為』とは，」「公権力を行使して法規範を定立する国の行為を意味し，」「国の行為であっても，私人と対等の立場で行う国の行為は，右のような法規範の定立を伴わないから憲法 98 条 1 項にいう『国務に関するその他の行為』に該当しない」。**②国の私法上の行為への憲法９条の直接適用の可能性**「憲法９条は，その憲法規範として有する性格上，私法上の行為の効力を直接規律することを目的とした規定ではなく，人権規定と同様，私法上の行為に対しては直接適用されるものではな」く，「国が行政の主体としてでなく私人と対等の立場に立って，私人との間で個々的に締結する私法上の契約は，当該契約がその成立の経緯及び内容において実質的にみて公権力の発動たる行為となんら変わりがないといえるような特段の事情のない限り，憲法９条の直接適用を受けず，私人間の利害関係の公平な調整を目的とする私法の適用を受けるにすぎない」。**③間接適用のあり方**「憲法９条は，人権規定と同様，国の基本的な法秩序を宣示した規定であるから，憲法より下位の法形式によるすべての法規の解釈適用に当たって，その指導原理となりうるものであることはいうまでもないが，憲法９条は，前判示のように私法上の行為の効力を直接規律することを目的とした規定ではないから，自衛隊基地の建設という目的ないし動機が直接憲法９条の趣旨に適合するか否かを判断することによって，本件売買契約が公序良俗違反として無効となるか否かを決すべきではないのであって，自衛隊基地の建設を目的ないし動機として締結された本件売買契約を全体的に観察して私法的な価値秩序のもとにおいてその効力を否定すべきほどの反社会性を有するか否かを判断することによって，初めて公序良俗違反として無効となるか否かを決することができる」。

＊憲法の人権規定の私人間効力に関する諸判例 3-20（三菱樹脂事件），3-21（昭和女子大学事件），3-22（日産自動車事件），3-23（沖縄入会権訴訟）も参照。

第3章
国民の権利義務・総論

1　外国人

3-1　外国人の入国の自由――外国人の不法入国事件

最大判昭和 32・6・19 刑集 11 巻 6 号 1663 頁

★☆☆☆☆

【判　旨】「憲法 22 条は外国人の日本国に入国することについてはなにら規定していないものというべきであって，このことは，国際慣習法上，外国人の入国の許否は当該国家の自由裁量により決定し得るものであって，特別の条約が存しない限り，国家は外国人の入国を許可する義務を負わないものであることと，その考えを同じくするものと解し得られる」。したがって，外国人は，連合国最高司令官の承認を受けた場合を除き，当分の間，本邦に入ることができないと定め（3 条），その違反を処罰する（12 条）としている「外国人登録令の規定の違憲を主張する論旨は，理由がないものといわなければならない」。

3-2　外国人の出国の自由――外国人の不法出国・密輸事件

最大判昭和 32・12・25 刑集 11 巻 14 号 3377 頁

★☆☆☆☆

【判　旨】 憲法 22 条 2 項にいう「外国移住の自由は，その権利の性質上外国人に限って保障しないという理由はない」が，日本から国外に出国しようとする外国人は旅券に証印を受けなければ出国してはならないとする出入国管理令 25 条は，「出国それ自体を法律上制限するものではなく，単に，出国の手続に関する措置を定めたものであり，事実上かかる手続的措置のために外国移住の自由が制限される結果を招来するような場合があるにしても，同令 1 条に規定する本邦に入国し，又は本邦から出国するすべての人の出入国の公正な管理を行うという目的を達成する公共の福祉のため設けられたものであって，合憲性を有するものと解すべきである」。

3-3　政治犯引渡し――尹秀吉（ユンスンギル）事件

★☆☆☆☆

最判昭和 51・1・26 判タ 334 号 105 頁

【判　旨】「いわゆる政治犯罪人不引渡の原則は未だ確立した一般的な国際慣習法であると認められない」。「逃亡犯罪人引渡法（昭和 28 年法律第 68 号，昭和 39 年法律第 86 号による改正前）は一般に条約の有無を問わず政治犯罪人の不引渡を規定したものではない」。「上告人が韓国に送還された場合，その政治活動につき処罰されることが客観的に確実でないとした原審の認定判断は，原判決挙示の証拠関係に照らし正当として是認することができる」。

3-4　外国人の人権享有主体性――マクリーン事件

★★★★☆

最大判昭和 53・10・4 民集 32 巻 7 号 1223 頁

【事　実】 アメリカ国籍をもつ X（ロナルド・アラン・マクリーン）は，1969（昭和 44）年，在留期間を 1 年とする上陸許可を受けて本邦に入国した。1970（昭和 45）年，X が Y（法務大臣）に対して 1 年間の在留期間の更新を申請したところ，Y は出国準備期間として 120 日間の在留期間更新を許可したが，1 年間の在留期間の再更新の申請については，X の在留期間中の無届転職と政治活動を理由に不許可とした。そのため，X がその取消しを求めて提訴。1 審は本件不許可処分を取り消したが，2 審は原判決を取り消したため，X が上告。

【判　旨】 上告棄却。①**外国人の入国の自由・在留の権利**「憲法上，外国人は，わが国に入国する自由を保障されているものでないことはもちろん，所論のように在留の権利ないし引き続き在留することを要求しうる権利を保障されているものでもない」。「出入国管理令上も在留外国人の在留期間の更新が権利として保障されているものでないことは，明らかである」。②**法務大臣の裁量の範囲**「法務大臣は，在留期間の更新の許否を決するにあたっては」，「諸般の事情をしんしゃくし，時宜に応じた的確な判断をしなければならないのであるが，このような判断は，事柄の性質上，出入国管理行政の責任を負う法務大臣の裁量に任せるのでなければとうてい適切な結果を期待することができない」から，出入国管理令 21 条 3 項において「在留期間の更新を適当と認めるに足りる相当の理由」の有無の「判断における法務大臣の裁量権の範囲が広汎なものとされているのは当然のことであ」る。③**裁量**

権の逸脱・濫用の有無の審査方法　「したがって，裁判所は，法務大臣の右判断についてそれが違法となるかどうかを審理，判断するにあたっては，右判断が法務大臣の裁量権の行使としてされたものであることを前提として，その判断の基礎とされた重要な事実に誤認があること等により右判断が全く事実の基礎を欠くかどうか，又は事実に対する評価が明白に合理性を欠くこと等により右判断が社会通念に照らし著しく妥当性を欠くことが明らかであるかどうかについて審理し，それが認められる場合に限り，右判断が裁量権の範囲をこえ又はその濫用があったものとして違法であるとすることができる」。**④外国人の政治活動の自由**　本件不許可処分は，Xの「在留期間中の無届転職と政治活動」，「なかでも政治活動が重視されたもの」であった。「憲法第３章の諸規定による基本的人権の保障は，権利の性質上日本国民のみをその対象としていると解されるものを除き，わが国に在留する外国人に対しても等しく及ぶものと解すべきであり，政治活動の自由についても，わが国の政治的意思決定又はその実施に影響を及ぼす活動等外国人の地位にかんがみこれを認めることが相当でないと解されるものを除き，その保障が及ぶ」。**⑤在留制度の枠内での人権保障**　しかしながら，「外国人に対する憲法の基本的人権の保障は，右のような外国人在留制度のわく内で与えられているにすぎない」から，「在留期間中の憲法の基本的人権の保障を受ける行為を在留期間の更新の際に消極的な事情としてしんしゃくされないことまでの保障が与えられているものと解することはできない」。**⑥当てはめと結論**　Xの「在留期間中のいわゆる政治活動」について，Yが，「当時の内外の情勢にかんがみ」，「在留期間の更新を適当と認めるに足りる相当の理由があるものとはいえないと判断したとしても，その事実の評価が明白に合理性を欠き，その判断が社会通念上著しく妥当性を欠くことが明らかであるとはいえず，Yの判断につき裁量権の範囲をこえ又はその濫用があったことをうかがわせるに足りる事情の存在が確定されていない本件においては，Yの本件処分を違法であると判断することはできない」。

3-5　外国人の再入国の権利——森川キャサリーン事件

★★☆☆☆

最判平成４・11・16集民166号575頁

【判　旨】「我が国に在留する外国人は，憲法上，外国へ一時旅行する自由を保障されているものでないことは，当裁判所大法廷判決〔3-1（外国人の不法入国事件)，**3-4**（マクリーン事件)〕の趣旨に徴して明らかである。以上と同旨の原審の判断は，正当として是認することができ，原判決に所論の違憲はない」。

＊原審：「海外旅行の自由は，当然のことながら，出国の自由のみならず帰国の自由が保障されていることを前提とするものであるところ，日本国民の場合は，その帰国の自由は，国民が国の構成員である以上，憲法による保障以前ともいうべき絶対的な権利として認められるものであるのに対して，在留外国人の場合は，その我が国への帰国（再入国）は，国際慣習法上，国家は原則として外国人の入国を自由に規制することができるとされていることにかんがみ，当然に権利として保障されているということができない」。「在留外国人の再入国の自由は，日本国民のそれと本質的に異なるものであり，憲法22条2項の規定が，このような両者の間の差異を超えて，特に在留外国人の再入国の自由まで保障したものと解する根拠はない」。

＊現在は「みなし再入国許可」制度により，一定の定住外国人が出国の日から1年以内に再入国する場合には，原則として通常の再入国許可の取得は不要となっている（入管法26条の2)。

3-6 外国人の国政選挙における選挙権――ヒッグス・アラン事件

★☆☆☆☆

最判平成5・2・26判時1452号37頁

【判　旨】「国会議員の選挙権を有する者を日本国民に限っている公職選挙法9条1項の規定が憲法15条，14条の規定に違反するものでないことは，〔**3-4**（マクリーン事件)〕の趣旨に徴して明らかであり，これと同旨の原審の判断は，正当として是認することができる。」

＊原審：「……公務員の選定罷免権は，国民主権原理に照らし，その権利の性質上，日本国民のみをその対象としていることは明らかである」。「参政権は，国の政治に参加し，国家意思の形式に参画する国民固有の権利であるから，その性質上，日本国民のみに与えられるものといわざるをえず，……定住外国人であるからといって参政権を付与すべきことが憲法上の要請であると解する余地はない」。「仮に憲法第15条にいう『国民』に外国人が含まれる余地があるとしても，……憲法第44条は国会議員の選挙については選挙権を行使しうる者の資格を公職選挙法に委任しており，同法は，日本国民（日本国籍を有する者）に限定している。そして，この限定は，外国人が帰化の要件を充たさず，あるいは充たしても帰化を望まず他国に国籍を有しその国の対人高権に服している以上不合理な区別とはいえないから，右法律が憲法第15条に違反しているとはいえない」。

3-7 外国人の地方選挙における選挙権──定住外国人選挙権訴訟

最判平成7・2・28民集49巻2号639頁

★★★☆☆

【事　実】 大阪市内各地に在住する韓国籍を有するXらは，1990（平成2）年9月2日登録の選挙人名簿に登録されていなかったので，選挙人名簿に登録するよう異議の申出をした。これに対し，Yら（居住地の選挙管理委員会）が異議の申出を却下する決定をしたため，Xらはその取消しを求めて提訴。1審で訴えが棄却されたため，Xらが公職選挙法25条3項に基づき上告。

【判　旨】 上告棄却。①**公務員を選定罷免する権利**　憲法15条1項の公務員を選定罷免する権利は，「国民主権の原理に基づき，公務員の終局的任免権が国民に存することを表明したものにほかならないところ，主権が『日本国民』に存するものとする憲法前文及び1条の規定に照らせば，憲法の国民主権の原理における国民とは，日本国民すなわち我が国の国籍を有する者を意味することは明らかである」。そのため，憲法15条1項の規定は，「権利の性質上日本国民のみをその対象とし，右規定による権利の保障は，我が国に在留する外国人には及ばないものと解するのが相当である」。②**「住民」の意味**　そして，「憲法93条2項にいう『住民』とは，地方公共団体の区域内に住所を有する日本国民を意味するものと解するのが相当であり，右規定は，我が国に在留する外国人に対して，地方公共団体の長，その議会の議員等の選挙の権利を保障したものということはできない」。③**外国人の地方参政権**　しかしながら，「憲法第8章の地方自治に関する規定は，民主主義社会における地方自治の重要性に鑑み，住民の日常生活に密接な関連を有する公共的事務は，その地方の住民の意思に基づきその区域の地方公共団体が処理するという政治形態を憲法上の制度として保障しようとする趣旨に出たものと解されるから，我が国に在留する外国人のうちでも永住者等であってその居住する区域の地方公共団体と特段に緊密な関係を持つに至ったと認められるものについて，その意思を日常生活に密接な関連を有する地方公共団体の公共的事務の処理に反映させるべく，法律をもって，地方公共団体の長，その議会の議員等に対する選挙権を付与する措置を講ずることは，憲法上禁止されているものではないと解するのが相当である。しかしながら，右のような措置を講ずるか否かは，専ら国の立法政策にかかわる事柄であって，このような措置を講じないからといって違憲の問題を生ずるものではない。」

3-8 外国人の社会保障——塩見訴訟

最判平成元・3・2 判時 1363 号 68 頁

★★★☆☆

【事　実】 幼少時に罹患したはしかによって失明していたX（塩見日出）は，1970（昭和45）年に帰化によって日本国籍を取得した後，Y（大阪府知事）に対して，国民年金法81条1項（当時）の障害福祉年金の受給権の裁定を請求したところ，廃疾（障害）認定日（法施行日である1959〔昭和34〕年11月1日）に日本国民でない者には障害福祉年金を支給しない旨を定める同法56条1項ただし書（国籍条項〔当時〕）により却下された。当該処分に対する不服審査請求および再審査請求が棄却されたXは，処分の取消しを求めて提訴。1審，2審がともにXの主張を退けたため，Xが上告。

【判　旨】 上告棄却。**①国民年金制度** 「国民年金制度は，憲法25条2項の規定の趣旨を実現するため」に，「保険方式により被保険者の拠出した保険料を基として年金給付を行うことを基本として創設された」。国民年金法81条1項の障害福祉年金は，この保険原則によるときは給付を受けられない者に対する「制度発足時の経過的な救済措置の一環として設けられた全額国庫負担の無拠出制の年金であって，立法府は，その支給対象者の決定について，もともと広範な裁量権を有している」。**②外国人の社会保障** 「社会保障上の施策において在留外国人をどのように処遇するかについては，国は，特別の条約の存しない限り，当該外国人の属する国との外交関係，変動する国際情勢，国内の政治・経済・社会的諸事情等に照らしながら，その政治的判断によりこれを決定することができるのであり，その限られた財源の下で福祉的給付を行うに当たり，自国民を在留外国人より優先的に扱うことも，許される」。**③制度の評価** 「したがって，〔国民年金〕法81条1項の障害福祉年金の支給対象者から在留外国人を除外することは，立法府の裁量の範囲に属する事柄と見るべきである」。「また，経過的な性格を有する右障害福祉年金の給付に関し，廃疾の認定日である制度発足時の昭和34年11月1日において日本国民であることを要するものと定めることは，合理性を欠くものとはいえ」ず，「国籍条項及び昭和34年11月1日より後に帰化によって日本国籍を取得した者に対し法81条1項の障害福祉年金の支給をしないことは，憲法25条の規定に違反するものではない」。**④平等の問題** それによって生じる「廃疾の認定日に日本国籍がある者とそうでない者との間」の「取扱いの区別」についても，「その合理性を否定することができず，これを憲法14条1項に違反するものということはできない」。

＊日本は1981（昭和56）年に難民条約を批准し，法改正が行われて国籍条項は撤廃された。そこでXは，再び障害福祉年金の受給権の裁定を請求したが，改正前に生じた事由に基づいて年金が不支給となった者に年金を支給しない旨を定めた規定により，請求が却下されたため，再度訴訟を提起（第2次塩見訴訟）。最高裁まで争ったが，立法裁量の逸脱・濫用は認められず，Xの訴えは退けられた（最判平成13・3・13訟月48巻8号1961頁）。

3-9 外国人に対する戦後補償①——台湾人元日本兵戦死傷補償請求事件

最判平成4・4・28訟月38巻12号2579頁

★☆☆☆☆

【判　旨】「台湾住民である軍人軍属が〔戦傷病者戦没者遺族等〕援護法及び恩給法の適用から除外されたのは，台湾住民の請求権の処理は日本国との平和条約及び日華平和条約により日本国政府と中華民国政府との特別取極の主題とされたことから，台湾住民である軍人軍属に対する補償問題もまた両国政府の外交交渉によって解決されることが予定されたことに基づくものと解されるのであり，そのことには十分な合理的根拠がある」。したがって，「日本の国籍を有する軍人軍属と台湾住民である軍人軍属との間に差別が生じているとしても，それは右のような根拠に基づくものである以上」，憲法14条に違反しない。

3-10 外国人に対する戦後補償②——韓国人戦争犠牲者補償請求事件

最判平成16・11・29判時1879号58頁

★☆☆☆☆

【判　旨】「軍人軍属関係の上告人らが被った損失は，第二次世界大戦及びその敗戦によって生じた戦争犠牲ないし戦争損害に属するものであって，これに対する補償は，憲法の全く予想しない」ものであり，「単に政策的見地からの配慮をするかどうかが考えられるにすぎない」。「いわゆる軍隊慰安婦関係の上告人らが被った損失は，憲法の施行前の行為によって生じたものであるから，憲法29条3項が適用されない」。「第二次世界大戦の敗戦に伴う国家間の財産処理といった事項は，本来憲法の予定しないところであり，そのための処理に関して損害が生じたとしても，その損害に対する補償は，戦争損害と同様に憲法の予想しないもの」である。

3-11 外国人の生活保護

★☆☆☆☆

最判平成 26・7・18 訟月 61 巻 2 号 356 頁

【判　旨】 生活保護法 1 条，2 条にいう「『国民』とは日本国民を意味するものであって，外国人はこれに含まれない」。「生活保護法を始めとする現行法令上，生活保護法が一定の範囲の外国人に適用され又は準用されると解すべき根拠は見当たらない」。また，行政庁の通知（昭和 29 年社発第 382 号厚生省社会局長通知）に基づく行政措置として，「一定範囲の外国人に対して生活保護が事実上実施されてきたとしても，そのことによって，生活保護法 1 条及び 2 条の規定の改正等の立法措置を経ることなく，生活保護法が一定の範囲の外国人に適用され又は準用されるものとなると解する余地はな」い。「我が国が難民条約等に加入した際の経緯を勘案しても，本件通知を根拠として外国人が同法に基づく保護の対象となり得るものとは解されない」。したがって，外国人は，「生活保護法に基づく保護の対象となるものではなく，同法に基づく受給権を有しない」。

2　団　体

3-12 法人の人権享有主体性 —— 八幡製鉄政治献金事件

★★★★☆

最大判昭和 45・6・24 民集 24 巻 6 号 625 頁

【事　実】「鉄鋼の製造および販売ならびにこれに附帯する事業」を営むことを目的とする八幡製鉄株式会社の代表取締役であった Y らは，1960（昭和 35）年，同会社を代表して，自由民主党に政治資金 350 万円を寄附した。これに対して同社の株主 X が，寄附金相当額の金員の返還を会社に対して行うように Y らに求めて提訴。1 審は X の主張を認容したが，2 審は原判決を取り消したため，X が上告。

【判　旨】 上告棄却。①**会社の権利能力と目的の範囲**　「会社は定款に定められた目的の範囲内において権利能力を有するわけであるが，目的の範囲内の行為とは，定款に明示された目的自体に限局されるものではなく，その目的を遂行するうえに直接または間接に必要な行為であれば，すべてこれに包含される」。「そして必要なりや否やは，当該行為が目的遂行上現実に必要であったかどうかをもってこれを決すべきではなく，行為の客観的な性質に即し，抽象的に判断されなければならない」。「会社は，一定の営利事業を営むことを本来の目的とする」が，「他面において，自然人とひとしく，国家，地方公共団体，地域社会その他……の構成単位たる社会的実在なのであるから，それとしての社会的作用を負担せざるを得ないのであって，ある行為が一見定款所定の目的とかかわりがないものであるとしても，会社に，社会通念上，期待ないし要請されるものであるかぎり，その期待ないし要請にこたえることは，会社の当然になしうるところである」。「会社が，その社会的役割を果たすために相当な程度のかかる出捐をすることは，社会通念上，会社としてむしろ当然のことに属する」。**②政党の憲法上の位置づけと会社の政治資金寄附**　「以上の理は，会社が政党に政治資金を寄附する場合においても同様である」。「憲法の定める議会制民主主義は政党を無視しては到底その円滑な運用を期待することはできないのであるから，憲法は，政党の存在を当然に予定しているものというべきであり，政党は議会制民主主義を支える不可欠の要素なのである。そして同時に，政党は国民の政治意思を形成する最も有力な媒体であるから，政党のあり方いかんは，国民としての重大な関心事でなければならない。したがって，その健全な発展に協力することは，会社に対しても，社会的実在としての当然の行為として期待されるところであり，協力の一態様として政治資金の寄附についても例外ではない」。③**法人の人権享有主体性と会社の政治的行為の自由**　「会社が，納税の義務を有し自然人たる国民とひとしく国税等の負担に任ずるものである以上，納税者たる立場において，国や地方公共団体の施策に対し，意見の表明その他の行動に出たとしても，これを禁圧すべき理由はない。のみならず，憲法第３章に定める国民の権利および義務の各条項は，性質上可能なかぎり，内国の法人にも適用されるものと解すべきであるから，会社は，自然人たる国民と同様，国や政党の特定の政策を支持，推進しまたは反対するなどの政治的行為をなす自由を有するのである。政治資金の寄附もまさにその自由の一環であり，会社によってそれがなされた場合，政治の動向に影響を与えることがあったとしても，これを自然人たる国民による寄附と別異に扱うべき憲法上の要請があるものではない」。**④会社の政治的行為と国民の参政権**　会社による「政党への寄附は，事の性質上，国民個々の選挙権その他の参政権の行使そのものに直接影響を及ぼすものではな」く，「いずれにしても政治資金の寄附が，選挙権の自由なる行使を直接に侵害するものとはなしがたい」から，「寄附が憲法に反することを前提として，民法 90 条に違反するという論旨は，その前提を欠く」。

3-13　団体の活動と構成員の思想・良心の自由①――近畿税理士会事件

★★☆☆☆

最判平成5・5・27集民169号57頁

【事　実】 1979（昭和54）年にY（近畿税理士会）は，①会員1人あたり会費8400円，特別会費2000円の計10400円を日本税理士会連合会に連合会費として納入するという決議，および②大阪合同税理士政治連盟に対し拠出金150万円を交付するという決議等を行った。Yの会員であるXらは，①の特別会費部分および②が，最終的に日本税理士政治連盟に納入され，同連盟が，これを特定の政治家に対する政治献金の資金に充てたことから，同決議は，Yの目的（権利能力の範囲）を逸脱し，また，会員個人の思想，信条の自由を侵すもので無効であるなどとして，会費の一部返還を求めて提訴。1審，2審がともにXらの請求を退けたため，Xらが上告。

【判　旨】 上告棄却。Xらが無効であると主張する決議は，「YがXら会員から徴収する会費の使途を定めたものにすぎず，これに相当する金員を会員から徴収することを定めたものではない。したがって，仮にこれらが無効であるとしても，そのことは，Xら会員がYに対し右金員の支払を求める法的根拠にはならないことが明らかである」から，「Xらの請求は棄却を免れない」。

3-14　団体の活動と構成員の思想・良心の自由②――南九州税理士会事件

★★★★☆

最判平成8・3・19民集50巻3号615頁

【事　実】 Y（南九州税理士会）は，1978（昭和53）年の定期総会で，税理士法改正運動のための特別資金とするため，各会員から特別会費5000円を徴収し，政治資金規正法上の団体へ寄付する旨の決議（本件決議）を行った。Yに所属する税理士Xは，期日までに特別会費を納入しなかったことを理由に，会則に基づき，Yの役員選挙の選挙権および被選挙権を停止され，そのまま役員選挙が実施された。そこでXは，本件決議は無効であり特別会費納入義務を負わない旨の確認等を求めて訴訟を提起。1審はXの主張をおおむね認容したが，2審が原判決を取り消したため，Xが上告。

【判　旨】 一部破棄自判，一部破棄差戻し。①**税理士会の法的性格**　「税理士会は，税理士の使命及び職責にかんがみ，税理士の義務の遵守及び税理士業務の改善進歩に資するため，会員の指導，連絡及び監督に関する事務を行うことを目的として，〔税理士〕法が，あらかじめ，税理士にその設立を義務付け，その結果設立されたので，その決議や役員の行為が法令や会則に反したりすることがないように，大蔵大臣の……監督に服する法人である。また，税理士会は，強制加入団体であって，その会員には，実質的には脱退の自由が保障されていない」。「税理士会は，以上のように，会社とはその法的性格を異にする法人であり，その目的の範囲についても，これを会社のように広範なものと解するならば，法の要請する公的な目的の達成を阻害して法の趣旨を没却する結果となることが明らかである」。**②会員の思想の自由と協力義務**　「税理士会は，法人として，法及び会則所定の方式による多数決原理により決定された団体の意思に基づいて活動し，その構成員である会員は，これに従い協力する義務を負い，その一つとして会則に従って税理士会の経済的基礎を成す会費を納入する義務を負う。しかし，法が税理士会を強制加入の法人としている以上，その構成員である会員には，様々の思想・信条及び主義・主張を有する者が存在することが当然に予定されている。したがって，税理士会が……決定した意思に基づいてする活動にも，そのために会員に要請される協力義務にも，おのずから限界がある」。**③政治献金への協力義務**　「特に，政党など規正法上の政治団体に対して金員の寄付をするかどうかは，選挙における投票の自由と表裏を成すものとして，会員各人が市民としての個人的な政治的思想，見解，判断等に基づいて自主的に決定すべき事柄であるというべきである」。「前記のような公的な性格を有する税理士会が，このような事柄を多数決原理によって団体の意思として決定し，構成員にその協力を義務付けることはできないというべきであり〔**11-16**（国労広島地本事件）〕，税理士会がそのような活動をすることは，法の全く予定していないところである。税理士会が政党など規正法上の政治団体に対して金員の寄付をすることは，たとい税理士に係る法令の制定改廃に関する要求を実現するためであっても，法49条2項所定の税理士会の目的の範囲外の行為といわざるを得ない」。

3-15　団体の活動と構成員の思想・良心の自由③——日弁連スパイ防止法反対決議無効確認請求事件　最判平成10・3・13自正49巻5号213頁

★★☆☆☆

【事　実】　1987（昭和62）年開催の定期総会において，Y（日本弁護士連合会）は，自由民主党が国会に提出すべく準備中であった「防衛秘密を外国に通報する行為等の防止に関する法律案」の国会提出に反対する決議を行った。これに対して，思想，良心の自由が侵害されたとするXら26の弁護士会の所属会員らが，決議の無効確認等を求めて提訴。1審，2審がともにXらの請求を退けたため，Xらが上告。

【判　旨】 上告棄却。「Yの本件反対運動によりXらの人格権が侵害されているとはいえないとして，これを棄却すべきものとした原審の判断は，正当としてこれを是認することができる。」

＊原審：弁護士会が，弁護士法上の使命を達成するために，「基本的人権の擁護，社会正義の実現の見地から，法律制度の改善（創設，改廃等）について，会としての意見を明らかにし，それに沿った活動をすることも，Yの目的と密接な関係を持つものとして，その範囲内のものと解するのが相当である」。本件総会決議は，「専ら法理論上の見地から理由を明示して，法案を国会に提出することに反対する旨の意見を表明したものであ」り，「特定の政治上の主義，主張や目的のためになされたとか，それが団体としての中立性などを損なうものであると認めるに足りる証拠は見当たらない」から，「目的を逸脱するものということはできない」。

▼コメント▼　京都弁護士会所属の弁護士が，いわゆる安保法制に反対する内容の文書を京都弁護士会および日本弁護士連合会のホームページから削除するよう求めた事案でも同様の論点が問題となったが，東京高判平成29・9・27LEX/DB25560407は，「多数決原理によって決定された強制加入団体としての意見が常に個々の構成員の意見と合致するものではないことは一般に理解されているものであり，個々の構成員に強制加入団体としての意見と異なる意見を表明する自由が確保されている限り，多数決原理によって強制加入団体の意見が決定されたからといって，これと異なる構成員の意見とその活動が封じ込められることになるものではなく，直ちに少数者の思想・信条の自由が侵害されることにはならない」，「強制加入団体として表明される意見が直ちに構成員の全員一致の意見であると一般に受け取られるとはいえない」などとして，訴えを退けている（最決平成30・3・8LEX/DB25560450で上告棄却）。

3-16　団体の活動と構成員の思想の自由④ ―― 群馬司法書士会事件

最判平成14・4・25判時1785号31頁

★★☆☆☆

【事　実】 Y（群馬司法書士会）が，阪神・淡路大震災で被災した兵庫県司法書士会に3000万円の復興支援拠出金を寄付するために，会員から登記申請1件あたり50円の復興支援特別負担金を徴収する旨の総会決議をしたところ，Yの会員であるXらが決議無効と会員の負担金支払義務の不存在の確認を求めて提訴。1審はXらの請求を認容したが，2審は原判決を取り消したため，Xらが上告。

【判　旨】 上告棄却。司法書士会は，司法書士法14条2項に掲げられた「目的を遂行する上で直接又は間接に必要な範囲で，他の司法書士会との間で業務その他について提携，協力，援助等をすることもその活動範囲に含まれる」ところ，「司法書士の業務の円滑な遂行による公的機能の回復に資することを目的とする趣旨」の本件寄付は，早急な支援の必要があったことなどの事情を考慮すれば，「金額の大きさをもって直ちに」その「目的の範囲を逸脱するもの」とはいえない。「本件拠出金の調達方法についても，それが公序良俗に反するなど会員の協力義務を否定すべき特段の事情がある場合を除き，多数決原理」で決定することができる。本件の場合，強制加入団体であることを考慮しても，「会員の政治的又は宗教的立場や思想信条の自由を害するものではなく，また，本件負担金の額も……会員に社会通念上過大な負担を課するものではない」。

＊本件決議は，Ｙの目的の範囲を逸脱し，かつ，本件負担金の徴収は多数決原理によって会員に協力を求め得る限界を超えた無効なものであるとする深澤武久裁判官の反対意見と，本件拠出金を寄付することはＹの目的の範囲外の行為であるとする横尾和子裁判官の反対意見がある。

3　刑事収容施設

3-17　喫煙の自由――喫煙禁止処分事件

★★★☆☆

最大判昭和 45・9・16 民集 24 巻 10 号 1410 頁

【事　実】 未決勾留により拘禁されたＸは，監獄法施行規則（当時）96 条「在監者ニハ酒類又ハ煙草ヲ用ウルコトヲ許サス」に基づき，釈放時まで禁煙状態を強いられたとして，国家賠償請求訴訟を提起。1 審および 2 審がＸの請求を棄却したため，Ｘは，同規則は憲法 13 条に違反するなどと主張して上告。

【判　旨】 上告棄却。①**未決勾留者に対する人権の制限**　「未決勾留は，刑事訴訟法に基づき，逃走または罪証隠滅の防止を目的として，被疑者または被告人の居住を監獄内に限定するものである」。「監獄内においては，多数の被拘禁者を収容し，これを集団として管理するにあたり，その秩序を維持し，正常な状態を保持するよう配慮する必要がある。このためには，被拘禁者の身体の自由を拘束するだけでなく，右の目的に照らし，必要な限度において，被拘禁者のその他の自由に対し，合理的制限を加えることもやむをえない」。「右の制限が必要かつ合理的なものであるかどうかは，制限の必要性の程度と制限される基本的人権の内容，これに加えられる具体的制限の態様との較量」によって決せられる。**②喫煙禁止の可否**「監獄の現在の施設および管理態勢のもとにおいては，喫煙に伴う火気の使用に起因する火災発生のおそれが少なくなく，また，喫煙の自由を認めることにより通謀のおそれがあり，監獄内の秩序の維持にも支障をきたす」とする原判決の確定する「事実によれば，喫煙を許すことにより，罪証隠滅のおそれがあり，また，火災発生の場合には被拘禁者の逃走が予想され，かくては，直接拘禁の本質的目的を達することができないことは明らかである。のみならず，被拘禁者の集団内における火災が人道上重大な結果を発生せしめることはいうまでもない。**③喫煙と憲法 13 条**　他面，煙草は生活必需品とまでは断じがたく，ある程度普及率の高い嗜好品にすぎず，喫煙の禁止は，煙草の愛好者に対しては相当の精神的苦痛を感ぜしめるとしても，それが人体に直接障害を与えるものではないのであり，かかる観点よりすれば，喫煙の自由は，憲法 13 条の保障する基本的人権の一に含まれるとしても，あらゆる時，所において保障されなければならないものではない。したがって，このような拘禁の目的と制限される基本的人権の内容，制限の必要性などの関係を総合考察すると，前記の喫煙禁止という程度の自由の制限は，必要かつ合理的なものである」。

＊2006（平成 18）年施行の「刑事収容施設及び被収容者等の処遇に関する法律」（平成 17 年法律第 50 号）により，監獄法は廃止された。監獄という呼称も，刑事施設に変更されている。

3-18 未決拘禁者の新聞紙の閲読の自由 ── よど号ハイジャック記事墨塗り事件

★★★★☆

最大判昭和 58・6・22 民集 37 巻 5 号 793 頁

【事　実】　未決勾留によって東京拘置所に拘禁中の X らは，私費で新聞を定期購読していたが，同拘置所長は，1970（昭和 45）年 3 月 31 日付夕刊から同年 4 月 2 日付朝刊について，赤軍派学生による日航機「よど号」ハイジャック事件の記事部分を墨で塗りつぶして配付した。X らは，未決拘禁者に対する新聞紙の閲読の自由を制限しうる旨定めた監獄法（当時）31 条 2 項等の規定が憲法 19 条，21 条に違反するなどとして国賠訴訟を提起。1 審，2 審が X らの主張を退けたため，X らが上告。

【判　旨】　上告棄却。**①新聞等の閲読の自由**「およそ各人が，自由に，さまざまな意見，知識，情報に接し，これを摂取する機会をもつことは，その者が個人として自己の思想及び人格を形成・発展させ，社会生活の中にこれを反映させていくうえにおいて欠くことのできないものであり，また，民主主義社会における思想及び情報の自由な伝達，交流の確保という基本的原理を真に実効あるものたらしめるためにも，必要」であるから，「新聞紙，図書等の閲読の自由が憲法上保障されるべきこと」は，憲法19条の規定や，憲法21条の規定の「趣旨，目的から，いわばその派生原理として当然に導かれる」。②**未決拘禁者の権利制限** 「未決勾留は，……刑事司法上の目的のために必要やむをえない措置として一定の範囲で個人の自由を拘束するものであり，他方，これにより拘禁される者は，当該拘禁関係に伴う制約の範囲外においては，原則として一般市民としての自由を保障されるべき者であるから，監獄内の規律及び秩序の維持のためにこれら被拘禁者の新聞紙，図書等の閲読の自由を制限する場合においても，それは，右の目的を達するために真に必要と認められる限度にとどめられるべき」であり，「右の制限が許されるためには，当該閲読を許すことにより右の規律及び秩序が害される一般的，抽象的なおそれがあるというだけでは足りず，被拘禁者の性向，行状，監獄内の管理，保安の状況，当該新聞紙，図書等の内容その他の具体的事情のもとにおいて，その閲読を許すことにより監獄内の規律及び秩序の維持上放置することのできない程度の障害が生ずる相当の蓋然性があると認められることが必要であり，かつ，その場合においても，右の制限の程度は，右の障害発生の防止のために必要かつ合理的な範囲にとどまるべきものと解するのが相当である」。③**監獄の長の裁量** 具体的場合における監獄法31条2項などの法令の適用にあたっては，「監獄内の実情に通暁し，直接その衝にあたる監獄の長による個個の場合の具体的状況のもとにおける裁量的判断にまつべき点が少なくないから，障害発生の相当の蓋然性があるとした長の認定に合理的な根拠があり，その防止のために当該制限措置が必要であるとした判断に合理性が認められる限り，長の右措置は適法として是認すべきものと解するのが相当である」。④**あてはめ** これを本件についてみると，「東京拘置所長において，公安事件関係の被告人として拘禁されていたXらに対し本件各新聞記事の閲読を許した場合には，拘置所内の静穏が攪乱され，所内の規律及び秩序の維持に放置することのできない程度の障害が生ずる相当の蓋然性があるものとしたことには合理的な根拠があり，また，右の障害発生を防止するために必要であるとして右乗っ取り事件に関する各新聞記事の全部を原認定の期間抹消する措置をとったことについても，当時の状況のもとにおいては，必要とされる制限の内容及び程度についての同所長の判断に裁量権の逸脱又は濫用の違法があったとすることはできない」。

▼コメント▼　刑事収容施設及び被収容者等の処遇に関する法律は，被収容者が自弁で書籍等を閲覧することを原則として保障しているが（69条），「刑事施設の規律及び秩序を害する結果を生ずるおそれがあるとき」，「被収容者が受刑者である場合において，その矯正処遇の適切な実施に支障を生ずるおそれがあるとき」，「被収容者が未決拘禁者である場合において，罪証の隠滅の結果を生ずるおそれがあるとき」に該当する場合には，その閲覧を禁止することができるとしている（70条1項）。

3-19　監獄法における信書発信制限

★★☆☆☆

最判平成18・3・23判時1929号37頁

【判　旨】「憲法21条の規定の趣旨，目的にかんがみると，受刑者のその親族でない者との間の信書の発受は，受刑者の性向，行状，監獄内の管理，保安の状況，当該信書の内容その他の具体的事情の下で，これを許すことにより，監獄内の規律及び秩序の維持，受刑者の身柄の確保，受刑者の改善，更生の点において放置することのできない程度の障害が生ずる相当のがい然性があると認められる場合に限って，これを制限することが許されるものというべきであり，その場合においても，その制限の程度は，上記の障害の発生防止のために必要かつ合理的な範囲にとどまるべきものと解するのが相当である。そうすると，監獄法46条2項は，その文言上は，特に必要があると認められる場合に限って上記信書の発受を許すものとしているようにみられるけれども，上記信書の発受の必要性は広く認められ，上記要件及び範囲でのみその制限が許されることを定めたものと解するのが相当であり，したがって，同項が憲法21条，14条1項に違反するものでないことは，当裁判所の判例〔 3-17 （喫煙禁止処分事件）， 3-18 （よど号ハイジャック記事墨塗り事件）〕の趣旨に徴して明らかである」。熊本刑務所長のしたXから新聞社あての「本件信書の発信の不許可は，裁量権の範囲を逸脱し，又は裁量権を濫用したものとして監獄法46条2項の規定の適用上違法であるのみならず，国家賠償法1条1項の規定の適用上も違法というべきである。」

＊刑事収容施設及び被収容者等の処遇に関する法律の126条以下に，受刑者，未決拘禁者，死刑確定者などの信書の発受についての定めが置かれている。

4　私人間効力

3-20 人権規定の私人間効力①——三菱樹脂事件

★★★★☆

最大判昭和48・12・12民集27巻11号1536頁

【事　実】 Y（三菱樹脂株式会社）の社員採用試験に合格したXは，3か月の試用期間の満了直前に，身上書および面接において学生運動歴等を秘匿するなど虚偽の回答をしていたとして，本採用を拒否された。そこでXは，Yの従業員たる地位確認などを求めて提訴。1審はXの主張を一部認め，2審は全面的にXの主張を認めたため，Yが上告。

【判　旨】 破棄差戻し。**①人権規定の私人間効力**　憲法第3章の「自由権的基本権の保障規定」は，「国または公共団体の統治行動に対して個人の基本的な自由と平等を保障する目的に出たもので，もっぱら国または公共団体と個人との関係を規律するものであり，私人相互の関係を直接規律することを予定するものではない」。「私人間の関係においては，各人の有する自由と平等の権利自体が具体的場合に相互に矛盾，対立する可能性があり，このような場合におけるその対立の調整は，近代自由社会においては，原則として私的自治に委ねられ，ただ，一方の他方に対する侵害の態様，程度が社会的に許容しうる一定の限界を超える場合にのみ，法がこれに介入しその間の調整をはかるという建前がとられている」から，「憲法上の基本権保障規定をそのまま私人相互間の関係についても適用ないしは類推適用すべきものとすることは，決して当をえた解釈ということはできない」。**②私人間における権利衝突の調整**　私人間の関係において，「相互の社会的力関係の相違から，一方が他方に優越し，事実上後者が前者の意思に服従せざるをえない場合」でも，「これに対する立法措置によってその是正を図ることが可能であるし，また，場合によっては，私的自治に対する一般的制限規定である民法1条，90条や不法行為に関する諸規定等の適切な運用によって，一面で私的自治の原則を尊重しながら，他面で社会的許容性の限度を超える侵害に対し基本的な自由や平等の利益を保護し，その間の適切な調整を図る方途も存する」。**③企業者の契約締結の自由**　憲法22条，29条により，企業者は，「契約締結の自由を有し，自己の営業のために労働者を雇傭するにあたり，いかなる者を雇い入れるか，いかなる条件でこれを雇うかについて，法律その他による特別の制限がない限り，原則として自由にこれを決定することができる」。「企業者が特定の思想，信条を有する者をそのゆえをもって雇い入れることを拒んでも，それを当然に違法とすることはできない」以上，「企業者が，労働者の採否決定にあたり，労働者の思想，信条を調査し，そのためその者からこれに関連する事項についての申告を求めることも，これを法律上禁止された違法行為とすべき理由はない」。④**雇入れ後の企業者の自由**　ただし企業者は，「いったん労働者を雇い入れ，その者に雇傭関係上の一定の地位を与えた後においては，その地位を一方的に奪うことにつき，雇入れの場合のような広い範囲の自由を有するものではない」。Xに対する本採用の拒否は，「留保解約権の行使，すなわち雇入れ後における解雇にあたり，これを通常の雇入れの拒否の場合と同視することはできない」。「留保解約権の行使は，上述した解約権留保の趣旨，目的に照らして，客観的に合理的な理由が存し社会通念上相当として是認されうる場合にのみ許される」。本件において「上記の合理的理由の有無を判断」するために，原審を破棄し，さらに審理をするために原審に差し戻す。

▼コメント▼　差戻審である東京高裁において1976（昭和51）年3月11日に和解が成立。Xに対する採用拒否は撤回され，Xは和解金を受領のうえで職場復帰した。

3-21　人権規定の私人間効力②——昭和女子大事件

★★★☆☆

最判昭和49・7・19民集28巻5号790頁

【事　実】　私立大学であるY（昭和女子大学）の学生であったXらは，Yの「生活要録」に違反して，学校当局に届出なく学内で政治的な署名運動を行い，また無許可で学外団体に加入し，その後の様子から反省の実があがらないとして退学処分を受けたため，学生の身分を有することの確認を求めて提訴。1審はXらの請求を認容したが，2審は原判決を取り消したため，Xらが上告。

【判　旨】　上告棄却。①**人権規定の私人間効力**　「自由権的基本権の保障規定」が「私人相互間の関係について当然に適用ないし類推適用されるものでないことは，当裁判所大法廷判例〔3-20（三菱樹脂事件）〕の示すところであ」り，大学の「学則の細則としての性質をもつ前記生活要録の規定について直接憲法の右基本権保障規定に違反するかどうかを論ずる余地はない」。②**大学による学生の規律**　「大学は，国公立であると私立であるとを問わず，学生の教育と学術の研究を目的とする公共的な施設であり，法律に格別の規定がない場合でも，その設置目的を達成するために必要な事項を学則等により一方的に制定し，これによって在学する学生を規律する包括的権能を有」する。③**学生の政治的活動の制約**　大学当局が「政治的活動に対してなんらかの規制を加えること自体は十分にその合理性を首肯しうる」。「大学が，その教育方針に照らし学生の政治的活動はできるだけ制限するのが教育上適当であるとの見地から，学内及び学外における学生の政治的活動につきかなり広範な規律を及ぼすこと」も，「直ちに社会通念上学生の自由に対する不合理な制限」とはいえない。したがって「右生活要録の規定そのものを無効とすることはできない」。「生活要録違反の行為」は，「実社会の政治的社会的活動にあたる行為」であり，それを「理由として退学処分を行うことが，直ちに学生の学問の自由及び教育を受ける権利を侵害し公序良俗に違反するものでない」〔7-66（東大ポポロ事件）〕。④**退学処分に対する裁量審査**　学生に対する懲戒処分は，「学内の事情に通暁し直接教育の衝にあたるものの合理的な裁量に任」されるが，退学処分が，「学生の身分を剥奪する重大な措置であることにかんがみ，当該学生に改善の見込がなく，これを学外に排除することが教育上やむをえないと認められる場合にかぎって退学処分を選択すべきである」。もっとも，退学処分の選択も「諸般の要素を勘案して決定される教育的判断」であるから，「事案の諸事情を総合的に観察して，その退学処分の選択が社会通念上合理性を認めることができないようなものでないかぎり，同処分は，懲戒権者の裁量権の範囲内にある」。⑤**あてはめ**　本件退学処分に至るまでの経過等を総合して考えると，「本件退学処分は，懲戒権者に認められた裁量権の範囲内にあるものとして，その効力を是認すべきである」。

3-22　人権規定の私人間効力③ ―― 日産自動車事件

最判昭和 56・3・24 民集 35 巻 2 号 300 頁

★★★☆☆

【事　実】　X が勤務する会社が Y（日産自動車株式会社）に吸収合併された際に締結された労働協約により，X に対しても Y の就業規則の効力が及ぶことになった。Y の就業規則が定める定年年齢が男子満 55 歳，女子満 50 歳（後に 60 歳と 55 歳に変更）であったため，Y から退職命令の予告を受けた X は，雇用関係存続確認等を求めて提訴。1 審，2 審ともに X の主張を認容したため，Y が上告。

【判　旨】　上告棄却。①**男女別定年制の不合理性**　「Y の就業規則は男子の定年年齢を60歳，女子の定年年齢を55歳と規定しているところ，右の男女別定年制に合理性があるか否かにつき，原審は，Yにおける女子従業員の担当職種，男女従業員の勤続年数，高齢女子労働者の労働能力，定年制の一般的現状等諸般の事情を検討したうえ，Yにおいては，女子従業員の担当職務は相当広範囲にわたっていて，従業員の努力とYの活用策いかんによっては貢献度を上げうる職種が数多く含まれており，女子従業員各個人の能力等の評価を離れて，その全体をYに対する貢献度の上がらない従業員と断定する根拠はないこと，しかも，女子従業員について労働の質量が向上しないのに実質賃金が上昇するという不均衡が生じていると認めるべき根拠はないこと，少なくとも60歳前後までは，男女とも通常の職務であれば企業経営上要求される職務遂行能力に欠けるところはなく，各個人の労働能力の差異に応じた取扱がされるのは格別，一律に従業員として不適格とみて企業外へ排除するまでの理由はないことなど，Yの企業経営上の観点から定年年齢において女子を差別しなければならない合理的理由は認められない旨認定判断したものであり，右認定判断は，原判決挙示の証拠関係及びその説示に照らし，正当として是認することができる。」②**私人間における不合理な差別**「そうすると，原審の確定した事実関係のもとにおいて，Yの就業規則中女子の定年年齢を男子より低く定めた部分は，専ら女子であることのみを理由として差別したことに帰着するものであり，性別のみによる不合理な差別を定めたものとして民法90条の規定により無効であると解するのが相当である（憲法14条1項，民法1条ノ2〔現2条〕参照)。これと同旨の原審の判断は正当として是認」できる。

3-23 人権規定の私人間効力④——沖縄入会権訴訟

最判平成18・3・17民集60巻3号773頁

★★★☆☆

【事　実】 沖縄県のA村（現在のA町およびB村）A部落（現在のA区）の住民らが古来から利用していた入会地は，第二次世界大戦後，国が賃借したうえでアメリカの駐留軍用地として使用されており，その賃料は，入会権を有する住民を会員とする入会団体（権利能力なき社団）Yに支払われ，その一部がYの会員に対して補償金として分配されていた。本件入会地の入会権についての慣習によると，入会権者の資格は世帯主および男子孫に限られ，A部落民以外の男性と婚姻した女子孫は，離婚して旧姓に復しない限り資格を認められないとされていた。本件入会地について入会権を有していた者の女子孫であり、A 区内に住所を有する X らは，この部分は公序良俗に反して無効であるなどとして，Y の正会員であることの確認を求めるとともに，補償金の支払いを求めて提訴。1 審は X らの請求を認めたが，2 審は原判決を取り消して請求を棄却したため，X らが上告。

【判　旨】 一部破棄差戻し，一部棄却。①**慣習の内容** 「本件慣習によれば，X らが Y の会員の地位を取得したというためには，原則として，〔1〕X らが本件払下げ当時の A 部落民又は明治 40 年から昭和 20 年までの間に一定の要件を満たして A 部落民と認められた者の男子孫であり，現在 A 区内に住所を有し居住していること，〔2〕X らが A 区内に住所を有する一家の世帯主（代表者）であり，Y に対する届出等によってその役員会の議を経て入会したことという要件を満たす必要がある」。②**世帯主要件の合理性** 「入会権の内容，性質等」や，「本件入会地の入会権が家の代表ないし世帯主としての部落民に帰属する権利として当該入会権者からその後継者に承継されてきたという歴史的沿革」などに鑑みると，世帯主要件は，「入会団体の団体としての統制の維持という点からも，入会権行使における各世帯間の平等という点からも」不合理とは言えず，公序良俗に反しない。③**男子孫要件の不合理性** 「しかしながら，本件慣習のうち，男子孫要件は，専ら女子であることのみを理由として女子を男子と差別したものというべきであり，遅くとも本件で補償金の請求がされている平成 4 年以降においては，性別のみによる不合理な差別として民法 90 条の規定により無効である」。「男子孫要件は，世帯主要件とは異なり，入会団体の団体としての統制の維持という点からも，入会権の行使における各世帯間の平等という点からも，何ら合理性を有しない」。「男女の本質的平等を定める日本国憲法の基本的理念に照らし，入会権を別異に取り扱うべき合理的理由を見いだすことはできないから」，「男子孫要件による女子孫に対する差別を正当化することはできない」。

第4章
幸福追求権

1 総 論

4-1 賭場開張図利被告事件

★★☆☆☆

最大判昭和25・11・22刑集4巻11号2380頁

【事 実】 原審は，Xが，Aと共謀のうえ，B方居宅で賭場を開帳し，数名をして花札を使用して賭博をさせ，同人らから寺銭名義の下に金員を取って利を図ったとして，刑法186条2項の賭博場開張図利罪を適用して有罪とした。Xが上告。

【判 旨】 上告棄却。賭博行為は，「勤労その他正当な原因に因るのでなく，単なる偶然の事情に因り財物の獲得を僥倖せんと相争うがごときは，国民をして怠惰浪費の弊風を生ぜしめ，健康で文化的な社会の基礎を成す勤労の美風（憲法第27条1項参照）を害するばかりでなく，甚だしきは暴行，脅迫，殺傷，強窃盗その他の副次的犯罪を誘発し又は国民経済の機能に重大な障害を与える恐れすらあるのである」。所論は，「刑法186条2項の規定は新憲法施行後は憲法13条，98条に則り無効となつた旨主張する」が，「現に犯罪行為と本質上同一である或る種の行為が行われているという事実並びにこれを認めている立法があるということだけから国家自身が一般に賭場開張図利乃至富籤（くじ）罪を公認したものということはでき」ず，「それ故所論は採用できない」。

4-2 どぶろく裁判

★★☆☆☆

最判平成元・12・14刑集43巻13号841頁

【事 実】 Xは，清酒を製造しようと企て，税務署長の清酒製造の免許を受けないで，①清酒を製造するとともに，②清酒の原料となる雑酒（どぶろく）を製造したが，収税官吏によりこれを差し押さえられたため，清酒製造の目的を遂げなかったとして，酒税法違反で起訴された。1審・2審ともに有罪としたためXが上告。

【判 旨】 上告棄却。「所論は，自己消費を目的とする酒類製造は，販売を目的とする酒類製造とは異なり，これを放任しても酒税収入が減少する虞はないから，酒税法7条1項，54条1項は販売を目的とする酒類製造のみを処罰の対象とするものと解すべきであり，自己消費を目的とする酒類製造を酒税法の右各規定により処罰するのは，……憲法31条，13条に違反するという」。しかし，「酒税法の右各規定は，自己消費を目的とする酒類製造であっても，これを放任するときは酒税収入の減少など酒税の徴収確保に支障を生じる事態が予想されるところから，国の重要な財政収入である酒税の徴収を確保するため，製造目的のいかんを問わず，酒類製造を一律に免許の対象とした上，免許を受けないで酒類を製造した者を処罰することとしたものであり」，「これにより自己消費目的の酒類製造の自由が制約されるとしても，そのような規制が立法府の裁量権を逸脱し，著しく不合理であることが明白であるとはいえず，憲法31条，13条に違反するものでない」。

4-3　ストーカー行為等の規制等に関する法律違反被告事件

最判平成15・12・11刑集57巻11号1147頁

★★☆☆☆

【事　実】　Xは，ストーカー行為等の規制等に関する法律2条1項3号・2項，13条（当時）の構成要件に該当する行為を行ったところ，1審・2審で懲役6月に処された。Xは，上記条項は幸福追求権ならびに表現の自由を著しく制約するとして上告。

【判　旨】　上告棄却。「ストーカー規制法は，ストーカー行為を処罰する等ストーカー行為等について必要な規制を行うとともに，その相手方に対する援助の措置等を定めることにより，個人の身体，自由及び名誉に対する危害の発生を防止し，あわせて国民の生活の安全と平穏に資することを目的としており，この目的は，もとより正当である」。「ストーカー規制法は，上記目的を達成するため，恋愛感情その他好意の感情等を表明するなどの行為のうち，相手方の身体の安全，住居等の平穏若しくは名誉が害され，又は行動の自由が著しく害される不安を覚えさせるような方法により行われる社会的に逸脱したつきまとい等の行為を規制の対象とした上で，その中でも相手方に対する法益侵害が重大で，刑罰による抑制が必要な場合に限って，相手方の処罰意思に基づき刑罰を科すこととしたものであり，しかも，これに違反した者に対する法定刑は，刑法，軽犯罪法等の関係法令と比較しても特に過酷ではないから，ストーカー規制法による規制の内容は，合理的で相当なものである」。

2　プライバシー

4-4　京都府学連事件

最大判昭和44・12・24刑集23巻12号1625頁

★★★★☆

【事　実】 Xは，1962（昭和37）年6月21日，京都府学生自治会連合が主催するデモ行進に参加し，その先頭集団の列外に位置し隊列を誘導していた。現場で視察にあたっていた京都府警のA巡査は，京都府公安委員会によって付されていた許可条件に違反する事実を同デモ行進に認めたため，行進状況を写真撮影した。Xがこれに抗議をしたところ，Aが無視する行動に出たため，XはAに対し暴行を加え，1週間の治療を要する傷害を与えた。Xは傷害・公務執行妨害の罪で起訴された。1審・2審ともに有罪としたためXが上告。

【判　旨】 上告棄却。**①保護範囲**「憲法13条は，……国民の私生活上の自由が，警察権等の国家権力の行使に対しても保護されるべきことを規定しているものということができる。そして，個人の私生活上の自由の一つとして，何人も，その承諾なしに，みだりにその容ぼう・姿態（以下『容ぼう等』という。）を撮影されない自由を有するものというべきである。これを肖像権と称するかどうかは別として，少なくとも，警察官が，正当な理由もないのに，個人の容ぼう等を撮影することは，憲法13条の趣旨に反し，許されないものといわなければならない。」**②公共の福祉による制約**「しかしながら，個人の有する右自由も，国家権力の行使から無制限に保護されるわけでなく，公共の福祉のため必要のある場合には相当の制限を受ける」。「そして，犯罪を捜査することは，公共の福祉のため警察に与えられた国家作用の一つであり，警察にはこれを遂行すべき責務があるのであるから（警察法2条1項参照），警察官が犯罪捜査の必要上写真を撮影する際，その対象の中に犯人のみならず第三者である個人の容ぼう等が含まれても，これが許容される場合がありうる」。**③審査基準**「そこで，その許容される限度について考察すると，身体の拘束を受けている被疑者の写真撮影を規定した刑訴法218条2項のような場合のほか，次のような場合には，撮影される本人の同意がなく，また裁判官の令状がなくても，警察官による個人の容ぼう等の撮影が許容されるものと解すべきである。すなわち，現に犯罪が行なわれもしくは行なわれたのち間がないと認められる場合であって，しかも証拠保全の必要性および緊急性があり，かつその撮影が一般的に許容される限度をこえない相当な方法をもって行なわれるときである。このような場合に行なわれる警察官による写真撮影は，……第三者である個人の容ぼう等を含むことになっても，憲法13条，35条に違反しないものと解すべきである。」④**あてはめ**　これを本件についてみると，「写真撮影は，現に犯罪が行なわれていると認められる場合になされたものであって，しかも多数の者が参加し刻々と状況が変化する集団行動の性質からいって，証拠保全の必要性および緊急性が認められ，その方法も一般的に許容される限度をこえない相当なものであったと認められるから，たとえそれが被告人ら集団行進者の同意もなく，その意思に反して行なわれたとしても，適法な職務執行行為であったといわなければならない。」

▼コメント▼　その後 **4-5**（捜査機関によるビデオ撮影事件）の判決は，本判決の趣旨は「現に犯罪が行われ又は行われた後間がないと認められる場合」に限られないと解して，本判決の射程を限定している。

4-5　捜査機関によるビデオ撮影事件

★☆☆☆☆

最決平成20・4・15刑集62巻5号1398頁

【決定要旨】「捜査機関において被告人が犯人である疑いを持つ合理的な理由が存在して」おり，かつ，本件各ビデオ撮影は，強盗殺人等事件の捜査に関し，「犯人の特定のための重要な判断に必要な証拠資料を入手するため，これに必要な限度において，公道上を歩いている被告人の容ぼう等を撮影し，あるいは不特定多数の客が集まるパチンコ店内において被告人の容ぼう等を撮影したものであり，いずれも，通常，人が他人から容ぼう等を観察されること自体は受忍せざるを得ない場所におけるものである」から，「これらのビデオ撮影は，捜査目的を達成するため，必要な範囲において，かつ，相当な方法によって行われたものといえ，捜査活動として適法」である。

＊ **4-4**（京都府学連事件）のコメントを参照。

4-6 釜ヶ崎監視カメラ事件

★☆☆☆☆

大阪地判平成 6・4・27 判時 1515 号 116 頁

【2 審・上告審ともに請求認容部分を維持】

【判　旨】 一部認容。「公権力がテレビカメラによる録画をすることは，たとえそれが犯罪捜査のためであっても，現に犯罪が行われもしくは行われたのち間がないと認められる場合ないし当該現場において犯罪が発生する相当高度の蓋然性が認められる場合であり，あらかじめ証拠保全の手段，方法をとっておく必要性及び緊急性があり，かつ，その録画が社会通念に照らして相当と認められる方法でもって行われるときなど正当な理由がない限り，憲法 13 条の趣旨に反し許され」ず，大衆闘争や労働運動の拠点である解放会館付近のテレビカメラは一部原告との関係ではプライバシーの利益を侵害するおそれがあるから，「カメラの撤去を求める右原告らの請求は理由がある」。

4-7 指紋押なつ制度の合憲性

★★☆☆☆

最判平成 7・12・15 刑集 49 巻 10 号 842 頁

【事　実】 X（アメリカ国籍）は，本邦にて新規の外国人登録の申請をした際，所定の書類に指紋の押なつをしなかったため，外国人登録法の関連する条項に該当するとして起訴された。1 審・2 審ともに有罪としたため X が上告。

【判　旨】 上告棄却。「指紋は，指先の紋様であり，それ自体では個人の私生活や人格，思想，信条，良心等個人の内心に関する情報となるものではないが，性質上万人不同性，終生不変性をもつので，採取された指紋の利用方法次第では個人の私生活あるいはプライバシーが侵害される危険性があ」り，「指紋の押なつ制度は，国民の私生活上の自由と密接な関連をもつ」。憲法 13 条は，「個人の私生活上の自由の一つとして，何人もみだりに指紋の押なつを強制されない自由」を保障しており，その保障は「我が国に在留する外国人にも等しく及ぶ」が，「公共の福祉のため必要がある場合には相当の制限を受ける」。指紋押なつ制度の「立法目的には十分な合理性があり，かつ，必要性も肯定でき」，「方法としても，一般的に許容される限度を超えない相当なものであったと認められる。」したがって，「指紋押なつ制度を定めた外国人登録法 14 条 1 項，18 条 1 項 8 号が憲法 13 条に違反するものでない」。

＊外国人登録法に基づく指紋押なつ制度は1999（平成11）年の改正で撤廃されたが，2006（平成18）年に入管法が改正され，日本に入国する外国人（特別永住者等を除く）に指紋等の提供を義務付けることとした。

4-8　前科照会事件

最判昭和56・4・14民集35巻3号620頁

★★★☆☆

【事　実】 XはA社から解雇されたが，京都地方裁判所の地位保全仮処分命令により従業員たる地位が仮に定められ，これに関連する事件が京都地裁や中央労働委員会に係属していた。A社の弁護士Bは，弁護士会を通じて弁護士法23条の2に基づきXの前科，犯罪経歴の照会をしたところ（照会理由は「中央労働委員会，京都地方裁判所に提出するため」），照会を受けた区長YはXの前科につき，道路交通法違反11犯，業務上過失傷害1犯，暴行1犯がある旨報告・回答した。これに対しXは，Yによる前科回答はプライバシーを侵害するとして，損害賠償および謝罪文の交付を求めて訴えを提起した。1審は請求を棄却したが，2審は慰謝料を一部認容したため，Yが上告。

【判　旨】 上告棄却。①**保護範囲**　「前科及び犯罪経歴（以下『前科等』という。）は人の名誉，信用に直接にかかわる事項であり，前科等のある者もこれをみだりに公開されないという法律上の保護に値する利益を有するのであって，市区町村長が，本来選挙資格の調査のために作成保管する犯罪人名簿に記載されている前科等をみだりに漏えいしてはなら」ない。②**照会が可能な場合**　「前科等の有無が訴訟等の重要な争点となっていて，市区町村長に照会して回答を得るのでなければ他に立証方法がないような場合には，裁判所から前科等の照会を受けた市区町村長は，これに応じて前科等につき回答をすることができるのであり，同様な場合に弁護士法23条の2に基づく照会に応じて報告することも許されないわけのものではないが，その取扱いには格別の慎重さが要求される」。③**あてはめ**　本件における前科等の照会文書には，「照会を必要とする事由としては，右照会文書に添付されていたB弁護士の照会申出書に『中央労働委員会，京都地方裁判所に提出するため』とあったにすぎないというのであり，このような場合に，市区町村長が漫然と弁護士会の照会に応じ，犯罪の種類，軽重を問わず，前科等のすべてを報告することは，公権力の違法な行使にあたると解するのが相当である。」

＊伊藤正己裁判官の補足意見「前科等は，個人のプライバシーのうちでも最も他人に知られたくないものの一つであり，……裁判のために公開される場合であつても，その公開が公正な裁判の実現のために必須のものであり，他に代わるべき立証手段がないときなどのように，プライバシーに優越する利益が存在するのでなければならず，その場合でも必要最小限の範囲に限つて公開しうるにとどまるのである。」

4-9 早稲田大学江沢民講演会事件

最判平成 15・9・12 民集 57 巻 8 号 973 頁

★★☆☆☆

【事　実】 当時早稲田大学の学生であった X らは，同大学主催の江沢民中華人民共和国国家主席の講演会への参加を申し込み，名簿に学籍番号，氏名，住所，電話番号（以下「本件個人情報」という）を記入して，参加証の交付を受けたところ，同大学が X らの同意を得ることなく名簿を警察に提出したため，プライバシー侵害にあたるとして損害賠償請求訴訟を提起した。1 審，2 審とも敗訴したため，X らが上告。

【判　旨】 破棄差戻し。本件個人情報は「秘匿されるべき必要性が必ずしも高いものではない」が，「このような個人情報についても，本人が，自己が欲しない他者にはみだりにこれを開示されたくないと考えることは自然なことであり，そのことへの期待は保護されるべきものであるから，本件個人情報は，上告人らのプライバシーに係る情報として法的保護の対象となるというべきであ」り，その「取扱い方によっては，個人の人格的な権利利益を損なうおそれのあるものであるから，慎重に取り扱われる必要がある。」「同大学が本件個人情報を警察に開示することをあらかじめ明示した上で本件講演会参加希望者に本件名簿へ記入させるなどして開示について承諾を求めることは容易であったものと考えられ，それが困難であった特別の事情がうかがわれない本件においては，本件個人情報を開示することについて上告人らの同意を得る手続を執ることなく，上告人らに無断で本件個人情報を警察に開示した同大学の行為は，上告人らが任意に提供したプライバシーに係る情報の適切な管理についての合理的な期待を裏切るものであり，上告人らのプライバシーを侵害するものとして不法行為を構成す」る。

4-10 住基ネット訴訟

★★★★☆

最判平成 20・3・6 民集 62 巻 3 号 665 頁

【事 実】 従前，住民基本台帳の情報はこれを保有する市町村内においてのみ利用されていたが，住基ネットは，市町村長に住民票コードを記載事項とする住民票を編成した住民基本台帳の作成を義務付け，住民基本台帳に記録された個人情報のうち，氏名，住所など特定の本人確認情報を市町村，都道府県および国の機関等で共有してその確認ができる仕組みを構築した。X らは，住基ネットは憲法 13 条の保障する X らのプライバシー権その他の人格権を違法に侵害するものであるなどと主張して，市を相手取って，国賠法 1 条に基づく損害賠償とともに，住民基本台帳からの X らの住民票コードの削除を求める訴えを提起した。1 審は X らの請求を棄却したが，2 審は，行政機関において，個々の住民の多くのプライバシー情報が住民票コードを付されて集積され，それがデータマッチングされ，本人の予期しないときに予期しない範囲で行政機関に保有され，利用される具体的な危険が生じており，X らのプライバシー権ないし自己情報コントロール権を侵害するとして，削除請求を認容したため，市が上告。

【判 旨】 破棄自判。①**保護範囲** 「憲法 13 条は，国民の私生活上の自由が公権力の行使に対しても保護されるべきことを規定しているものであり，個人の私生活上の自由の一つとして，何人も，個人に関する情報をみだりに第三者に開示又は公表されない自由を有する」。「住基ネットによって管理，利用等される本人確認情報は，氏名，生年月日，性別及び住所から成る 4 情報に，住民票コード及び変更情報を加えたものにすぎ」ず，「このうち 4 情報は，人が社会生活を営む上で一定の範囲の他者には当然開示されることが予定されている個人識別情報であり，変更情報も，転入，転出等の異動事由，異動年月日及び異動前の本人確認情報にとどまるもので，これらはいずれも，個人の内面に関わるような秘匿性の高い情報とはいえない。」住民票コードの秘匿性の程度もまた「本人確認情報と異なるものではない」。②**住基ネットの構築・運用** また，「住基ネットによる本人確認情報の管理，利用等は，法令等の根拠に基づき，住民サービスの向上及び行政事務の効率化という正当な行政目的の範囲内で行われているものということができる。住基ネットのシステム上の欠陥等により外部から不当にアクセスされるなどして本人確認情報が容易に漏えいする具体的な危険はないこと，受領者による本人確認情報の目的外利用又は本人確認情報に関する秘密の漏えい等は，懲戒処分又は刑罰をもって禁止されていること，住基法は，都道府県に本人確認情報の保護に関する審議会を，指定情報処理機関に本人確認情報保護委員会を設置することとして，本人確認情報の適切な取扱いを担保するための制度的措置を講じていることなどに照らせば，住基ネットにシステム技術上又は法制度上の不備があり，そのために本人確認情報が法令等の根拠に基づかずに又は正当な行政目的の範囲を逸脱して第三者に開示又は公表される具体的な危険が生じているということもできない。」③**結論**　そうすると，「行政機関が住基ネットにより住民であるXらの本人確認情報を管理，利用等する行為は，個人に関する情報をみだりに第三者に開示又は公表するものということはできず，当該個人がこれに同意していないとしても，憲法13条により保障された上記の自由を侵害するものではない」。

▼コメント▼　2015（平成27）年10月にマイナンバー制度が導入され，近時その合憲性が全国各地の裁判所で争われており，今後の展開が注目される（横浜地判令和元・9・26訟月66巻6号615頁等）。

4-11　自衛隊情報保全隊事件

★★☆☆☆

仙台高判平成28・2・2判時2293号18頁

【上告棄却（最決平成28・10・26)】

【事　実】　自衛隊のイラク派遣に反対する活動等に参加していたX_1らは，陸上自衛隊情報保全隊によってかかる活動等を監視され情報を収集されたことで，憲法上の権利（憲法13条等）を侵害され，精神的苦痛を受けたとして，国を相手取って，今後一切の表現活動に対する監視等の差止めと損害賠償を求める訴えを提起した。1審は，差止めについては却下したが，損害賠償請求を一部認容としたため，双方が控訴。

【判　旨】　X_1に係る部分の損害賠償請求を認容，その余は棄却。情報保全隊によるイラク派遣反対活動に関する情報の収集行為が違法性を有するかどうかは，「情報収集行為の目的，必要性，態様，情報の管理方法，情報の私事性，秘匿性の程度，個人の属性，被侵害利益の性質，その他の事情を総合考慮する必要がある。」「自衛隊において，『自衛隊に対する外部の働きかけ等から，部隊を保全するために必要な資料の収集及び情報の整理収集等』の観点から本件派遣反対活動について情報収集の必要性があるとしても，1審原告X_1が行ったのはライブ活動であって，……一般的に公になっていなかった本名及び職業（勤務先）を探索する必要性は認め難」く，「1 審原告 X_1 の上記プライバシーに係る情報の収集，保有は違法なものというべきである。」

3　自己決定権

4-12　男子中学生丸刈り校則事件

熊本地判昭和 60・11・13 行集 36 巻 11・12 号 1875 頁【確定】

★☆☆☆☆

【判　旨】 男子の髪型を「丸刈，長髪禁止」と規定した公立中学校の本件校則は違法であるとの X の主張について，「校則は各中学校において独自に判断して定められるべきもの」であること，本件校則違反の効果として「強制的に頭髪を切除する旨の規定はな」いこと，「中学生において髪形が思想等の表現であると見られる場合は極めて希有である」こと，校則が「教育を目的として定められたものである場合には，その内容が著しく不合理でない限り，右校則は違法とはなら」ず，「丸刈の社会的許容性や本件校則の運用」に照らすと，本件校則は著しく不合理とはいえないことから，憲法 14 条，31 条，21 条に反せず，また裁量権を逸脱して違法ともいえない。

＊なお，本件で原告は憲法 13 条に係る主張は行っていない。

4-13　ＮＨＫ日本語読み訴訟上告審判決

最判昭和 63・2・16 民集 42 巻 2 号 27 頁

★☆☆☆☆

【判　旨】「氏名は，社会的にみれば，個人を他人から識別し特定する機能を有するものであるが，同時に，その個人からみれば，人が個人として尊重される基礎であり，その個人の人格の象徴であって，人格権の一内容を構成するものというべきであるから，人は，他人からその氏名を正確に呼称されることについて，不法行為法上の保護を受けうる人格的な利益を有するものというべきである。」「在日韓国人の氏名を民族語読みによらず日本語読みで呼称する慣用的な方法は，右当時においては我が国の社会一般の認識として是認されていたものということができる。そうすると，被上告人が上告人の氏名を慣用的な方法である日本語読みによって呼称した右行為には違法性がな」い。

4-14 エホバの証人輸血拒否事件

★★★★☆

最判平成 12・2・29 民集 54 巻 2 号 582 頁

【事　実】 X は「エホバの証人」の信者であって，宗教上の信念から，いかなる場合にも輸血を受けることは拒否するという固い意思を有しており，輸血を伴わない手術を受けることができる医療機関を探したところ，同信者の間で輸血を伴わない手術をした例を有することで知られていた東大医科学研究所附属病院（医科研）の A 医師の診察を受けることになった。A 医師は，信者が，輸血を受けるのを拒否することを尊重し，できる限り輸血をしないことにするが，輸血以外には救命手段がない事態に至ったときは，患者およびその家族の諾否にかかわらず輸血する，という方針を採用していたが，X に対してかかる方針を説明せず，輸血する可能性があることを告げなかった。手術を実施したところ，A 医師は輸血をしない限り X を救うことができない可能性が高いと判断して輸血をしたため，X は，国らを相手取って損害賠償を求める訴えを提起した。原審は自己決定権の侵害に対する賠償責任を一部認容したため，国らが上告。

【判　旨】 上告棄却。①**意思決定の権利** 「A 医師らが，X の肝臓の腫瘍を摘出するために，医療水準に従った相当な手術をしようとすることは，人の生命及び健康を管理すべき業務に従事する者として当然のことであるということができる。しかし，患者が，輸血を受けることは自己の宗教上の信念に反するとして，輸血を伴う医療行為を拒否するとの明確な意思を有している場合，このような意思決定をする権利は，人格権の一内容として尊重されなければならない。」②**説明義務** 「そして，X が，宗教上の信念からいかなる場合にも輸血を受けることは拒否するとの固い意思を有しており，輸血を伴わない手術を受けることができると期待して医科研に入院したことを A 医師らが知っていたなど本件の事実関係の下では，A 医師らは，手術の際に輸血以外には救命手段がない事態が生ずる可能性を否定し難いと判断した場合には，X に対し，医科研としてはそのような事態に至ったときには輸血するとの方針を採っていることを説明して，医科研への入院を継続した上，A 医師らの下で本件手術を受けるか否かを X 自身の意思決定にゆだねるべきであったと解するのが相当である。」③**あてはめ** 「ところが，A 医師らは，本件手術に至るまでの約 1 か月の間に，手術の際に輸血を必要とする事態が生ずる可能性があることを認識したにもかかわらず，X に対して医科研が採用していた右方針を説明せず，同人及び被上告人らに対して輸血する可能性があることを告げないまま本件手術を施行し，右方針に従って輸血をしたのである。そうすると，本件においては，A医師らは，右説明を怠ったことにより，Xが輸血を伴う可能性のあった本件手術を受けるか否かについて意思決定をする権利を奪ったものといわざるを得ず，この点において同人の人格権を侵害したものとして，同人がこれによって被った精神的苦痛を慰謝すべき責任を負うものというべきである。」

▼コメント▼　信仰する宗教の考え方ゆえに，親権者が子どもの手術に同意しない場合に，親権者の職務執行停止，職務代行者の選任が認められるかという問題について，下級審の裁判例ではこれに肯定的なものがみられる。

4-15　性同一性障害者の性別変更における「現に子がいないこと」要件

最決平成19・10・19家月60巻3号36頁

★★☆☆☆

【事　実】　Xは，「性同一性障害者の性別の取扱いの特例に関する法律」3条1項に基づき，Xの性別の取扱いを男から女に変更することを求める審判申立てをしたところ，1審は，Xは，同法にいう性同一性障害者と認めることができるが，離婚した妻との間に子がいるから，同法3条1項3号の要件を満たさないとして，Xの上記申立てを却下する旨の審判をした。抗告審もXの申立てを棄却したため，Xが特別抗告。

【決定要旨】　抗告棄却。「性同一性障害者につき性別の取扱いの変更の審判が認められるための要件として『現に子がいないこと』を求める性同一性障害者の性別の取扱いの特例に関する法律3条1項3号の規定は，現に子のある者について性別の取扱いの変更を認めた場合，家族秩序に混乱を生じさせ，子の福祉の観点からも問題を生じかねない等の配慮に基づくものとして，合理性を欠くものとはいえないから，国会の裁量権の範囲を逸脱するものということはできず，憲法13条，14条1項に違反するものとはいえない。」

＊なお，2008（平成20）年の法改正によって，「現に未成年の子がいないこと」に規定が改められた。

4-16　性別変更における生殖腺除去要件

最決平成31・1・23判時2421号4頁

★★★☆☆

【事　実】　Xは，性同一性障害者の性別の取扱いの特例に関する法律（以下「特例法」

という）に基づき，性別の取扱いを女から男にすることを求める審判を申し立てた。なお，Xは特例法3条1項4号の要件を満たすために行われる生殖腺の除去手術は受けていなかったが，諸外国では，性別の取扱いの変更に手術を要件としない例が多くあり，身体に著しい侵襲を伴う戻すことのできない手術を要求することは，憲法13条に違反して無効であると主張した。1審は，生殖腺除去要件は，憲法13条に違反するほどに不合理な規定とはいえないとしてXの申立てを却下。抗告審も同要件を定めることは立法府の裁量権の範囲を逸脱しないとして却下したため，Xが特別抗告。

【決定要旨】 抗告棄却。①**憲法上の自由の制約** 「性同一性障害者につき性別の取扱いの変更の審判が認められるための要件として『生殖腺がないこと又は生殖腺の機能を永続的に欠く状態にあること』を求める性同一性障害者の性別の取扱いの特例に関する法律3条1項4号の規定（以下『本件規定』という。）の下では，性同一性障害者が当該審判を受けることを望む場合には一般的には生殖腺除去手術を受けていなければならないこととなる。本件規定は，性同一性障害者一般に対して上記手術を受けること自体を強制するものではないが，性同一性障害者によっては，上記手術まで望まないのに当該審判を受けるためやむなく上記手術を受けることもあり得るところであって，その意思に反して身体への侵襲を受けない自由を制約する面もあることは否定できない。」②**制約の正当化** 「もっとも，本件規定は，当該審判を受けた者について変更前の性別の生殖機能により子が生まれることがあれば，親子関係等に関わる問題が生じ，社会に混乱を生じさせかねないことや，長きにわたって生物学的な性別に基づき男女の区別がされてきた中で急激な形での変化を避ける等の配慮に基づくものと解される。これらの配慮の必要性，方法の相当性等は，性自認に従った性別の取扱いや家族制度の理解に関する社会的状況の変化等に応じて変わり得るものであり，このような規定の憲法適合性については不断の検討を要するものというべきであるが，本件規定の目的，上記の制約の態様，現在の社会的状況等を総合的に較量すると，本件規定は，現時点では，憲法13条，14条1項に違反するものとはいえない。」

4-17 性別変更における「現に婚姻をしていないこと」要件

★☆☆☆☆

最決令和2・3・11 裁判所ウェブサイト

【決定要旨】 「『現に婚姻をしていないこと』を求める性同一性障害者の性別の取

扱いの特例に関する法律3条1項2号の規定は，現に婚姻をしている者について性別の取扱いの変更を認めた場合，異性間においてのみ婚姻が認められている現在の婚姻秩序に混乱を生じさせかねない等の配慮に基づくものとして，合理性を欠くものとはいえないから，国会の裁量権の範囲を逸脱するものということはできず，憲法13条，14条1項，24条に違反するものとはいえない。」

4-18　トランスジェンダー職員トイレ使用制限事件

東京地判令和元・12・12 労判 1223 号 52 頁【控訴】

★☆☆☆☆

【判　旨】 一部認容。「トイレが人の生理的作用に伴って日常的に必ず使用しなければならない施設であって，現代においては人が通常の衛生的な社会生活を送るに当たって不可欠のものであることに鑑みると，個人が社会生活を送る上で，男女別のトイレを設置し，管理する者から，その真に自認する性別に対応するトイレを使用することを制限されることは，当該個人が有する上記の重要な法的利益の制約に当たると考えられる。」

＊他方，控訴審（東京高判令和3・5・27LEX/DB25569720）は，本件トイレに係る処遇は著しく不合理とはいえないとして，この点に関する国賠法上の違法性を否定している。

4-19　旧優生保護法に基づく強制不妊手術

仙台地判令和元・5・28 判時 2413・2414 号 3 頁【控訴】

★☆☆☆☆

【判　旨】 請求棄却。「人が幸福を追求しようとする権利の重みは，たとえその者が心身にいかなる障がいを背負う場合であっても何ら変わるものではない。子を産み育てるかどうかを意思決定する権利は，これを希望する者にとって幸福の源泉となり得ることなどに鑑みると，人格的生存の根源に関わるものであり，上記の幸福追求権を保障する憲法13条の法意に照らし，人格権の一内容を構成する権利として尊重されるべきものである。しかしながら，旧優生保護法は，優生上の見地から不良な子孫の出生を防止するなどという理由で不妊手術を強制し，子を産み育てる意思を有していた者にとってその幸福の可能性を一方的に奪い去り，個人の尊厳を踏みにじるものであって，誠に悲惨というほかない。何人にとっても，リプロダクティブ権を奪うことが許されないのはいうまでもなく，本件規定に合理性があるというのは困難である。そうすると，本件規定は，憲法13条に違反し，無効であるというべきである。」

＊その後も，大阪地判令和2・11・30（裁判所ウェブサイト）は，本件規定を「明らかに憲法13条，14条1項に違反して違憲である」としているが，損害賠償請求権については，本判決と同様，除斥期間の経過により消滅したとして，原告の請求を棄却している（札幌地判令和3・1・15（裁判所ウェブサイト）も同旨）。

第5章
法の下の平等

1 総 論

5-1 平等審査の判断枠組みと社会的身分の意義 —— 町職員待命事件

最大判昭和 39・5・27 民集 18 巻 4 号 676 頁

★★☆☆☆

【判 旨】 上告棄却。「憲法 14 条 1 項及び地方公務員法 13 条にいう社会的身分とは，人が社会において占める継続的な地位をいうものと解されるから，高令であるということは右の社会的身分に当らないとの原審の判断は相当と思われるが，右各法条は，国民に対し，法の下の平等を保障したものであり，右各法条に列挙された事由は例示的なものであって，必ずしもそれに限るものではないと解するのが相当であるから，原判決が，高令であることは社会的身分に当らないとの一事により，たやすく上告人の……主張を排斥したのは，必ずしも十分に意を尽したものとはいえない。しかし，右各法条は，国民に対し絶対的な平等を保障したものではなく，差別すべき合理的な理由なくして差別することを禁止している趣旨と解すべきであるから，事柄の性質に即応して合理的と認められる差別的取扱をすることは，なんら右各法条の否定するところではない。」

5-2 尊属殺人の加重処罰と平等 —— 尊属殺人罪違憲判決

最大判昭和 48・4・4 刑集 27 巻 3 号 265 頁

★★★★☆

【事 実】 X は少女のころに実父 Y から姦淫され，以後 10 余年間夫婦同様の生活を強いられ，その間数人の子までなしたが，正常な結婚の機会にめぐりあったところ，Y がこれを嫌い，あくまでも X を自己の支配下に置き続けようと襲いかかってきたため，Y を殺害した。原審は，X を刑法 200 条（当時）の尊属殺人罪で懲役 3 年 6 月の実刑に処したので，X は同条を違憲として上告。

【判 旨】 破棄自判〔懲役 2 年 6 月執行猶予 3 年〕。①**憲法 14 条 1 項の趣旨** 憲法 14 条 1 項「後段列挙の事項は例示的なものであること，およびこの平等の要請は，事柄の性質に即応した合理的な根拠に基づくものでないかぎり，差別的な取扱いをすることを禁止する趣旨と解すべきことは，〔 5-1 （町職員待命事件）〕の示すとおりである」。「刑法200条は，自己または配偶者の直系尊属を殺した者は死刑または無期懲役に処する旨を規定」した「いわゆる加重的身分犯の規定であって」，「刑法200条が憲法の右条項に違反するかどうか」は「差別的取扱いが合理的な根拠に基づくものであるかどうかによって決せられる」。**②立法目的**　「刑法200条の立法目的は，尊属を卑属またはその配偶者が殺害することをもつて一般に高度の社会的道義的非難に値するものとし，かかる所為を通常の殺人の場合より厳重に処罰し，もって特に強くこれを禁圧しようとするにあるものと解される。」「尊属に対する尊重報恩は，社会生活上の基本的道義というべく，このような自然的情愛ないし普遍的倫理の維持は，刑法上の保護に値する」。「被害者が尊属であることを犯情のひとつとして具体的事件の量刑上重視することは許されるものであるのみならず，さらに進んでこのことを類型化し，法律上，刑の加重要件とする規定を設けても，かかる差別的取扱いをもってただちに合理的な根拠を欠くものと断ずることはでき」ない。**③加重の程度**　刑法200条の「法定刑は死刑および無期懲役刑のみであり，普通殺人罪に関する同法199条の法定刑が，死刑，無期懲役刑のほか3年以上の有期懲役刑となっているのと比較して，刑種選択の範囲が極めて重い刑に限られている」。「現行法上許される2回の減軽を加えても」「処断刑の下限は懲役3年6月を下ることがなく，その結果として，いかに酌量すべき情状があろうとも法律上刑の執行を猶予することはできない」。上記の立法目的「のみをもってしては，これにつき十分納得すべき説明がつきかねるところであり，合理的根拠に基づく差別的取扱いとして正当化することはとうていできない」。「刑法200条は，尊属殺の法定刑を死刑または無期懲役刑のみに限っている点において，その立法目的達成のため必要な限度を遥かに超え，普通殺に関する刑法199条の法定刑に比し著しく不合理な差別的取扱いをするものと認められ，憲法14条1項に違反して無効である」。

▼コメント▼　尊属殺人罪を設けること自体が違憲であるとする田中二郎裁判官ほかの意見，「近親殺」の処罰を加重することは可能であるとする大隅健一郎裁判官の意見等がある。この判決は，尊属傷害致死罪の規定を合憲とした最大判昭和25・10・11刑集4巻10号2037頁を先例として，尊属殺人罪を合憲とした最大判昭和25・10・25刑集4巻10号2126頁を変更したものである。

5-3 租税立法と平等——サラリーマン税金訴訟

最大判昭和 60・3・27 民集 39 巻 2 号 247 頁

★★★☆☆

【事　実】 私立大学教授であった X は所得税の確定申告をせず，更正決定および無申告加算税の賦課決定を受けたところ，その取消しを求めて提訴したが，1 審，2 審ともに請求を退けた。そこで，事業所得者等は実際に要した金額による必要経費の実額控除を認められているのに，給与所得者には認められていないのは憲法 14 条 1 項に違反するなどとして，X が上告した。

【判　旨】 上告棄却。「租税は，今日では，国家の財政需要を充足するという本来の機能に加え，所得の再分配，資源の適正配分，景気の調整等の諸機能をも有しており，国民の租税負担を定めるについて，財政・経済・社会政策等の国政全般からの総合的な政策判断を必要とするばかりでなく，課税要件等を定めるについて，極めて専門技術的な判断を必要とすることも明らかである」。「租税法の定立については，国家財政，社会経済，国民所得，国民生活等の実態についての正確な資料を基礎とする立法府の政策的，技術的な判断にゆだねるほかはなく，裁判所は，基本的にはその裁量的判断を尊重せざるを得ないものというべきである」。「租税法の分野における所得の性質の違い等を理由とする取扱いの区別は，その立法目的が正当なものであり，かつ，当該立法において具体的に採用された区別の態様が右目的との関連で著しく不合理であることが明らかでない限り，その合理性を否定することができず，これを憲法 14 条 1 項の規定に違反するものということはできない」。「給与所得者と事業所得者等との租税負担の均衡に配意しつつ」，徴収費用の増加を回避する等の給与所得に係る概算控除の「目的は正当性を有する」。「給与所得控除の額は給与所得に係る必要経費の額との対比において相当性を欠くことが明らかであるということはできない」。本件の「区別は，合理的なものであり，憲法 14 条 1 項の規定に違反するものではない」。

2 家 族

[14 条]

5-4 届出による国籍取得と準正要件 —— 国籍法違憲判決

最大判平成 20・6・4 民集 62 巻 6 号 1367 頁

★★★★☆

【事 実】 法律上の婚姻関係にない日本国民である父とフィリピン共和国籍を有する母との間に本邦において出生した X が，出生後父から認知されたことを理由として 2003（平成 15）年に法務大臣あてに国籍取得届を提出したところ，国籍取得の条件を備えておらず，日本国籍を取得していないものとされたことから，国に対し，日本国籍を有することの確認を求めて提訴した。1 審は請求を認容したが，2 審が請求を棄却したため X が上告。

【判 旨】 破棄自判。控訴棄却。**【差別の有無について】①本件で問題となる区別と判断枠組み** 「国籍法 3 条 1 項の規定が，日本国民である父の非嫡出子について，父母の婚姻により嫡出子たる身分を取得した者に限り日本国籍の取得を認めていることによって，同じく日本国民である父から認知された子でありながら父母が法律上の婚姻をしていない非嫡出子は……日本国籍を取得することができないという区別」（本件区別）は，「そのような区別をすることの立法目的に合理的な根拠が認められない場合，又はその具体的な区別と上記の立法目的との間に合理的関連性が認められない場合には……合理的な理由のない差別として，〔憲法 14 条 1〕項に違反するものと解される」。**②慎重な検討の必要** 「日本国籍は，我が国の構成員としての資格であるとともに，我が国において基本的人権の保障，公的資格の付与，公的給付等を受ける上で意味を持つ重要な法的地位でもある。一方，父母の婚姻により嫡出子たる身分を取得するか否かということは，子にとっては自らの意思や努力によっては変えることのできない父母の身分行為に係る事柄である。したがって，このような事柄をもって日本国籍取得の要件に関して区別を生じさせることに合理的な理由があるか否かについては，慎重に検討することが必要である」。**③目的審査** 「血統主義を基調としつつ……我が国との密接な結び付きの指標となる一定の要件を設けて，これらを満たす場合に限り出生後における日本国籍の取得を認めることとした……〔国籍法３条12頁の〕立法目的自体には，合理的な根拠がある」。**④立法時についての手段審査**　「国籍法３条１項の規定が設けられた当時……は……認知に加えて準正を日本国籍取得の要件としたことには，上記の立法目的との間に一定の合理的関連性があった」。**⑤立法事実の変化**　「出生数に占める非嫡出子の割合が増加するなど，家族生活や親子関係の実態も変化し多様化してきている」。「両親の一方のみが日本国民である場合には，……その子と我が国との結び付きの強弱を両親が法律上の婚姻をしているか否かをもって直ちに測ることはできない」。「諸外国において……認知等により自国民との父子関係の成立が認められた場合にはそれだけで自国籍の取得を認める旨の法改正が行われている」。「準正を……国籍取得の要件としておくことについて……立法目的との間に合理的関連性を見いだすことがもはや難しくなっている」。**⑥結論**　「遅くとも上告人が法務大臣あてに国籍取得届を提出した当時には……国籍法３条１項の規定が本件区別を生じさせていることは，憲法14条１項に違反するものであった」。**【救済方法について】**⑦　「〔国籍法３条1〕項の規定自体を全部無効として，準正のあった子……の届出による日本国籍の取得をもすべて否定することは，血統主義を補完するために出生後の国籍取得の制度を設けた同法の趣旨を没却するものであり，立法者の合理的意思として想定し難い」。「このような子についても，父母の婚姻により嫡出子たる身分を取得したことという部分を除いた同項所定の要件が満たされる場合に，届出により日本国籍を取得することが認められるものとすることによって，同項及び同法の合憲的で合理的な解釈が可能となるものということができ，この解釈は……直接的な救済のみちを開くという観点からも，相当性を有する」。「上記の解釈は……過剰な要件を設けることにより本件区別を生じさせている部分のみを除いて合理的に解釈したものであって，その結果も，準正子と同様の要件による日本国籍の取得を認めるにとどまるものである」。「この解釈をもって……立法作用を行うものとして許されないと評価することは……当を得ない」。

▼コメント▼　判決には「差別の理由が憲法14条１項に差別禁止事由として掲げられている社会的身分及び性別であるから……強度の正当化事由が必要」とする泉徳治裁判官の補足意見，「準正要件が置かれていることによって違憲の結果が生じているのは，多数意見がいうように同条が『過剰な』要件を設けているからではなく，むしろいわば『不十分な』要件しか置いていないからというべきなのであって，同項の合理的解釈によって違憲状態を解消しようとするならば，それは『過剰な』部分を除く

ことによってではなく，『不十分な』部分を補充することによってでなければならない」としつつ救済を求める藤田宙靖裁判官の意見，合憲との結論をとる横尾和子裁判官ほかの反対意見，藤田裁判官と同じ理解に拠りつつ，「法律にない新たな国籍取得の要件を創設するものであって，実質的に司法による立法に等しい」として救済を否定する甲斐中辰夫裁判官ほかの反対意見等がある。

5-5 非嫡出子と平等――非嫡出子相続分規定違憲決定

★★★★☆

最大決平成25・9・4民集67巻6号1320頁

【事　実】 2001（平成13）年7月に死亡したAの遺産につき，Aの嫡出である子らである相手方らが，Aの嫡出でない子であるXらに対し，遺産の分割の審判を申し立てた。原審は，民法900条4号ただし書の規定のうち嫡出でない子の相続分を嫡出子の相続分の2分の1とする部分（以下，この部分を「本件規定」という）は憲法14条1項に違反しないと判断した。Xらが特別抗告。

【決定要旨】 破棄差戻し。**【合憲性について】** **①判断基準** 「それぞれの国の伝統，社会事情，国民感情……その国における婚姻ないし親子関係に対する規律，国民の意識等……を総合的に考慮した上で，相続制度をどのように定めるかは，立法府の合理的な裁量判断に委ねられている」。「本件規定により嫡出子と嫡出でない子との間で生ずる法定相続分に関する区別が……立法府に与えられた上記のような裁量権を考慮しても……合理的な根拠が認められない場合には……憲法14条1項に違反する」。**②不断の検討** 〔後掲コメント記載の合憲決定もあったが，上記①にあげた考慮の必要な事柄〕は，「時代と共に変遷するものでもあるから……不断に検討され，吟味されなければならない」。**③評価** 「本件規定の合理性に関連する……種々の事柄の変遷等は，その中のいずれか一つを捉えて，本件規定による法定相続分の区別を不合理とすべき決定的な理由とし得るものではない。しかし，昭和22年民法改正時から現在に至るまでの間の社会の動向，我が国における家族形態の多様化やこれに伴う国民の意識の変化，諸外国の立法のすう勢及び我が国が批准した条約の内容とこれに基づき設置された委員会からの指摘，嫡出子と嫡出でない子の区別に関わる法制等の変化，更にはこれまでの当審判例における度重なる問題の指摘等を総合的に考察すれば，家族という共同体の中における個人の尊重がより明確に認識されてきたことは明らかであるといえる。そして，法律婚という制度自体は我が国に定着しているとしても，上記のような認識の変化に伴い，上記制度の下で父母が婚姻関係になかったという，子にとっては自ら選択ないし修正する余地のない事柄を理由としてその子に不利益を及ぼすことは許されず，子を個人として尊重し，その権利を保障すべきであるという考えが確立されてきている」。**④結論**「遅くともAの相続が開始した平成13年7月当時においては〔本件〕区別〔を〕する合理的な根拠は失われていた」。**【先例としての事実上の拘束性】**⑤「本決定の違憲判断が，先例としての事実上の拘束性という形で既に行われた遺産の分割等の効力にも影響し，いわば解決済みの事案にも効果が及ぶとすることは，著しく法的安定性を害する」。「既に関係者間において裁判，合意等により確定的なものとなったといえる法律関係までをも現時点で覆すことは相当ではない」。「可分債権又は可分債務については……相続の開始により直ちに……法律関係が確定的なものとなったとみることは相当ではなく，その後の関係者間での裁判の終局，明示又は黙示の合意の成立等により上記規定を改めて適用する必要がない状態となったといえる場合に初めて，法律関係が確定的なものとなったとみるのが相当である」。

▼コメント▼　最大決平成7・7・5民集49巻7号1789頁は，本件規定が補充的に機能する規定であることをも考慮事情としたうえ，本件区別について，非嫡出子にも一定の法定相続分を認めてその保護を図ったものであるとして，「その立法理由に合理的な根拠があり，かつ，その区別が右立法理由との関連で著しく不合理なものでなく，いまだ立法府に与えられた合理的な裁量判断の限界を超えていないと認められる限り，合理的理由のない差別とはいえず，これを憲法14条1項に反するものということはできない」と判断していた。なお，本決定は，判例変更はしていない。

5-6　戸籍法49条2項1号と憲法14条1項

★☆☆☆☆

最判平成25・9・26民集67巻6号1384頁

【判　旨】 戸籍法49条2項1号の規定のうち出生の届書に嫡出子または嫡出でない子の別を記載すべきものと定める部分は，「それ自体によって，嫡出でない子について嫡出子との間で子又はその父母の法的地位に差異がもたらされるものとはいえない」。「所論は，本件規定において『嫡出でない子』という文言が用いられていること自体が婚外子に対する不合理な差別的取扱いであるともいうが，民法及び戸籍法において『嫡出でない子』という用語は法律上の婚姻関係にない男女の間に出生した子を意味するものとして用いられているものであり，所論は法令上のかかる用語についてその表現の当否を論ずるに帰するものであって，採用することができない」。

[24条]

5-7　同性婚禁止違憲訴訟

★★★☆☆

札幌地判令和3・3・17判時2487号3頁

【事　実】 Xらは，同性婚を認めていない民法および戸籍法の規定（以下「本件規定」という）が憲法13条，14条1項，24条に違反するにもかかわらず，国が必要な立法措置を講じていないことは国家賠償法1条1項の適用上違法であるとして慰謝料等の支払いを求めた。判決は，13条，24条違反を認めず，また，国家賠償法上の違法も認めなかったが，14条1項違反について次のように判示した。

【判　旨】 請求棄却。「異性愛者のカップル」と比較して，「同性愛者のカップルは，婚姻を欲したとしても婚姻することができず，婚姻によって生じる法的効果を享受することはできない」（以下「本件区別取扱い」という）。「性的指向は，自らの意思に関わらず決定される個人の性質であるといえ，性別，人種などと同様のものということができる。このような人の意思によって選択・変更できない事柄に基づく区別取扱いが合理的根拠を有するか否かの検討は，その立法事実の有無・内容，立法目的，制約される法的利益の内容などに照らして真にやむを得ない区別取扱いであるか否かの観点から慎重にされなければならない」。「婚姻によって生じる法的効果を享受する利益は，……異性愛者にとって重要な法的利益であるということができる」。「そのような法的利益は，同性愛者であっても……等しく享有し得る」。「そうであるにもかかわらず，本件規定の下にあっては，同性愛者に対しては，婚姻によって生じる法的効果の一部ですらもこれを享受する法的手段が提供されていない」。「本件区別取扱いの合理性を検討するに当たって，我が国においては，同性愛者のカップルに対する法的保護に肯定的な国民が増加し，同性愛者と異性愛者との間の区別を解消すべきとする要請が高まりつつあり，諸外国においても性的指向による区別取扱いを解消する要請が高まっている状況があることは考慮すべき事情である一方，同性婚に対する否定的意見や価値観を有する国民が少なからずいることは，同性愛者に対して，婚姻によって生じる法的効果の一部ですらもこれを享受する法的手段を提供しないことを合理的とみるか否かの検討の場面においては，限定的に勘酌すべきものというべきである」。「同性愛者に対しては，婚姻によって生じる法的効果の一部ですらもこれを享受する法的手段を提供しないとしていることは，立法府が広範な立法裁量を有することを前提としても，その裁量権の範囲を超えたものであるといわざるを得ず，本件区別取扱いは，その限度で合理的根拠を欠く差別取扱いに当たると解さざるを得ない」。「本件規定は，上記の限度で憲法14条1項に違反する」。

▼コメント▼　各地で訴訟が係属中である中，最初の地裁判決で，この点に関する初めての違憲判決である。

5-8　租税立法——夫婦所得課税違憲訴訟

最大判昭和36・9・6民集15巻8号2047頁

★★☆☆☆

【判　旨】　憲法24条は，「婚姻関係における夫と妻とが実質上同等の権利を享有することを期待した趣旨の規定と解すべく，個々具体の法律関係において，常に必らず同一の権利を有すべきものであるというまでの要請を包含するものではない」。「民法762条1項の規定をみると，夫婦の一方が婚姻中の自己の名で得た財産はその特有財産とすると定められ，この規定は夫と妻の双方に平等に適用されるものであるばかりでなく，所論のいうように夫婦は一心同体であり一の協力体であって，配偶者の一方の財産取得に対しては他方が常に協力，寄与するものであるとしても，民法には，別に財産分与請求権，相続権ないし扶養請求権等の権利が規定されており，右夫婦相互の協力，寄与に対しては，これらの権利を行使することにより，結局において夫婦間に実質上の不平等が生じないよう立法上の配慮がなされているということができる。しからば，民法762条1項の規定は，前記のような憲法24条の法意に照らし，憲法の右条項に違反するものということができない。「それ故，本件に適用された所得税法が，生計を一にする夫婦の所得の計算について，民法762条1項によるいわゆる別産主義に依拠しているものであるとしても，同条項が憲法24条に違反するものといえない」。

5-9 婚姻制度と男女差別――女性の再婚禁止期間違憲訴訟

★★★★☆

最大判平成27・12・16民集69巻8号2427頁

【事　実】 Xは，2008（平成20）年3月に前夫と離婚をし，同年10月に後夫と再婚をしたが，同再婚は，女性について6箇月の再婚禁止期間を定める民法733条1項の規定（以下「本件規定」という）があるために遅れて成立したものであったとして，本件規定は憲法14条1項および24条2項に違反すると主張し，これを改廃する立法措置をとらなかった立法不作為について国家賠償を求めた。1審，2審とも請求を棄却したので，Xが上告。

【判　旨】 上告棄却。①**判断基準** 「本件規定は……再婚をする際の要件に関し男性と女性とを区別しているから……事柄の性質に応じた合理的な根拠に基づくものと認められない場合には……憲法14条1項に違反する」。②**立法裁量** 「憲法24条2項は……婚姻及び家族に関する事項について，具体的な制度の構築を第一次的には国会の合理的な立法裁量に委ねるとともに，その立法に当たっては，個人の尊厳と両性の本質的平等に立脚すべきであるとする要請，指針を示すことによって，その裁量の限界を画したものといえる」。③**婚姻をするについての自由** 「同条1項は……婚姻をするかどうか，いつ誰と婚姻をするかについては，当事者間の自由かつ平等な意思決定に委ねられるべきであるという趣旨を明らかにした……。婚姻は，これにより……重要な法律上の効果が与えられるものとされているほか……国民の中にはなお法律婚を尊重する意識が幅広く浸透していると考えられることをも併せ考慮すると，上記のような婚姻をするについての自由は，憲法24条1項の規定の趣旨に照らし，十分尊重に値するものと解する」。④**制約** 「婚姻に対する直接的な制約を課す……本件規定については……以上のような事柄の性質を十分考慮に入れた上で検討をすることが必要である」。⑤**目的** 「立法目的は……父性の推定の重複を回避し，もって父子関係をめぐる紛争の発生を未然に防ぐことにあ」り，「合理性を認めることができる」。⑥**父性推定重複回避の必要性** DNA鑑定等「父性の推定の重複を回避する必要性はないという指摘がある」が，「生まれてくる子にとって，法律上の父を確定できない状態が一定期間継続することにより種々の影響が生じ得ることを考慮すれば……そもそも父性の推定が重複することを回避するための制度を維持することに合理性が認められる」。⑦**100日を超えない部分** 「100日の再婚禁止期間を設けることによって，父性の推定の重複が回避される」

ので，「本件規定のうち 100 日の再婚禁止期間を設ける部分は，憲法 14 条 1 項にも，憲法 24 条 2 項にも違反するものではない」。⑧**100 日を超える部分** 「再婚禁止期間を 6 箇月と定めたことが不合理であったとはいい難い」。しかし，「今日においては……一定の期間の幅を設けることを正当化することは困難になった」。「本件規定のうち 100 日超過部分……は，憲法 14 条 1 項に違反するとともに，憲法 24 条 2 項にも違反するに至っていた」。⑨**国家賠償** 「法律の規定が憲法上保障され又は保護されている権利利益を合理的な理由なく制約するものとして憲法の規定に違反するものであることが明白であるにもかかわらず，国会が正当な理由なく長期にわたってその改廃等の立法措置を怠る場合などにおいては……国家賠償法……の適用上違法の評価を受ける」。「平成 20 年当時において，本件規定のうち 100 日超過部分が憲法 14 条 1 項及び 24 条 2 項に違反するものとなっていたことが，国会にとって明白であったということは困難である」。

5-10 夫婦同氏制を定める民法 750 条の合憲性

最大判平成 27・12・16 民集 69 巻 8 号 2586 頁

★★★★☆

【事　実】 婚姻後，通称として婚姻前の氏を使用している者，婚姻届で氏の選択をしなかったために不受理となった者ら（X ら）が，夫婦が婚姻の際に定めるところに従い夫または妻の氏を称すると定める民法 750 条の規定（以下「本件規定」という）は憲法 13 条，14 条 1 項，24 条 1 項および 2 項等に違反すると主張し，立法不作為の違法を理由に，国に対し，国家賠償法 1 条 1 項に基づき損害賠償を求めた。1 審，2 審とも請求を棄却したので，X らが上告。

【判　旨】 上告棄却。①**13 条** 「氏は，婚姻及び家族に関する法制度の一部として法律がその具体的な内容を規律しているものであるから……具体的な法制度を離れて，氏が変更されること自体を捉えて直ちに人格権を侵害し，違憲であるか否かを論ずることは相当ではない」。「現行の法制度の下における氏の性質等に鑑みると，婚姻の際に『氏の変更を強制されない自由』が憲法上の権利として保障される人格権の一内容であるとはいえない」。「婚姻前に築いた個人の信用，評価，名誉感情等を婚姻後も維持する利益等は，憲法上の権利として保障される人格権の一内容であるとまではいえないものの……憲法 24 条の認める立法裁量の範囲を超えるものであるか否かの検討に当たって考慮すべき事項である」。②**14 条** 「夫婦同氏制それ自体に男女間の形式的な不平等が存在するわけではない。……夫の氏を選択する夫婦が圧倒的多数を占めることが……本件規定の在り方自体から生じた結果であるということはできない」。「本件規定は，憲法 14 条 1 項に違反するものではない」。「社会に存する差別的な意識や慣習による影響があるのであれば，その影響を排除して夫婦間に実質的な平等が保たれるように図ることは，憲法 14 条 1 項の趣旨に沿うものであるといえる」。「この点は……憲法 24 条の認める立法裁量の範囲を超えるものであるか否かの検討に当たっても留意すべきもの」である。**③24 条** 「本件規定は，婚姻の効力の一つとして夫婦が夫又は妻の氏を称することを定めたものであり，婚姻をすることについての直接の制約を定めたものではない」。「ある法制度の内容により婚姻をすることが事実上制約されることになっていることについては……立法裁量の範囲を超えるものであるか否かの検討に当たって考慮すべき事項である」。「憲法 24 条……2 項〔は〕，立法裁量に限定的な指針を与えるものといえる」。**④24 条違反の有無** 「家族は社会の自然かつ基礎的な集団単位と捉えられ，その呼称を一つに定めることには合理性が認められる」。「嫡出子であることを示すために子が両親双方と同氏である仕組みを確保することにも一定の意義がある」。「夫婦がいずれの氏を称するかは，夫婦となろうとする者の間の協議による自由な選択に委ねられている」。「近時，婚姻前の氏を通称として使用することが社会的に広まっているところ，上記の不利益は，このような氏の通称使用が広まることにより一定程度は緩和され得るものである」。「以上の点を総合的に考慮すると……夫婦同氏制が……直ちに個人の尊厳と両性の本質的平等の要請に照らして合理性を欠く制度であるとは認めることはできない」。

▼コメント▼　判決には，国賠法上違法ではないが違憲であるとする岡部喜代子裁判官の意見（櫻井龍子，鬼丸かおる裁判官同調），木内道祥裁判官の意見，国賠法上も違憲であったとする山浦善樹裁判官の反対意見等がある。氏名について，**4-13**（NHK 日本語読み訴訟上告審判決）参照。その後，最大決令和 3・6・23 裁時 1770 号 3 頁は，「夫は夫の氏，妻は妻の氏を称する」旨の婚姻届を受理されなかった者らが，家事審判を申し立てた事案の特別抗告審で，**5-10**（夫婦同氏制を定める民法 750 条の合憲性）判決以降の変化を踏まえてもその判断を変更すべきものとは認められないとして，再び合憲との判断を示した。決定には，違憲としつつ立法措置がないと夫婦が称する氏を記載していない婚姻届は受理できないとして原審の結論を是認する三浦守裁判官の意見，女子差別撤廃条約にも言及しつつ違憲とする宮崎裕子裁判官と宇賀克也裁判官の共同の反対意見，草野耕一裁判官の反対意見が付されている。

3　外国人

5-11　外国人の公権力行使等地方公務員への昇進と平等――外国人管理職選考受験拒否事件　最大判平成17・1・26民集59巻1号128頁

★★★☆☆

【事　実】 特別永住者であるXは，Y（東京都）に保健婦（当時）として採用され，都人事委員会の実施した管理職選考を受験しようとしたが，日本の国籍を有しないことを理由に受験が認められなかったため，国家賠償法1条1項に基づき，Yに対し，慰謝料の支払い等を請求した。1審は請求を棄却したが，原審が請求を一部認容したので，Yが上告。

【判　旨】 破棄自判。控訴棄却。①**判断枠組み**　「労働基準法3条〔等〕の定めは，普通地方公共団体が職員に採用した在留外国人の処遇につき合理的な理由に基づいて日本国民と異なる取扱いをすることまで許されないとするものではない。また，そのような取扱いは，合理的な理由に基づくものである限り，憲法14条1項に違反するものでもない」。②**公権力行使等地方公務員**　「地方公務員のうち，住民の権利義務を直接形成し，その範囲を確定するなどの公権力の行使に当たる行為を行い，若しくは普通地方公共団体の重要な施策に関する決定を行い，又はこれらに参画することを職務とするもの（以下『公権力行使等地方公務員』という。）……の職務の遂行は，住民の権利義務や法的地位の内容を定め，あるいはこれらに事実上大きな影響を及ぼすなど，住民の生活に直接間接に重大なかかわりを有するものである。それゆえ，国民主権の原理に基づき……原則として日本の国籍を有する者が公権力行使等地方公務員に就任することが想定されているとみるべきであり……外国人が公権力行使等地方公務員に就任することは，本来我が国の法体系の想定するところではない」。③**管理職制度のあり方**　「普通地方公共団体が……公権力行使等地方公務員の職とこれに昇任するのに必要な職務経験を積むために経るべき職とを包含する一体的な管理職の任用制度を構築して人事の適正な運用を図ることも，その判断により行うことができる」。「普通地方公共団体が……日本国民である職員に限って管理職に昇任することができることとする措置を執ることは，合理的な理由に基づいて日本国民である職員と在留外国人である職員とを区別するものであり……労働基準法3条にも，憲法14条1項にも違反するものではない」。「この理は，前記の特別永住者についても異なるものではない」。

▼コメント▼　判決には，労働基準法３条に反するとする滝井繁男裁判官の反対意見，憲法 14 条 1 項および 22 条 1 項に違反するとする泉徳治裁判官の反対意見等がある。第３章の「外国人」の箇所も参照。

5-12　地方公務員自動失職制違憲訴訟

★☆☆☆☆

最判平成元・1・17 判時 1303 号 139 頁

【判　旨】「地公法 28 条４項，16 条２号は，禁錮以上の刑に処せられた者が地方公務員として公務に従事する場合には，その者の公務に対する住民の信頼が損なわれるのみならず，当該地方公共団体の公務一般に対する住民の信頼も損なわれるおそれがあるため，かかる者を公務の執行から排除することにより公務に対する住民の信頼を確保することを目的としている」。「地方公務員は全体の奉仕者として公共の利益のために勤務しなければならず（憲法 15 条２項，地公法 30 条）……その地位の特殊性や職務の公共性があることに加え，わが国における刑事訴追制度や刑事裁判制度の実情のもとにおける……社会的感覚などに照らせば……前記目的には合理性があり，地方公務員を……私企業労働者に比べて不当に差別したものとはいえ」ない。

4　その他

5-13　暴力団員に対する市営住宅の明渡請求を認める条例の合憲性

★★☆☆☆

最判平成 27・3・27 民集 69 巻 2 号 419 頁

【判　旨】「地方公共団体が住宅を供給する場合において，当該住宅に入居させ又は入居を継続させる者をどのようなものとするのかについては，その性質上，地方公共団体に一定の裁量があるというべきである。……暴力団員は……集団的に又は常習的に暴力的不法行為等を行うことを助長するおそれがある団体の構成員と定義されているところ，このような暴力団員が市営住宅に入居し続ける場合には……市営住宅の他の入居者等の生活の平穏が害されるおそれを否定することはできない。他方において，暴力団員は，自らの意思により暴力団を脱退し，そうすることで暴力団員でなくなることが可能であり，また，暴力団員が市営住宅の明渡しをせざるを得ないとしても，それは，当該市営住宅には居住することができなくなるというにすぎず，当該市営住宅以外における居住についてまで制限を受けるわけではない」。入居者が暴力団員であることが判明した場合に市営住宅の明渡しを請求することができる旨を定める「本件規定は暴力団員について合理的な理由のない差別をするものということはできない。したがって，本件規定は，憲法14条1項に違反しない」。

5-14　条例と平等――東京都売春取締条例違反事件

★☆☆☆☆

最大判昭和33・10・15刑集12巻14号3305頁

【判　旨】「憲法が各地方公共団体の条例制定権を認める以上，地域によって差別を生ずることは当然に予期されることであるから，かかる差別は憲法みずから容認するところであると解すべきである。それ故，地方公共団体が売春の取締について各別に条例を制定する結果，その取扱に差別を生ずることがあっても……地域差の故をもって違憲ということはできない」。

5-15　日中旅行社解雇事件

★★☆☆☆

大阪地判昭和44・12・26判時599号90頁

【判　旨】「憲法14条および労基法3条によると，使用者が労働者の信条即ちイデオロギーを以て差別的取扱をすることを禁じているものと解することができるから，イデオロギーを以て雇用契約の要素とすることはできず，したがって使用者が特定のイデオロギーの承認，支持を存立の条件とする事業を営むことは……労働者に対してもこれらを求めるものである以上，それは雇用契約の要素とせざるを得ないので，許されないものといわなければならない。しかしながら一方憲法22条によると，国民は公共の福祉に反しない限り営業の自由を認められているのであるから，公共の福祉に反しないものである以上，特定のイデオロギーを存立の条件としかつ労働者に対してもその承認，支持を要求する事業を営むことも認められなければならないのであって，この二つの相反する憲法上の要請を満たすためには，その事業が特定のイデオロギーと本質的に不可分であり，その承認，支持を存立の条件とし，しかも労働者に対してそのイデオロギーの承認，支持を求めることが事業の本質からみて客観的に妥当である場合に限って，その存在を認められているものと解すべきである」。「会社は……もとより従業員の資格要件として特定の政治的イデオロギーの承認，支持や政党の支持，加入を定めているのではなく……申請人らが会社のイデオロギーと相反するイデオロギーを有する結果となったとしても，そのことだけで申請人らを解雇することは許されないものというべきである」。「単なる末端の従業員にすぎない申請人らが〔日本共産〕党員であり〔日中友好〕協会に残留するからといって，そのことだけで〔中国国際旅行社総〕社から特約を破棄される状況にあったものとは考えられない」。

5-16 性同一性障害者であることを理由とするゴルフクラブ加入拒否 ——浜名湖観光開発（浜名湖カントリークラブ）事件

★★☆☆☆

静岡地浜松支判平成 26・9・8 判時 2243 号 67 頁

Y らの控訴棄却（東京高判平成 27・7・1）

【事　実】 X_1 は，性同一性障害者の性別の取扱いの特例に関する法律（以下「特例法」という）に基づき男から女への性別の取扱いの変更の審判を受けた。X_1 および X_1 が代表取締役を務める X_2 社が，株主会員制のゴルフ場を経営する Y_1 社および同ゴルフ場の運営団体である Y_2 に対し，X_1 の性別変更を理由とする Y_1 らによる X_2 に対する Y_2 への入会拒否および Y_1 株式の譲渡承認拒否は，違法であると主張して，損害賠償の支払いを求めた。

【判　旨】 請求一部認容。「X_1 の関係においては，Y_2 が閉鎖性を有する団体とは認められず，被る不利益も抽象的な危惧に過ぎない一方で，X_1 が被った精神的損害は重大なものであること，特例法が施行されてから本件入会拒否及び本件承認拒否までに約 8 年が経過しており，同障害が単なる趣味・嗜好の問題ではなく，本人の意思とは関わりなく罹患する疾患であることが相当程度社会においても認識され，また Y_1 らとしても認識すべきであったと認められることなどに鑑みれば，Y_1 らが構成員選択の自由を有することを十分考慮しても，やはり本件入会拒否及び本件承認拒否は，憲法 14 条 1 項及び国際人権 B 規約 26 条の規定の趣旨に照らし，社会的に許容しうる限界を超えるものとして違法というべきである。」

5-17　同性愛者の団体の宿泊研修施設利用――東京都青年の家事件

★★☆☆☆

東京高判平成9・9・16判タ986号206頁【確定】

【事　実】 同性愛者の団体Xは東京都府中青年の家の宿泊使用を申し込んだが，都教育委員会は，条例所定の「秩序をみだすおそれがあると認めたとき」「管理上支障があると認めたとき」に該当するとし，これに対して不承認の処分をした。Xらは都に対して，損害賠償を求めて提訴。1審は一部請求を認容したので，都が控訴。

【判　旨】 原判決変更（賠償額を縮減して認容）。「都教育委員会が，青年の家利用の承認不承認にあたって男女別室宿泊の原則を考慮することは相当であるとしても，右は，異性愛者を前提とする社会的慣習であり，同性愛者の使用申込に対しては，同性愛者の特殊性，すなわち右原則をそのまま適用した場合の重大な不利益に十分配慮するべきであるのに，一般的に性的行為に及ぶ可能性があることのみを重視して，同性愛者の宿泊利用を一切拒否したものであって，その際には，一定の条件を付するなどして，より制限的でない方法により，同性愛者の利用権との調整を図ろうと検討した形跡も窺えない」。「都教育委員会の本件不承認処分は，青年の家が青少年の教育施設であることを考慮しても，同性愛者の利用権を不当に制限し，結果的，実質的に不当な差別的取扱いをしたものであり，施設利用の承認不承認を判断する際に，その裁量権の範囲を逸脱したものであって，地方自治法244条2項，都青年の家条例8条の解釈適用を誤った違法なのというべきである。」

5　選　挙

5-18　投票価値の平等①――衆議院議員選挙昭和51年判決

★★★★☆

最大判昭和51・4・14民集30巻3号223頁

【事　実】 1972（昭和47）年の衆議院議員選挙当時においては，一票の価値の較差は，最大1対4.99に及んでいた。千葉県第1区の選挙人であるXは，公職選挙法204条に基づき同選挙区における選挙を無効とする旨の判決を求めた。原審が請求を棄却したので，X上告。

【判　旨】 破棄自判（請求棄却。ただし，同区における選挙は違法）。**【定数配分規定の違憲性について】①投票価値の平等**　「憲法14条1項に定める法の下の平等は，選挙権に関しては……徹底した平等化を志向するものであり，……各選挙人の投票の価値の平等もまた，憲法の要求するところである」。②**さまざまな考慮要素**　「しかしながら……憲法は，前記投票価値の平等についても，これをそれらの選挙制度の決定について国会が考慮すべき唯一絶対の基準としているわけではなく，国会は……公正かつ効果的な代表という目標を実現するために適切な選挙制度を具体的に決定することができるのであり，投票価値の平等は……その他憲法上正当な理由となりえないことが明らかな人種，信条，性別等による差別を除いては，原則として，国会が正当に考慮することのできる他の政策的目的ないしは理由との関連において調和的に実現されるべきものと解されなければならない」。「もっとも，このことは，平等選挙権の一要素としての投票価値の平等が……憲法上の要求としての意義と価値を有しないことを意味するものではない」。「各選挙区の……人口数……と配分議員定数との比率の平等が最も重要かつ基本的な基準……であるとしても，それ以外にも……都道府県は……選挙区割の基礎をなすものとして無視することのできない要素であり……従来の選挙の実績や，選挙区としてのまとまり具合，市町村その他の行政区画，面積の大小，人口密度，住民構成，交通事情，地理的状況等諸般の要素を考慮し，配分されるべき議員数との関連を勘案しつつ，具体的な決定がされるものと考えられるのである」。「更にまた，社会の急激な変化……が生じた場合……これを……どのように反映させるかも……高度に政策的な考慮要素の一つである」。③**判断基準**　「選挙区割と議員定数の配分の下における選挙人の投票価値の不平等が，国会において通常考慮しうる諸般の要素をしんしゃくしてもなお，一般的に合理性を有するものとはとうてい考えられない程度に達しているときは，もはや国会の合理的裁量の限界を超えているものと推定されるべきものであり，このような不平等を正当化すべき特段の理由が示されない限り，憲法違反と判断するほかはない」。④**違憲状態**　本件での「選挙人の投票価値の不平等は……一般的に合理性を有するものとはとうてい考えられない程度に達しているばかりでなく，これを更に超えるに至っているものというほかはなく，これを正当化すべき特段の理由をどこにも見出すことができない以上……議員定数と人口数との比率の偏差は，〔1972 年の〕選挙当時には，憲法の選挙権の平等の要求に反する程度になっていた」。⑤**合理的是正期間の徒過**　「本件議員定数配分規定……は憲法の要求するところに合致しない状態になっていたにもかかわらず，憲法上要求される合理的期間内における是正がされなかった」。「それ故，本件議員定数配分規定は，本件選挙当時，憲法の選挙権の平等の要求に違反し，違憲と断ぜられるべき」。⑥**全体として違憲**「選挙区割及び議員定数の配分は……相互に有機的に関連し，一の部分における変動は他の部分にも波動的に影響を及ぼすべき性質を有するものと認められ，その意味において不可分の一体をなすと考えられるから，右配分規定は……全体として違憲の瑕疵を帯びる」。**【本件選挙の効力】**⑦**当然無効の不合理**「本件議員定数配分規定……及びこれに基づく選挙を当然に無効であると解した場合，これによって憲法に適合する状態が直ちにもたらされるわけではなく……成立した法律等の効力にも問題が生じ……前記規定を憲法に適合するように改正することさえもできなくなるという明らかに憲法の所期しない結果を生ずる」。⑧**形成的無効の不合理**「選挙を将来に向かって形成的に無効とする……公選法 204 条の選挙の効力に関する訴訟において，判決によって当該選挙を無効とする……（右の訴訟……を措いては他に訴訟上公選法の違憲を主張してその是正を求める機会はない……。およそ国民の基本的権利を侵害する国権行為に対しては，できるだけその是正，救済の途が開かれるべきであるという憲法上の要請に照らして考えるときは，前記公選法の規定が……議員定数配分規定が選挙権の平等に違反することを選挙無効の原因として主張することを……排除する趣旨であるとすることはできない。）……〔としても〕真に憲法に適合する選挙が実現するためには，公選法自体の改正にまたなければならないことに変わりはな」い。⑨**事情判決の法理**「行政事件訴訟法……31 条 1 項前段……の規定……には……一般的な法の基本原則に基づくものとして理解すべき要素も含まれている」。「右規定は，公選法の選挙の効力に関する訴訟についてはその準用を排除されているが……本件のように，選挙が憲法に違反する公選法に基づいて行われたという一般性をもつ瑕疵を帯び，その是正が法律の改正なくしては不可能である場合については……前記行政事件訴訟法の規定に含まれる法の基本原則の適用により，選挙を無効とすることによる不当な結果を回避する裁判をする余地もありうる」。「明文の規定がないのに安易にこのような法理を適用することは許され……ないが，……高次の法的見地から，右の法理を適用すべき場合がないとはいいきれない」。

5-19 投票価値の平等②——衆議院議員選挙昭和 60 年判決

★★★☆☆

最大判昭和 60・7・17 民集 39 巻 5 号 1100 頁

【事　実】 衆議院議員選挙昭和 51 年判決（5-18〔衆議院議員選挙昭和 51 年判決〕）に先立って，1975（昭和 50）年の公職選挙法改正で定数是正がなされ，直近の 1970（昭和 45）年 10 月実施の国勢調査による人口に基づく選挙区間における議員一人当たりの人口の較差が最大 1 対 4.83 に及んでいたものが，最大 1 対 2.92 に縮小することとなったが，1980（昭和 55）年の衆議院選挙当時，較差が最大 1 対 3.94 に達していた。この事案につき，最大判昭和 58・11・7 民集 37 巻 9 号 1243 頁は，違憲状態ではあるが，「合理的期間内における是正がされなかったものと断定することは困難」とした。その後，1983（昭和 58）年 12 月施行の選挙では較差が最大 1 対 4.40 に拡大するに至った。X らが選挙を無効とする旨の判決を求めたのに対し，原審が事情判決を言い渡したので，X らが上告。

【判　旨】 上告棄却。①**定数配分規定は違憲** 「投票価値の不平等状態が違憲の程度に達した時から本件選挙までの間に右較差の是正が何ら行われることがなかったことは，……憲法上要求される合理的期間内の是正が行われなかったものと評価せざるを得ない。したがって，本件議員定数配分規定は，本件選挙当時……違憲と断定するほかはない」。②**事情判決** 「選挙区間における議員一人当たりの……人口の……較差が漸次拡大の傾向をたどっていたことは，それまでの人口の動態等から十分予測可能なところであって，決して予期し難い特殊事情に基づく結果ではなかったことは否定できないが，他方……昭和 58 年大法廷判決〔最大判昭和 58・11・7〕の言渡から本件選挙までの期間や本件選挙当時の選挙区間における議員一人当たりの選挙人数の較差の程度等本件に現れた諸般の事情を併せ考察すると，本件は，前記の一般的な法の基本原則に従い，本件選挙が憲法に違反する議員定数配分規定に基づいて行われた点において違法である旨を判示し，主文において右選挙の違法を宣言するにとどめ，右選挙は無効としないとするのが相当である」。

▼コメント▼ 判決には，「是正措置が講ぜられることなく，現行議員定数配分規定のままで施行された場合における選挙の効力について……選挙を無効とするがその効果は一定期間経過後に始めて発生するという内容の判決をすることも，できないわけのものではない。」「定数訴訟の判決の内容は，憲法によって司法権にゆだねられた範囲内において，右訴訟を認めた目的と必要に即して，裁判所がこれを定めることができる」とする寺田治郎長官，木下忠良，伊藤正己，矢口洪一各裁判官の補足意見（木戸口久治裁判官も補足意見でこれに賛成）等がある。

5-20 投票価値の平等③——衆議院議員選挙平成 25 年判決

最大判平成 25・11・20 民集 67 巻 8 号 1503 頁

★★★★☆

【事 実】 1994（平成 6）年の選挙制度改革で衆議院に小選挙区比例代表並立制が導入され，投票価値の平等は最大較差 2.137 倍と大幅に改善されたが，各都道府県の区域内の選挙区の数について各都道府県にあらかじめ 1 議席配分するいわゆる一人別枠方式を採用し，1996（平成 8）年総選挙の最大較差は 2.309 倍となっていたところ，最大判平成 11・11・10 民集 53 巻 8 号 1441 頁はこれを合憲とした。

しかし，最大判平成 23・3・23 民集 65 巻 2 号 755 頁は，上記制度の下での法改正によっても最大較差 2.304 倍に達していた 2009（平成 21）年総選挙について，一人別枠方式は「新しい選挙制度を導入するに当たり……国政における安定性，連続性の確保を図る必要があると考えられたこと，何よりもこの点への配慮なくしては選挙制度の改革の実現自体が困難であったと認められる状況の下で採られた方策」であり，「おのずからその合理性に時間的な限界があるもの」で，「新しい選挙制度が定着し……た段階においては，その合理性は失われる」として，違憲状態との判断を示した。

そのままの区割りで，2012（平成 24）年総選挙（以下「本件選挙」という）が行われたところ，選挙当日の最大較差は 2.425 倍となった。X らが選挙を無効とする旨の判決を求めたのに対し，原審が事情判決を言い渡したので，X らが上告。

【判 旨】 一部破棄自判，一部棄却。**①段階的判断手法と権力分立** 「〔1〕……投票価値の平等の要求に反する状態に至っているか……，〔2〕……合理的期間内における是正がされなかったとして定数配分規定又は区割規定が憲法の規定に違反するに至っているか……，〔3〕……選挙の違法を宣言するにとどめるか……といった……段階を経て判断を行う方法が採られてきたのは，単に事柄の重要性に鑑み慎重な手順を踏むというよりは，憲法の予定している司法権と立法権との関係に由来する」。**②合理的是正期間** 「憲法の投票価値の平等の要求に反する状態に至っているとする当裁判所大法廷の判断が示されたのは，平成 23 年 3 月 23 日であり，国会においてこれらが上記の状態にあると認識し得たのはこの時点からであった」。「憲法の投票価値の平等の要求に反する状態の是正が最も優先されるべき課題であるとの認識の下に法改正の作業が進められ，1 人別枠方式を定めた旧区画審設置法 3 条 2 項の規定の削除と選挙区間の人口較差を 2 倍未満に抑えるための……0 増 5 減による定数配分の見直しが行われた」。「1 人別枠方式の廃止及び定数配分と区割り改定の枠組みを定める法改正の後……これに基づいて新たな選挙区割りを定める法改正を行うという二段階の法改正を含む作業を経る必要があったところ，前者の改正を内容とする平成 24 年改正〔公職選挙〕法が成立した時点で衆議院が解散されたため，平成 23 年大法廷判決の言渡しから約 1 年 9 か月後に施行された本件選挙は従前の定数と選挙区割りの下において施行せざるを得なかった……が，本件選挙前に成立した平成 24 年改正法の定めた枠組みに基づき，本来の任期満了時までに，区画審の改定案の勧告を経て平成 25 年改正法が成立し，定数配分の上記 0 増 5 減の措置が行われ，平成 22 年国勢調査の結果に基づく選挙区間の人口較差を 2 倍未満に抑える選挙区割りの改定が実現された」。「もとより……1 人別枠方式の構造的な問題が最終的に解決されているとはいえない」。しかし，「司法権と立法権との関係を踏まえ，……考慮すべき諸事情に照らすと……本件において憲法上要求される合理的期間を徒過したものと断ずることはできない」。

▼コメント▼　判決中の 0 増 5 減の区割りの下での 2014（平成 26）年総選挙（最大較差は 1 対 2.129）について最大判平成 27・11・25 民集 69 巻 7 号 2035 頁は，違憲状態とし，新区画審設置法 3 条の趣旨に沿った選挙制度の整備の必要性を指摘した。

その後，2016（平成 28）年公職選挙法改正で，いわゆるアダムズ方式（各都道府県の人口を一定の数値で除し，それぞれの商の整数に小数点以下を切り上げて得られた数の合計数が小選挙区選挙の定数と一致する方式）が導入されることとなり，小選挙区を「0 増 6 減」，比例代表を「0 増 4 減」する措置がとられた。ただし，同方式の全面導入は 2020（令和 2）年国勢調査の後となる。

2017（平成 29）年 10 月の総選挙（最大較差 1.98 倍）について，最大判平成 30・12・19 民集 72 巻 6 号 1240 頁は合憲と判示した。

5-21　投票価値の平等④——参議院議員選挙昭和 39 年判決

★☆☆☆☆

最大判昭和 39・2・5 民集 18 巻 2 号 270 頁

【判　旨】　参議院の投票価値の不平等については，憲法は，「立法府である国会の裁量的権限に委せているものと解せられる」。「選挙区の議員数について，選挙人の選挙権の享有に極端な不平等を生じさせるような場合は格別，各選挙区に如何なる割合で議員数を配分するかは，立法府である国会の権限に属する立法政策の問題であって，議員数の配分が選挙人の人口に比例していないという一事だけで，憲法 14 条 1 項に反し無効であると断ずることはできない」。

5-22　投票価値の平等⑤——参議院議員選挙昭和58年判決

最大判昭和58・4・27民集37巻3号345頁

★★☆☆☆

【事　実】 参議院議員選挙について，較差1対5.26の事案である。

【判　旨】 上告棄却。「参議院地方選出議員の仕組みについて事実上都道府県代表的な意義ないし機能を有する要素を加味したからといって，これによって選出された議員が全国民の代表であるという性格と矛盾抵触することになるものということもできない」。衆議院とは異なる参議院議員「選挙制度投の仕組みの下では，投票価値の平等の要求は，人口比例主義を基本とする選挙制度の場合と比較して一定の譲歩，後退を免れないと解せざるをえない」。「参議院議員の任期を6年としていわゆる半数改選制を採用し，また，参議院については解散を認めないものとするなど憲法の定める二院制の本旨にかんがみると，参議院地方選出議員については，選挙区割や議員定数の配分をより長期にわたって固定し，国民の利害や意見を安定的に国会に反映させる機能をそれに持たせることとすることも，立法政策として許容される」。「二人を最小限とし偶数の定数配分を基本とする……選挙制度の仕組みに従い，その全体の定数を増減しないまま……較差の是正を図るにもおのずから限度がある」。「前記のような較差があり，あるいはいわゆる逆転現象が一部の選挙区においてみられたとしても，それだけではいまだ……許容限度を超えて違憲の問題が生ずる程度の著しい不平等状態が生じていたとするには足らない」。

5-23　投票価値の平等⑥——参議院議員選挙平成24年判決

最大判平成24・10・17民集66巻10号3357頁

★★★★☆

【事　実】 **5-21**（参議院議員選挙昭和39年判決），**5-22**（参議院議員選挙昭和58年判決）の後，それらが示した枠組みの下での参議院議員選挙について，最大判平成8・9・11民集50巻8号2283頁は，1対6.59の較差を違憲状態と判示した。その後，最大判平成16・1・14民集58巻1号56頁は，「より厳格な評価（この立場は，最大判平成21・9・30民集63巻7号1520頁においても「実質的にはより厳格な評価」と表現されている）をする立場を示した。

以上のような流れの中で，1対5.00の較差となった，2010（平成22）年実施の参議院議員選挙（以下「本件選挙」という）について，原審が合憲と判示したために原告が上告。

【判　旨】 上告棄却（違憲状態）。①**従来の考え方の修正** 「参議院は衆議院とともに国権の最高機関として適切に民意を国政に反映する責務を負っていることは明らかであり，参議院議員の選挙であること自体から，直ちに投票価値の平等の要請が後退してよいと解すべき理由は見いだし難い」。「昭和58年大法廷判決〔**5-22**（参議院議員選挙昭和58年判決）〕は，参議院議員の選挙制度において……都道府県を構成する住民の意思を集約的に反映させるという意義ないし機能を加味しようとしたものと」するが，都道府県を「参議院議員の選挙区の単位としなければならないという憲法上の要請はなく，むしろ，都道府県を選挙区の単位として固定する結果，その間の人口較差に起因して投票価値の大きな不平等状態が長期にわたって継続していると認められる状況の下では，……仕組み自体を見直すことが必要になるものといわなければならない」。「また，同判決は，参議院についての憲法の定めからすれば，議員定数配分を衆議院より長期にわたって固定することも立法政策として許容されるとしていたが，この点も，ほぼ一貫して人口の都市部への集中が続いてきた状況の下で，数十年間にもわたり投票価値の大きな較差が継続することを正当化する理由としては十分なものとはいえなくなっている。さらに，同判決は，参議院議員の選挙制度の仕組みの下では，選挙区間の較差の是正には一定の限度があるとしていたが，それも，短期的な改善の努力の限界を説明する根拠としては成り立ち得るとしても，数十年間の長期にわたり大きな較差が継続することが許容される根拠になるとはいい難い」。②**違憲状態** 「都道府県を各選挙区の単位とする仕組みを維持しながら投票価値の平等の実現を図るという要求に応えていくことは，もはや著しく困難な状況に至っている」。「前回の平成19年選挙についても，投票価値の大きな不平等がある状態であって，選挙制度の仕組み自体の見直しが必要であることは，平成21年大法廷判決〔最大判平成21・9・30〕において特に指摘されていたところである。それにもかかわらず，平成18年〔公職選挙法〕改正後は上記状態の解消に向けた法改正は行われることなく，本件選挙に至ったものである。これらの事情を総合考慮すると，本件選挙が平成18年改正による4増4減の措置後に実施された2回目の通常選挙であることを勘案しても，本件選挙当時，前記の較差が示す選挙区間における投票価値の不均衡は，投票価値の平等の重要性に照らしてもはや看過し得ない程度に達しており，これを正当化すべき特別の理由も見いだせない以上，違憲の問題が生ずる程度の著しい不平等状態に至っていたというほかはない」。③**憲法違反ではない** 「本件選挙後に国会に提出された……公職選挙法の一部を改正する法律案は，単に４選挙区で定数を４増４減するものにとどまるが，その附則には選挙制度の抜本的な見直しについて引き続き検討を行う旨の規定が置かれている」こと「などを考慮すると，本件選挙までの間に本件定数配分規定を改正しなかったことが国会の裁量権の限界を超えるものとはいえず，本件定数配分規定が憲法に違反するに至っていたということはできない」。**④改正の必要**「都道府県を単位として各選挙区の定数を設定する現行の方式をしかるべき形で改めるなど，現行の選挙制度の仕組み自体の見直しを内容とする立法的措置を講じ」る必要がある。

▼コメント▼　本判決の言渡し後の法改正で最大較差１対 4.77 となった選挙について，最大判平成 26・11・26 民集 68 巻 9 号 1363 頁は，「違憲の問題が生ずる程度の投票価値の著しい不平等状態の下で施行されたものではあるが」，「本件選挙までの間に更に上記の見直しを内容とする法改正がされなかったことをもって国会の裁量権の限界を超えるものということはできない」とした。判決は，さらに「都道府県を単位として各選挙区の定数を設定する現行の方式をしかるべき形で改める」必要性を重ねて指摘した。

これをうけて，2015（平成 27）年に「4 県 2 合区を含む 10 増 10 減」の公職選挙法改正がなされ，最大較差は 1 対 2.97 となったが，2016（平成 28）年に最大較差 1 対 3.08 で行われた選挙につき，最大判平成 29・9・27 民集 71 巻 7 号 1139 頁は，「違憲の問題が生ずる程度の著しい不平等状態にあったものとはいえず，本件定数配分規定が憲法に違反するに至っていたということはできない」と判示している。

さらにその後，2018（平成 30）年 7 月の公職選挙法改正で，参議院議員の定数を 6 増やして 248 人とし，埼玉選挙区を 2 増，比例区を 4 増とした上で，比例区に，個人の得票数に関係なく優先的に当選できる特定枠を設けることとされた（公職選挙法 95 条の 3 第 4 項参照。いわば，局所限定的拘束名簿式の復活。合区対象選挙区議員の救済とされる）が，この下で，最大較差 1 対 3.00 で行われた 2019（令和元）年 7 月の選挙につき，最大判令和 2・11・18 判タ 1480 号 62 頁は，合憲と判示した。上述の特定枠についても，最判令和 2・10・23 判タ 1482 号 42 頁が合憲としている。

5-24　地方議会（東京都議会）における議員定数不均衡問題

★☆☆☆☆

最判昭和 59・5・17 民集 38 巻 7 号 721 頁

【判　旨】「本件選挙当時において，選挙区間における議員一人当たりの人口の較差は，全選挙区間で最大 1 対 7.45，特別区の区域を区域とする選挙区間で最大 1

対 5.15，右人口が最少の千代田区選挙区と被上告人らの属する江戸川区選挙区との間で 1 対 4.52 に達し，いわゆる逆転現象も一部の選挙区間において依然として残っていた。」「都心部においては昼間人口が夜間常住人口の数倍ないし十数倍に達し，それだけ行政需要が大きいことや，各選挙区における過去の定数の状況を考慮しても，右の較差を是認することはでき」ない。「合理的期間内における是正をしなかったものであり，本件配分規定は，本件選挙当時，〔人口比例等を要求する公職選挙法 15 条 7〕項の規定に違反するものであった」（江戸川区の選挙を違法と宣言した判決への上告を棄却）。

▼コメント▼ 東京都議会については，その後，本件同旨の判断を示した最判昭和 62・2・17 判時 1243 号 10 頁および最判平成 3・4・23 民集 45 巻 4 号 554 頁，適法との判断を示した最判平成 11・1・22 判時 1666 号 32 頁，最判平成 27・1・15 判時 2251 号 28 頁，最判平成 31・2・5 判時 2430 号 10 頁がある。

5-25 地方議会（千葉県）における議員定数不均衡問題

★☆☆☆☆

最判平成元・12・18 民集 43 巻 12 号 2139 頁

【判　旨】「最高裁昭和 60 年 10 月 31 日第一小法廷判決により公選法 15 条 7 項の規定に違反していると判示された昭和 58 年 4 月 10 日施行の千葉県議会議員選挙当時の本件条例の下においては，特例選挙区とその他の選挙区間における議員一人当たりの人口の最大較差は 1 対 6.49……特例選挙区を除いたその他の選挙区間における右最大較差は 1 対 4.58……であり，人口の多い選挙区の定数が人口の少ない選挙区の定数より少ないいわゆる逆転現象が 60 とおりあり，定数二人以上の差のある顕著な逆転現象もみられたが……本件選挙当時においては，特例選挙区とその他の選挙区間における議員一人当たりの人口の最大較差は 1 対 3.98……，特例選挙区を除いたその他の選挙区間における右最大較差は 1 対 2.81……となり，いわゆる逆転現象は 31 とおりあるが，定数二人以上の差のある顕著な逆転現象は解消された」。「本件条例にかかる定数配分規定は公選法 15 条 7 項に違反するものではなく，適法というべきである」。

▼コメント▼ その後の，最判平成 5・10・22LEX/DB25000060，最判平成 12・4・21 判時 1713 号 44 頁，最判平成 28・10・18 判時 2327 号 17 頁も適法との判断を示している。

第6章

精神的自由（1）

1　思想・良心の自由

6-1　謝罪広告の強制と良心の自由 ── 謝罪広告事件

★★★★☆

最大判昭和 31・7・4 民集 10 巻 7 号 785 頁

【事　実】 Y は，衆議院議員総選挙に A 党公認候補として立候補した際，政見放送や新聞紙を通じて，別の候補 X が副知事在職中に汚職を行った旨を公表した。X は，これを事実無根とし，名誉回復のための措置として謝罪広告の掲載等を請求した。1 審，2 審は，名誉毀損の成立を認め，名誉を回復するのに適当な処分（民法 723 条）として，「右放送及び記事は真実に相違して居り，貴下の名誉を傷け御迷惑をおかけいたしました。ここに陳謝の意を表します」とする文面の謝罪広告を，Y の名義で新聞紙上に掲載することを命じた。そこで，Y は，判決は憲法 19 条の良心の自由を侵害することなどを理由に上告した。

【判　旨】 上告棄却。民法 723 条の「『……適当な処分』として謝罪広告を新聞紙等に掲載すべきことを加害者に命ずることは，従来学説判例の肯認するところであ」る。「尤も謝罪広告を命ずる判決にもその内容上，これを新聞紙に掲載することが謝罪者の意思決定に委ねるを相当とし，これを命ずる場合の執行も債務者の意思のみに係る不代替作為として民訴 734 条〔現民事執行法 172 条〕に基き間接強制によるを相当とするものもあるべく，時にはこれを強制することが債務者の人格を無視し著しくその名誉を毀損し意思決定の自由乃至良心の自由を不当に制限することとなり，いわゆる強制執行に適さない場合に該当することもありうるであろうけれど，単に事態の真相を告白し陳謝の意を表明するに止まる程度のものにあっては，これが強制執行も代替作為として民訴 733 条〔現民事執行法 171 条〕の手続によることを得るものといわなければならない。」「そして原判決の是認した X の本訴請求は……結局 Y をして右公表事実が虚偽且つ不当であったことを広報機関を通じて発表すべきことを求めるに帰する。されば……原判決は，Y に屈辱的若くは苦役的労苦を科し，又は Y の有する倫理的な意思，良心の自由を侵害することを要求するものとは解せられないし，また民法723条にいわゆる適当な処分というべきであるから所論は採用できない。」

▼コメント▼　憲法19条の良心の自由につき，田中耕太郎裁判官の補足意見は，内心の自由と解した上で，宗教上の信仰に準ずるような「世界観や主義や思想や主張をもつこと」とするが，藤田八郎裁判官の反対意見は，「単に事物に関する是非弁別の内心的自由のみならず，かかる是非弁別の判断に関する事項を外部に表現するの自由並びに表現せざるの自由をも包含するもの」とする。入江俊郎裁判官の補足意見は，「良心の内容と異なる事柄を，恰もその良心の内容であるかのごとく表示せしめるということ」は19条等の侵害となるので，強制執行は許されないとする。

6-2　勤務評定と思想・良心の自由 —— 勤評長野方式事件

★☆☆☆☆

最判昭和47・11・30民集26巻9号1746頁

【判　旨】　教育長による通達は，教員らの勤務態度等について自己評価に基づき，勤務評定書につとめて具体的に記入することを定めるにすぎず，「記入者の有する世界観，人生観，教育観等の表明を命じたものと解すること」はできず，上告人らの主張するような「内心的自由等に重大なかかわりを有するものと認めるべき合理的根拠」は認められない。

6-3　使用者による労働者の政党所属調査 —— 東電塩山営業所事件

★★☆☆☆

最判昭和63・2・5労判512号12頁

【判　旨】　当時，営業所の所長であったＹが「本件話合いをするに至った動機，目的は，本件営業所の公開されるべきでないとされていた情報が外部に漏れ，共産党の機関紙『赤旗』紙上に報道されたこと」から，「その取材源ではないかと疑われていたＸから事情を聴取すること」にあり，「本件話合いを持つに至ったことの必要性，合理性」は肯認できる。Ｙが右調査目的との関連性を明らかにしないで，Ｘに対し共産党員であるか否かを尋ねたことは，調査の方法として「相当性に欠ける面がある」が，取材源と疑われていたＸに対して同党との関わりを尋ねることには「必要性，合理性を肯認することができないわけではなく」，「質問の態様は，返答を強要するものではなかった」から，「社会的に許容し得る限界」を超えない。

また,「企業内においても労働者の思想,信条等の精神的自由は十分尊重されるべき」ことに鑑みると,Y が本件書面交付の要求と右調査目的との関連性を明らかにせず,要求を繰り返したことは,このような調査にあたる者として「慎重な配慮を欠いたもの」であり,「調査方法として不相当な面がある」が,「要求は,強要にわたるものではなく」,「X が本件書面交付の要求を拒否することによって不利益な取扱いを受ける虞のあることを示唆……した事実はなく,さらに,X は右要求を拒否した」のであるから,「社会的に許容し得る限界」を超えて X の精神的自由を侵害した違法行為とはいえない。

6-4 内申書の記載と生徒の思想・良心の自由 ―― 麹町中学校内申書事件

★★☆☆☆

最判昭和 63・7・15 判時 1287 号 65 頁

【事 実】 東京都の区立中学校の生徒 X は,受験した高校がすべて不合格となり,不合格の原因は内申書の記載にあるとして,区および都に対して損害賠償を請求した。内申書の備考欄等には,「校内において麹町中学全共闘を名乗り,機関紙『砦』を発行した。……大学生 ML 派の集会に参加している。学校側の指導説得をきかないで,ビラを配ったり,落書をした」等の記載があった。1 審は X の請求を認容したが,2 審は,憲法 19 条違反の主張を退けたため,X 上告。

【判 旨】 上告棄却。「右のいずれの記載も,X の思想,信条そのものを記載したものでないことは明らかであり,右の記載に係る外部的行為によっては X の思想,信条を了知し得るものではないし,また,X の思想,信条自体を高等学校の入学者選抜の資料に供したものとは到底解することができないから,所論違憲の主張は,その前提を欠き,採用できない。」

6-5 「君が代」ピアノ伴奏職務命令事件

★☆☆☆☆

最判平成 19・2・27 民集 61 巻 1 号 291 頁

【判 旨】 公立学校の儀式的行事で「君が代」のピアノ伴奏を拒否することは,「X にとっては」,「君が代」が過去のわが国において果たした役割に関わる X 自身の歴史観ないし世界観に基づく一つの選択ではあろうが,「一般的には,これと不可分に結び付くもの」ではなく,本件職務命令が「直ちに X の有する……歴史観ないし世界観それ自体を否定するものと認めることはできない」。また，「客観的に見て」，入学式等での「君が代」のピアノ伴奏という行為自体は，「音楽専科の教諭等にとって通常想定され期待されるもの」であり，右教諭等が「特定の思想を有するということを外部に表明する行為であると評価することは困難」であり，特にそれが職務命令により行われる場合には一層困難である。

＊本件のピアノ伴奏拒否行為を，Xの「思想・良心の直接的な表現」として位置づけ，「より詳細かつ具体的な検討」がなされるべきであるとする藤田宙靖裁判官の反対意見がある。

6-6 「日の丸」「君が代」起立斉唱職務命令事件

最判平成23・5・30民集65巻4号1780頁

★★★★☆

【事　実】 都立高校の教諭Xは，卒業式の国歌斉唱の際に起立斉唱を命ずる校長の職務命令に従わなかったため戒告処分を受けた。Xは定年退職に先立ち再雇用を申し込んだが，不起立が職務命令違反等にあたることを理由に不合格とされたため，上記命令は憲法19条に違反するなどと主張し，損害賠償等を求めた。1審・2審とも，19条違反の主張を退けた。X上告。

【判　旨】 上告棄却。①**制約の否定**　本件起立斉唱行為は「一般的，客観的に見て，これらの式典における慣例上の儀礼的な所作としての性質を有するものであり，かつ，そのような所作として外部からも認識されるものというべき」である。したがって，起立斉唱行為は，「その性質の点から見て，Xの有する歴史観ないし世界観を否定することと不可分に結び付くものとはいえず，……本件職務命令は，上記の歴史観ないし世界観それ自体を否定するものということはできない。」また，起立斉唱行為は，「その外部からの認識という点から見ても，特定の思想又はこれに反する思想の表明として外部から認識されるものと評価することは困難」であり，「職務上の命令に従ってこのような行為が行われる場合には上記のように評価することは一層困難」であり，「本件職務命令は，特定の思想を持つことを強制したり，これに反する思想を持つことを禁止したり」，「特定の思想の有無について告白することを強要するもの」でもない。「本件職務命令は，これらの観点において，個人の思想及び良心の自由を直ちに制約するものと認めることはできない」。②**敬意の表明**　もっとも，起立斉唱行為は，「教員が日常担当する教科等や日常従事する事務の内容それ自体」には含まれず,「一般的, 客観的に見ても, 国旗及び国歌に対する敬意の表明の要素を含む行為」である。そうすると,「自らの歴史観ないし世界観との関係で否定的な評価の対象となる『日の丸』や『君が代』に対して敬意を表明することには応じ難いと考える者が, これらに対する敬意の表明の要素を含む行為を求められることは, その行為が個人の歴史観ないし世界観に反する特定の思想の表明に係る行為そのものではないとはいえ, 個人の歴史観ないし世界観に由来する行動（敬意の表明の拒否）と異なる外部的行為（敬意の表明の要素を含む行為）を求められることとなり, その限りにおいて, その者の思想及び良心の自由についての間接的な制約となる面がある」。**③間接的な制約**「このような間接的な制約について検討するに, 個人の歴史観ないし世界観には多種多様なものがあり得るのであり, それが内心にとどまらず, それに由来する行動の実行又は拒否という外部的行動として現れ, 当該外部的行動が社会一般の規範等と抵触する場面において制限を受けることがある」が,「その制限が必要かつ合理的なものである場合には……上記の間接的な制約も許容され得る」。「このような間接的な制約が許容されるか否かは, 職務命令の目的及び内容並びに上記の制限を介して生ずる制約の態様等を総合的に較量して, 当該職務命令に上記の制約を許容し得る程度の必要性及び合理性が認められるか否かという観点から判断するのが相当である。」**④総合較量**「本件職務命令は……高等学校教育の目標や卒業式等の儀式的行事の意義, 在り方等を定めた関係法令等の諸規定の趣旨に沿い, かつ, 地方公務員の地位の性質及びその職務の公共性を踏まえた上で, 生徒等への配慮を含め, 教育上の行事にふさわしい秩序の確保とともに当該式典の円滑な進行を図るもの」である。「以上の諸事情を踏まえると, 本件職務命令については……X の思想及び良心の自由についての間接的な制約となる面はあるものの, 職務命令の目的及び内容並びに上記の制限を介して生ずる制約の態様等を総合的に較量すれば, 上記の制約を許容し得る程度の必要性及び合理性が認められるものというべきである。」

▼コメント▼　同種事件につき, 最判平成 23・6・6, 最判平成 23・6・14, 最判平成 23・6・21 によるほぼ同内容の判決がある。6 月 6 日判決には,「いわゆる厳格な基準により, 本件事案の内容に即して, 具体的に, 目的・手段・目的と手段との関係をそれぞれ審査」すべきとする宮川光治裁判官の反対意見がある。

6-7 不起立行為に対する懲戒権者の裁量権——累積加重処分事件

★☆☆☆☆

最判平成 24・1・16 集民 239 号 253 頁

【判　旨】 不起立行為の動機・原因は，個人の歴史観ないし世界観等に起因するものであり，その性質・態様において，積極的な妨害等の作為でないこと等の事情によれば，不起立行為に対して戒告より重い処分を選択するについては「慎重な考慮」が必要であり，「学校の規律や秩序の保持等の必要性と処分による不利益の内容との権衡の観点から当該処分を選択することの相当性を基礎付ける具体的な事情が認められる場合であること」を要する。「過去の 1，2 年度に数回の卒業式等における不起立行為による懲戒処分の処分歴がある場合に，これのみをもって直ちにその相当性を基礎付けるには足り」ない。

2　信教の自由，政教分離

6-8 加持祈禱治療と傷害致死罪——加持祈禱事件

★★☆☆☆

最大判昭和 38・5・15 刑集 17 巻 4 号 302 頁

【事　実】 真言宗の住職 X は，A に対し，近親者から依頼を受け，加持祈禱を行った。A の自由を奪った上で 3 時間にわたり線香の火と煙に曝すなどし，A が心臓麻痺で死亡したため，傷害致死罪で起訴された。1 審・2 審ともに有罪としたため，X 上告。

【判　旨】 上告棄却。「X の本件行為は，A の精神異常平癒を祈願するため，線香護摩による加持祈禱の行としてなされたものであるが，X の右加持祈禱行為の動機，手段，方法およびそれによって右 A の生命を奪うに至った暴行の程度等は，医療上一般に承認された精神異常者に対する治療行為とは到底認め得ない」。本件行為は「一種の宗教行為としてなされたものであったとしても」，それが「他人の生命，身体等に危害を及ぼす違法な有形力の行使に当るものであり，これにより A を死に致したものである以上，X の右行為が著しく反社会的なものであることは否定し得ないところであって，憲法 20 条 1 項の信教の自由の保障の限界を逸脱したものというほかはなく，これを刑法 205 条に該当するものとして処罰したこと」は，憲法 20 条 1 項に違反しない。

6-9 牧師の牧会活動と犯人蔵匿罪 —— 神戸牧会事件

★☆☆☆☆

神戸簡判昭和 50・2・20 判時 768 号 3 頁【確定】

【判 旨】 内面的な信仰と異なり，牧会活動は，公共の福祉による制約に服するが，「その制約が，結果的に行為の実体である内面的信仰の自由を事実上侵すおそれが多分にあるので，その制約をする場合は最大限に慎重な配慮を必要」とする。本件牧会活動は，牧師である被告人を頼ってきた少年らの魂への配慮に出た行為として目的において相当な範囲にとどまり，少年らが自主的に警察署に出頭してきたこと等の諸事情を具体的総合的に判断すると，「全体として法秩序の理念に反するところがなく」，正当な業務行為（刑法 35 条）として罪とならない。

6-10 寺社等への礼拝に対する課税と信仰行為の自由 —— 京都市古都保存協力税条例事件

★☆☆☆☆

京都地判昭和 59・3・30 行集 35 巻 3 号 353 頁

【判 旨】 古都保存協力税が「設けられた趣旨，本税が，有償で行う文化財の観賞という行為の客観的，外形的側面に担税力を見出して，観賞者の内心にかかわりなく一律に本税を課すものであること，本税の税額が現在の物価水準からして僅少であることなどに鑑みると，本件条例は，文化財の観賞に伴う信仰行為，ひいては観賞者個人の宗教的信仰の自由を規律制限する趣旨や目的で本税を課すものでないことは明らかであり，また，右信仰行為に抑止効果を及ぼし，これを結果的に制限するものでもない。」

＊なお，控訴審は，訴えを不適法却下した（確定）。

6-11 宗教上の理由による授業欠席と信教の自由 —— 日曜日授業参観事件

★☆☆☆☆

東京地判昭和 61・3・20 行集 37 巻 3 号 347 頁【確定】

【判 旨】 宗教行為（キリスト教会の教会学校）に参加する児童につき授業出席を免除することは，「宗教上の理由によって個々の児童の授業日数に差異を生じることを容認すること」となり，「公教育の宗教的中立性を保つ上で好ましいことではない」。学校長が，出席の要否を決定するにあたり，「各宗教活動の教義上の重要性を判断して，これに価値の順序づけを与え，公教育に対する優先の度合を測る」とすれば，公教育の宗教的中立性に抵触しかねない。原告は，授業参観を日曜日午後に行うこと等を代案として主張するが，学校長の裁量権の行使に逸脱はない。

6-12 宗教上の理由に基づく剣道の履修拒否と信教の自由 —— エホバの証人剣道不受講事件

★★★★★

最判平成8・3・8民集50巻3号469頁

【事　実】 神戸市立高等専門学校に入学したXは，エホバの証人の信者であり，信仰上の理由に基づき剣道実技の履修を拒否した。Xは，レポートの提出等の代替措置を願い出たが，学校側は代替措置を採らないことを明言し，何ら検討をしなかった。Xは，体育（必修）の単位を修得できず，他の科目では成績優秀であったものの，2年連続で原級留置処分となった。校長Yは，「学力劣等で成業の見込みがないと認められる者」に該当するとして，Xを退学処分としたので，Xは，本件各処分の取消しを求めた。1審は，代替措置を講ずることは，信仰を理由に一部学生を利することであり，政教分離原則に抵触するなどとし，請求を棄却したが，2審は，請求を認容。Y上告。

【判　旨】 上告棄却。①**校長の裁量権**　学生に対し原級留置処分または退学処分を行うかの判断は，校長の合理的な教育的裁量に委ねられるべきものであるが，「退学処分は学生の身分をはく奪する重大な措置であり，学校教育法施行規則13条3項も4個の退学事由を限定的に定めていることからすると……その要件の認定につき他の処分の選択に比較して特に慎重な配慮を要するもの」であり，また，「原級留置処分の決定に当たっても，同様に慎重な配慮が要求される」。②**信教の自由の制約**　高等専門学校において剣道実技の履修は必須のものとまではいえず，体育の教育目的の達成は代替的方法によっても可能である一方で，「Xが剣道実技への参加を拒否する理由は，Xの信仰の核心部分と密接に関連する真しなものであった。」また，「本件各処分は，その内容それ自体においてXに信仰上の教義に反する行動を命じたものではなく，その意味では，Xの信教の自由を直接的に制約するものとはいえない」が，「Xがそれらによる重大な不利益を避けるためには剣道実技の履修という自己の信仰上の教義に反する行動を採ることを余儀なくさせられるという性質を有するものであったことは明白である。」③**代替措置**　Yの採った措置が「信仰の自由や宗教的行為に対する制約を特に目的とするものではなく，教育内容の設定及びその履修に関する評価方法についての一般的な定めに従ったものであるとしても，本件各処分が右のとおりの性質を有するものであった以上，Yは，前記裁量権の行使に当たり，当然そのことに相応の考慮を払う必要があったというべきである。」「信仰上の理由に基づく格技の履修拒否に対して代替措置を採っている学校も現にあるというのであり，他の学生に不公平感を生じさせないような適切な方法，態様による代替措置を採ることは可能であると考えられる。また，履修拒否が信仰上の理由に基づくものかどうかは外形的事情の調査によって容易に明らかになるであろう」。代替措置を採ることにより，教育秩序を維持することができないとか，学校全体の運営に重大な支障を生ずるおそれがあったとは認められないとした原審の認定判断も是認できる。④**公教育の宗教的中立性**　Yは，代替措置を採ることが，憲法20条3項に違反すると主張するが，公立学校において「学生が信仰を理由に剣道実技の履修を拒否する場合に，学校が，その理由の当否を判断するため，単なる怠学のための口実であるか，当事者の説明する宗教上の信条と履修拒否との合理的関連性が認められるかどうかを確認する程度の調査をすることが公教育の宗教的中立性に反するとはいえないものと解される」。⑤**本件処分の違法性**　以上によれば，「Yの措置は，考慮すべき事項を考慮しておらず，又は考慮された事実に対する評価が明白に合理性を欠き，その結果，社会観念上著しく妥当を欠く処分をしたものと評するほかはなく，本件各処分は，裁量権の範囲を超える違法なものといわざるを得ない。」

6-13　宗教法人の解散命令と信教の自由 —— 宗教法人オウム真理教解散命令事件

★★★★☆　最決平成8・1・30民集50巻1号199頁

【事　実】　検察官と東京都知事は，宗教法人オウム真理教（X）の代表役員およびその指示を受けた幹部らが，サリンの生成を企て，殺人の予備行為を行ったことが，宗教法人法81条1項1号・2号前段に該当するとして，同法人の解散命令を裁判所に請求した。1審，解散決定。2審も抗告を棄却したため，Xが特別抗告。

【決定要旨】　抗告棄却。①**解散制度**　宗教法人「法は，宗教団体が礼拝の施設その他の財産を所有してこれを維持運用するなどのために，宗教団体に法律上の能力を与えることを目的とし（法1条1項），宗教団体に法人格を付与し得ることとしている（法4条）。すなわち，法による宗教団体の規制は，専ら宗教団体の世俗的側面だけを対象とし，その精神的・宗教的側面を対象外としているのであって，信者が宗教上の行為を行うなどの信教の自由に介入しようとするものではない（法1

条2項参照)。」法81条1項1号ないし5号に該当する場合には「宗教団体に法律上の能力を与えたままにしておくことが不適切……となるところから，司法手続によって宗教法人を強制的に解散し，その法人格を失わしめることが可能となるようにしたものであり，会社の解散命令（商法58条〔会社824条〕）と同趣旨のものである」。②**信教の自由の制約**　「解散命令によって宗教法人が解散しても，信者は，法人格を有しない宗教団体を存続させ，あるいは，これを新たに結成することが妨げられるわけではなく，また，宗教上の行為を行い，その用に供する施設や物品を新たに調えることが妨げられるわけでもない。すなわち，解散命令は，信者の宗教上の行為を禁止したり制限したりする法的効果を一切伴わない」が，「宗教法人の解散命令が確定したときはその清算手続が行われ（法49条2項，51条)，その結果，宗教法人に帰属する財産で礼拝施設その他の宗教上の行為の用に供していたものも処分されることになるから（法50条参照)，これらの財産を用いて信者らが行っていた宗教上の行為を継続するのに何らかの支障を生ずることがあり得る。このように，宗教法人に関する法的規制が，信者の宗教上の行為を法的に制約する効果を伴わないとしても，これに何らかの支障を生じさせることがあるとするならば，憲法の保障する精神的自由の一つとしての信教の自由の重要性に思いを致し，憲法がそのような規制を許容するものであるかどうかを慎重に吟味しなければならない。」③**本件命令の合憲性**　「Xが，法令に違反して，著しく公共の福祉を害すると明らかに認められ，宗教団体の目的を著しく逸脱した行為をしたことが明らか」であり，「右のような行為に対処するには，Xを解散し，その法人格を失わせることが必要かつ適切であり，他方，解散命令によって宗教団体であるオウム真理教やその信者らが行う宗教上の行為に何らかの支障を生ずることが避けられないとしても，その支障は，解散命令に伴う間接的で事実上のものであるにとどまる。」「本件解散命令は，宗教団体であるオウム真理教やその信者らの精神的・宗教的側面に及ぼす影響を考慮しても，Xの行為に対処するのに必要でやむを得ない法的規制」であり，「また，本件解散命令は，法81条の規定に基づき，裁判所の司法審査によって発せられたものであるから，その手続の適正も担保されている。」本件解散命令及び原決定は憲法20条1項に違背しない。

6-14 警察によるイスラム教徒の監視活動と信教の自由 —— モスク監視活動事件

東京高判平成 27・4・14LEX/DB25506287

★★☆☆☆

【事 実】 警察の捜査資料がインターネット上に流出し，警察がモスクの出入りを監視し，日本在住のムスリムの個人情報をデータベース化していることが判明した。イスラム教徒のＸらは，情報流出と情報収集活動の違法を主張し，国および都に損害賠償を請求した。1審は前者の違法につき賠償を認めたが，後者については，憲法20条等違反の主張を退けた。原告，被告とも控訴。

【判 旨】 各控訴棄却。本件情報収集活動は，「日本国内において国際テロが発生する危険が十分に存在するという状況」等に照らせば，「警察法２条１項により……公共の安全と秩序の維持を責務とされている警察にとって……必要な活動である」。また，本件活動が「主としてイスラム教徒を対象」とし，「モスクの出入状況という宗教的側面にわたる事柄」を含んでいることは，「イスラム過激派によって国際テロが行われてきたことや，宗教施設においてイスラム過激派による勧誘等が行われたことがあったことといった歴史的事実に着眼」したもので，「イスラム教徒の精神的・宗教的側面に容かいする意図によるものではない」。他方，本件活動は，「外部から容易に認識することができる外形的行為を記録したにとどまり，当該記録に当たり，強制にわたるような行為」はない。これらを総合すると，本件活動は，憲法20条，宗教法人法84条に違反しない。

＊本件では憲法13条違反も争点であり，情報通信技術の発展に伴う状況の変化に応じ，個人情報の収集の局面のみならず，保管等の局面に関し新たな視点で憲法上の問題として検討すべきとするＸらの主張につき，本控訴審は傾聴に値するとしつつも，退けた。

6-15 神道式地鎮祭と政教分離 —— 津地鎮祭事件

最大判昭和 52・7・13 民集 31 巻 4 号 533 頁

★★★★☆

【事 実】 津市は，市主催による体育館の起工式にあたり，神職の主宰する地鎮祭を挙行した。住民Ｘは，市のこの行為が憲法20条，89条等に違反するとして，住民訴訟（地方自治法242条の2）を提起し，市長Ｙに対して損害補填等を求めた。1審はＸの請求を棄却。2審は，宗教の客観的定義を行い，習俗と宗教的行為とを区別した上で，地鎮祭は宗教的行為であり，市の行為は憲法 20 条 3 項の「宗教的活動」に該当するなどとし，請求を認容した。Y 上告。

【判　旨】 破棄自判。①**政教分離規定の意義** 「元来，政教分離規定は，いわゆる制度的保障の規定であって，信教の自由そのものを直接保障するものではなく，国家と宗教との分離を制度として保障することにより，間接的に信教の自由の保障を確保しようとするものである。」ところが，宗教は「外部的な社会事象としての側面」を伴い，「教育，福祉，文化，民俗風習など広汎な場面で社会生活と接触する」ので，「国家が，社会生活に規制を加え，あるいは教育，福祉，文化などに関する助成，援助等の諸施策を実施するにあたって，宗教とのかかわり合いを生ずることを免れえない」。「現実の国家制度として，国家と宗教との完全な分離を実現することは，実際上不可能」に近い。「政教分離原則を完全に貫こうとすれば，かえって社会生活の各方面に不合理な事態を生ずること」を免れず，例えば，宗教系私立学校への助成や神社・寺院等の文化財保護のための補助金の支出も疑問とされるに至り，それが許されないとすれば，「宗教による差別」となりかねず，また，刑務所等における教誨活動も宗教的色彩を帯びる場合には許されないとすれば，受刑者の「信教の自由は著しく制約」される。憲法の「政教分離規定の基礎となり，その解釈の指導原理となる政教分離原則は，国家が宗教的に中立であることを要求するものではあるが，国家が宗教とのかかわり合いをもつことを全く許さないとするものではなく，宗教とのかかわり合いをもたらす行為の目的及び効果にかんがみ，そのかかわり合いが，右の諸条件〔それぞれの国の社会的・文化的諸条件〕に照らし相当とされる限度を超えるものと認められる場合にこれを許さないものであると解すべきである。」②**目的効果基準** 憲法 20 条 3 項にいう「宗教的活動とは，前述の政教分離原則の意義に照らし……およそ国及びその機関の活動で宗教とのかかわり合いをもつすべての行為を指すものではなく，そのかかわり合いが右にいう相当とされる限度を超えるものに限られるというべきであって，当該行為の目的が宗教的意義をもち，その効果が宗教に対する援助，助長，促進又は圧迫，干渉等になるような行為をいうものと解すべきである。」 ③**考慮要素** 「ある行為が右にいう宗教的活動に該当するかどうかを検討するにあたっては，当該行為の主宰者が宗教家であるかどうか，その順序作法（式次第）が宗教の定める方式に則ったものであるかどうかなど，当該行為の外形的側面のみにとらわれることなく，当該行為の行われる場所，当該行為に対する一般人の宗教的評価，当該行為者が当該行為を行うについての意図，目的及び宗教的意識の有無，程度，当該行為の一般人に与える効果，影響等，諸般の事情を考慮し，社会通念に従って，客観的に判断しなければならない。」 **④あてはめ**　地鎮祭は宗教に起源をもつが，時代の推移により宗教的意義が稀薄化してきており，「一般人の意識」に徴すれば，「慣習化した社会的儀礼を行うという極めて世俗的な目的によるもの」といえる。かつ，わが国においては「宗教意識の雑居性」が認められ，また神社神道が積極的な布教・伝道をほとんど行わないという特色をもつこと等をも踏まえると，建築工事現場において，神職により神社神道固有の祭祀儀礼に則って起工式が行われたとしても，「それが参列者及び一般人の宗教的関心を特に高めることとなるものとは考えられず，これにより神道を援助，助長，促進するような効果をもたらすことになるものとも認められない。」以上の諸事情を総合的に考慮し判断すれば，本件起工式は，憲法20条3項に違反しない。また，本件起工式は，宗教団体に特権を与えるものではないから，同条1項後段に違反せず，さらに，本件起工式の目的・効果および支出金の性質・額等から考えると，特定の宗教組織や団体に対する財政援助的な支出とはいえないから，憲法89条に違反しない。

▼コメント▼　藤林益三裁判官ほか4名の反対意見がある。

6-16　殉職自衛官合祀と宗教的人格権――自衛官合祀訴訟

★★★★☆

最大判昭和63・6・1民集42巻5号277頁

【事　実】　キリスト教を信仰するXの夫Aは自衛官であったが，公務中に事故死した。自衛隊の外郭団体である隊友会山口県支部（Y_1）は，Aを含む殉職自衛官の合祀申請を要望し，国の機関である自衛隊山口地方連絡部（Y_2）職員の支援を得て，山口県護国神社に合祀申請を行った。Xは，合祀を断る旨を申し出たが，申請は撤回されず，合祀が行われた。XはY_1とY_2の共同不法行為により，宗教的人格権等が侵害されたとして出訴した。1審・2審ともに，宗教的人格権の侵害を認め，損害賠償請求を認容した。国が上告。

【判　旨】　破棄自判。**①地連の関与と憲法20条3項**　本件合祀申請には，Y_2職員の「事務的な協力」があったが，Y_1の単独名義でなされ，「実質的にもY_1単独の行為であった」。憲法20条3項にいう宗教的活動とは「宗教とかかわり合いをもつすべての行為を指すものではなく，当該行為の目的が宗教的意義をもち，その効果が宗教に対する援助，助長，促進又は圧迫，干渉等になるような行為」をいい，Y_2職員の行為が宗教的活動に当たるかは，「当該行為の行われる場所，当該行為に対する一般人の宗教的評価，当該行為者が当該行為を行うについての意図，目的及び宗教的意識の有無，程度，当該行為の一般人に与える効果，影響等，諸般の事情を考慮し，社会通念に従って，客観的に判断しなければならない〔**6-15**（津地鎮祭事件)〕」。本件合祀申請は「合祀の前提としての法的意味をもつもの」ではなく，また，Y_2職員の行為は事務的な協力であり，「宗教とのかかわり合いは間接的であり，その意図，目的も，合祀実現により自衛隊員の社会的地位の向上と士気の高揚を図ることにあったと推認」され，「どちらかといえばその宗教的意識も希薄」であり，「その行為の態様」も，「国又はその機関として特定の宗教への関心を呼び起こし，あるいはこれを援助，助長，促進し，又は他の宗教に圧迫，干渉を加えるような効果をもつものと一般人から評価される行為とは認め難い。」「Y_2職員の行為が宗教とかかわり合いをもつものであることは否定できない」が，「宗教的活動」とまではいえない。「なお，憲法20条3項の政教分離規定は，いわゆる制度的保障の規定であって，私人に対して信教の自由そのものを直接保障するものではなく，……この規定に違反する国又はその機関の宗教的活動も，……私人に対する関係で当然には違法と評価されるものではない。」②**法的利益の侵害の成否**　合祀は神社の自主的判断によるものであり，合祀申請が「合祀に対して事実上の強制とみられる何らかの影響力を有したとすべき特段の事情の存しない限り」，「法的利益の侵害の成否は，合祀それ自体が法的利益を侵害したか否かを検討すれば足りる」。「また，合祀それ自体は県護国神社によってされているのであるから，法的利益の侵害の成否は同神社とXの間の私法上の関係として検討」すべきである。「私人相互間において……信教の自由の侵害があり，その態様，程度が社会的に許容し得る限度を超えるときは，場合によつては，民法1条，90条や不法行為に関する諸規定等の適切な運用により法的保護が図られるべきである〔**3-20**（三菱樹脂事件）参照〕。」しかし，原審が宗教的人格権とした利益（他者の宗教行為により自己の信仰生活の静謐を乱されない利益）を被侵害利益として，直ちに損害賠償を請求するなどの法的救済を求めることができるとするならば，「かえって相手方の信教の自由を妨げる結果となる」。「信教の自由の保障は，何人も自己の信仰と相容れない信仰をもつ者の信仰に基づく行為に対して，それが強制や不利益の付与を伴うことにより自己の信教の自由を妨害するものでない限り寛容であることを要請しているものというべきである。」

▼コメント▼　坂上壽夫裁判官の意見は，「死去した近親者」に関して，他者により自己の意思に反する宗教的方法で慰霊等が行われ，自己の心の静謐が害された場合には宗教的人格権の侵害を認めるべきとするが，Aの父が合祀を望むなど近親者間で意見の相違がある場合には受忍限度内とする。伊藤正己裁判官の反対意見は，「Xの被侵害利益は法的保護に値する利益としていまだ十分強固なものとはいえない」が，（本件合祀を隊友会と地連職員の共同行動と捉えたうえで），「これを侵害した地連職員の行為は許容されない態様のもの」であるとし，不法行為を認める。

6-17　地蔵像建立のための市有地の提供と政教分離 —— 大阪地蔵像訴訟

最判平成4・11・16集民166号625頁

★☆☆☆☆

【判　旨】 ①大阪市が，本件各町会に対して地蔵像建立・移設のため市有地の無償使用を承認するなどした「意図，目的は，市営住宅の建替事業を行うに当たり，地元の協力と理解を得て右事業の円滑な進行を図る……という何ら宗教的意義を帯びないもの」であること，②寺院外に存する地蔵像信仰は「地域住民の生活の中で習俗化」し，「地蔵像の帯有する宗教性は希薄なものとなっている」こと，③本件各町会は町内会組織であり，「宗教的活動を目的とする団体ではなく，……地蔵像の維持運営に関する行為も，宗教的色彩の希薄な伝統的習俗的行事にとどまっている」ことといった事実関係の下では，市の行為は，「その目的及び効果にかんがみ，その宗教とのかかわり合いが我が国の社会的・文化的諸条件に照らし……相当とされる限度を超えるもの」ではなく，憲法20条3項，89条に違反しない。

6-18　忠魂碑・慰霊祭と政教分離原則 —— 箕面忠魂碑・慰霊祭訴訟

最判平成5・2・16民集47巻3号1687頁

★★★☆☆

【事　実】 箕面市は，小学校の増改築に伴い校庭にあった忠魂碑を移設する必要が生じたため，土地を購入，忠魂碑を移設・再建するとともに，忠魂碑を維持管理してきた市遺族会に土地を無償貸与した。同市の住民Xらは，本件移設・再建および土地の無償貸与が憲法20条1項・3項，89条に反するとして，市長Y_1らに対し，住民訴訟（地方自治法242条の2第1項）を提起，1審はXらの請求を認容した。また，市遺族会が挙行した忠魂碑前での慰霊祭に，市の職員らが関与した行為についても同じく住民訴訟が提起され，1審は，教育長 Y_2 の参列時間相当分の給与支出が不当利得にあたるとしXらの主張を一部認容したが，その余の請求を棄却。控訴審はこれら2つの訴訟を併合し，請求を棄却したため，Xらが上告。

【判　旨】 上告棄却。①**憲法20条3項該当性**　本件移設・再建および土地の無償貸与の「目的は，小学校の校舎の建替え等のため，公有地上に存する戦没者記念碑的な性格を有する施設を他の場所に移設し，その敷地を学校用地として利用することを主眼とするものであり，そのための方策として，右施設を維持管理する市遺族会に対し，右施設の移設場所として代替地を取得して，従来どおり，これを右施設の敷地等として無償で提供し，右施設の移設，再建を行ったものであって，専ら世俗的なものと認められ，その効果も，特定の宗教を援助，助長，促進し又は他の宗教に圧迫，干渉を加えるものとは認められない。……市の右各行為は，宗教とのかかわり合いの程度が我が国の社会的，文化的諸条件に照らし，信教の自由の保障の確保という制度の根本目的との関係で相当とされる限度を超えるものとは認められず」，憲法20条3項に違反しない。②**遺族会の宗教団体性**　憲法20条1項後段にいう「宗教団体」，憲法89条にいう「宗教上の組織若しくは団体」とは「宗教と何らかのかかわり合いのある行為を行っている組織ないし団体のすべてを意味するものではなく，国家が当該組織ないし団体に対し特権を付与したり……公金その他の公の財産を支出……したりすることが，特定の宗教に対する援助，助長，促進又は圧迫，干渉等になり，憲法上の政教分離原則に反すると解されるもの」をいい，「特定の宗教の信仰，礼拝又は普及等の宗教的活動を行うことを本来の目的とする組織ないし団体を指すものと解するのが相当である。」市遺族会は，戦没者遺族の相互扶助・福祉向上と英霊の顕彰を主たる目的として設立され活動している団体であり，慰霊祭の挙行等の宗教的色彩を帯びた行事の実施等は，「会の本来の目的として，特定の宗教の信仰，礼拝又は普及等の宗教的活動を行おうとするものではなく」，上記の組織・団体に該当しない。③**教育長の参列の合憲性**　Y_2 の本件慰霊祭への参列の「目的は，地元の戦没者の慰霊，追悼のための宗教的行事に際し，戦没者遺族に対する社会的儀礼を尽くすという，専ら世俗的なものであり……宗教とのかかわり合いの程度が我が国の社会的，文化的諸条件に照らし……相当とされる限度を超えるものとは認められず，憲法上の政教分離原則及びそれに基づく政教分離規定に違反するものではない」。

6-19 玉串料の公金支出と政教分離 ── 愛媛玉串料訴訟

★★★★★

最大判平成 9・4・2 民集 51 巻 4 号 1673 頁

【事　実】 愛媛県は，靖國神社の例大祭に奉納する玉串料として，6 年間，9 回にわたり計 45,000 円，みたま祭に 3 回にわたり計 31,000 円を，また，県護國神社の慰霊大祭に 9 回にわたり計 90,000 円を公金から支出した。住民 X らは，これを憲法 20 条 3 項，89 条違反であるとし，当時の県知事らに対し，県に代位して損害賠償を求める住民訴訟を提起した。1 審は請求を認容したが，2 審は，玉串料の奉納を社会的儀礼とし，請求を棄却したため，X らが上告。

【判　旨】 一部破棄自判。**①支出の対象行為の宗教性**　（ 6-15 （津地鎮祭事件）判旨①②③を引用した上で）「神社神道においては，祭祀を行うことがその中心的な宗教上の活動であるとされていること，例大祭及び慰霊大祭は，神道の祭式にのっとって行われる儀式を中心とする祭祀であり，各神社の挙行する恒例の祭祀中でも重要な意義を有するものと位置付けられていること」等は公知の事実であり，「玉串料及び供物料は，例大祭又は慰霊大祭において右のような宗教上の儀式が執り行われるに際して神前に供えられるものであり……いずれも各神社が宗教的意義を有すると考えていることが明らかなものである。」**②社会的儀礼との区別**　これらのことからすれば，「県が特定の宗教団体の挙行する重要な宗教上の祭祀にかかわり合いを持ったということが明らか」である。「一般に，神社自体がその境内において挙行する恒例の重要な祭祀に際して右のような玉串料等を奉納すること」は，建築主が主催し建築現場において工事の無事安全を祈願する地鎮祭の場合とは異なり，「時代の推移によって既にその宗教的意義が希薄化し，慣習化した社会的儀礼にすぎないものになっているとまでは到底いうことができず，一般人が本件の玉串料等の奉納を社会的儀礼の一つにすぎないと評価しているとは考え難い……。そうであれば，玉串料等の奉納者においても，それが宗教的意義を有するものであるという意識を大なり小なり持たざるを得ないのであり，このことは，本件においても同様」である。**③特定の宗教団体とのかかわり合い**　「また，本件においては，県が他の宗教団体の挙行する同種の儀式に対して同様の支出をしたという事実がうかがわれないのであって，県が特定の宗教団体との間にのみ意識的に特別のかかわり合いを持ったことを否定することができない。これらのことからすれば，地方公共団体が特定の宗教団体に対してのみ本件のような形で特別のかかわり合いを持つことは，一般人に対して，県が当該特定の宗教団体を特別に支援しており，それらの宗教団体が他の宗教団体とは異なる特別のものであるとの印象を与え，特定の宗教への関心を呼び起こすものといわざるを得ない。」本件支出には，戦没者遺族の希望に応えるという側面において儀礼的意味合いも否定できないが，「戦没者の慰霊及び遺族の慰謝ということ自体は，本件のように特定の宗教と特別のかかわり合いを持つ形でなくてもこれを行うことができると考えられるし，神社の挙行する恒例祭に際して玉串料等を奉納することが，慣習化した社会的儀礼にすぎないものになっているとも認められないことは，前記説示のとおりである。」**④総合判断**　以上の事情を総合的に考慮し判断すれば，県が本件玉串料等を靖國神社または護國神社に奉納したことは，「その目的が宗教的意義を持つことを免れず，その効果が特定の宗教に対する援助，助長，促進になると認めるべきであり，これによってもたらされる県と靖國神社等とのかかわり合いが我が国の社会的・文化的諸条件に照らし相当とされる限度を超えるものであって，憲法20条3項の禁止する宗教的活動に当たると解するのが相当である。」「また，靖國神社及び護國神社は憲法89条にいう宗教上の組織又は団体に当たることが明らかであるところ，以上に判示したところからすると……本件支出は，同条の禁止する公金の支出に当たり，違法」である。

▼コメント▼　多岐にわたる少数意見があり，高橋久子・尾崎行信裁判官の各意見は，完全分離を原則とし，目的効果基準を批判する。また，大野正男裁判官の補足意見が，「社会に与える無形的なあるいは精神的な効果や影響をも考慮すべきである」とするのに対し，可部恒雄裁判官の反対意見は，「専ら精神面における印象や可能性や象徴を主要な手がかり」とすべきでないとする。

6-20　大嘗祭への知事参列の合憲性 ── 鹿児島大嘗祭違憲訴訟

最判平成14・7・11民集56巻6号1204頁

★☆☆☆☆

【判　旨】「大嘗祭は……神道施設が設置された大嘗宮において，神道の儀式にのっとり行われたというのであるから，鹿児島県知事であるYがこれに参列し拝礼した行為は，宗教とかかわり合いを持つものである」が，その目的は，「天皇の即位に伴う皇室の伝統儀式に際し，日本国及び日本国民統合の象徴である天皇に対する社会的儀礼を尽くすものであり，その効果も，特定の宗教に対する援助，助長，促進又は圧迫，干渉等になるようなものではないと認められる。」Yの参列は「宗教とのかかわり合いの程度が我が国の社会的，文化的諸条件に照らし……相当とされる限度を超えるものとは認められず，……政教分離規定に違反するものではない」。

6-21　内閣総理大臣靖國参拝違憲訴訟

★☆☆☆☆

最判平成 18・6・23 集民 220 号 573 頁

【判　旨】「人が神社に参拝する行為自体は，他人の信仰生活等に対して圧迫，干渉を加えるような性質のものではないから，他人が特定の神社に参拝することによって，自己の心情ないし宗教上の感情が害されたとし，不快の念を抱いたとしても，これを被侵害利益として，直ちに損害賠償を求めることはできない」。上告人らの主張する戦没者を回顧し祭祀する権利ないし利益も同様であり，「このことは，内閣総理大臣の地位にある者が靖國神社を参拝した場合においても異なるものではないから，本件参拝によって上告人らに損害賠償の対象となり得るような法的利益の侵害があったとはいえない。」

6-22　神社関連行事への市長出席と政教分離 ―― 白山比咩（しらやまひめ）神社事件

★☆☆☆☆

最判平成 22・7・22 集民 234 号 337 頁

【判　旨】 本件発会式は，白山比咩神社の大祭に係る諸事業の奉賛を目的とする奉賛会の発会に係る行事であり，これに出席して祝辞を述べる行為は，宗教とのかかわり合いを持つが，「地元にとって，本件神社は重要な観光資源としての側面を有し……，本件大祭は観光上重要な行事であった」。「奉賛会は，このような性質を有する行事としての本件大祭に係る諸事業の奉賛を目的とする団体であり，その事業自体が観光振興的な意義を相応に有するもの」であって，本件発会式も「神社内ではなく，市内の一般の施設で行われ，その式次第は一般的な団体設立の式典等におけるものと変わらず，宗教的儀式を伴うものではなかった」。市長であったＡの行為は，「市長が地元の観光振興に尽力すべき立場」にあることや上記団体の目的等を踏まえ，「市長としての社会的儀礼を尽くす目的で行われたものであり，宗教的色彩を帯びない儀礼的行為の範囲にとどまる態様のものであって，特定の宗教に対する援助，助長，促進になるような効果を伴うものでもなかった」。よって，「宗教とのかかわり合いの程度が，我が国の社会的，文化的諸条件に照らし……相当とされる限度を超えるものとは認められず」，政教分離規定に違反しない。

6-23 国有境内地処分法と政教分離 ―― 国有境内地処分法事件

最大判昭和33・12・24民集12巻16号3352頁

★☆☆☆☆

【判　旨】 社寺等に無償で貸し付けてある国有財産の処分に関する法律（昭和22年法律第53号）が，「国有地である寺院等の境内地その他の附属地を無償貸付中の寺院等に譲与又は時価の半額で売り払うことにしたのは，新憲法施行に先立って，明治初年に寺院等から無償で取上げて国有とした財産を，その寺院等に返還する処置を講じたものであって，かかる沿革上の理由に基く国有財産関係の整理は，憲法89条の趣旨に反するものとはいえない。」

6-24 国有境内地処分法と政教分離 ―― 富士山頂譲与事件

最判昭和49・4・9集民111号537頁

★☆☆☆☆

【判　旨】「旧国有財産法に基づく社寺等に対する国有境内地等の無償貸付関係は，……宗教団体に対する特別の利益供与を禁止する日本国憲法の下において，これを持続することは，不可能である。しかし，これを清算するにあたり，ただ単にその消滅のみをはかるとすれば，……社寺等の宗教活動に支障を与え，その存立を危うくすることにもなりかねないのであるが，そのような結果は，実質的にみて特定宗教に対する不当な圧迫であり，信教の自由を保障する日本国憲法の精神にも反する」。そこで，旧国有財産法に基づき社寺等に無償貸付してある境内地等のうち，社寺上地等により国有となった土地等について社寺等に無償で返還（譲与）することは，憲法89条の趣旨に反しない。

6-25 神社敷地としての公有地提供と政教分離 ―― 空知太（そらちぶと）神社事件

最大判平成22・1・20民集64巻1号1頁

★★★★★

【事　実】 空知太連合町内会は，砂川市から無償提供を受けた土地上に，空知太神社およびその関連施設を設置・所有してきた。同神社は，付近住民らの構成する氏子集団により管理・運営され，初詣や例大祭等の神事が行われている。本件神社はもともと公立小学校に隣接する公有地上にあったが，校舎増設に伴い，住民Aの私有地上に移設されたものが，その後，固定資産税の負担を解消するため，同土地を神社敷地として地元民に無償使用させることを条件として現在の砂川市に寄附されたものである。住民Xらは，本件利用提供行為を政教分離違反とし，市長Yが，敷地の使用貸借契約を解除せず，神社施設の撤去および土地明渡しを請求しないことを，財産管理を違法に怠るものとして，怠る事実の違法確認を求めて住民訴訟を提起した。1審，2審は，目的効果基準を適用し違憲判断を下したが，その上で，本件土地が地域の集会場の敷地としても用いられていることをも考慮し，使用貸借契約を解除せずとも，祠や鳥居等を撤去することで違憲状態を解消できるとし，その限度でYの怠る事実の違法性を確認した。Y上告。

【判　旨】 破棄差戻し。①**憲法判断の枠組み** 「国又は地方公共団体が国公有地を無償で宗教的施設の敷地としての用に供する行為は，一般的には，当該宗教的施設を設置する宗教団体等に対する便宜の供与として，憲法89条との抵触が問題となる」が，「国公有地が無償で宗教的施設の敷地としての用に供されているといっても，当該施設の性格や来歴，無償提供に至る経緯，利用の態様等には様々なものがあり得ることが容易に想定されるところである。」「これらの事情のいかんは，当該利用提供行為が，一般人の目から見て特定の宗教に対する援助等と評価されるか否かに影響するものと考えられるから，政教分離原則との関係を考えるに当たっても，重要な考慮要素とされるべきものといえよう。」「国公有地が無償で宗教的施設の敷地としての用に供されている状態が，……信教の自由の保障の確保という制度の根本目的との関係で相当とされる限度を超えて憲法89条に違反するか否かを判断するに当たっては，当該宗教的施設の性格，当該土地が無償で当該施設の敷地としての用に供されるに至った経緯，当該無償提供の態様，これらに対する一般人の評価等，諸般の事情を考慮し，社会通念に照らして総合的に判断すべきものと解するのが相当である。」以上のように解すべきことは判例（**6-15**（津地鎮祭事件），**6-19**（愛媛玉串料訴訟））の趣旨とするところからも明らかである。②**本件利用提供行為の憲法適合性** 「本件神社物件は，一体として神道の神社施設に当たるものと見るほかはない。」「また，本件神社において行われている諸行事は，地域の伝統的行事として親睦などの意義を有するとしても，神道の方式にのっとって行われているその態様にかんがみると，宗教的な意義の希薄な，単なる世俗的行事にすぎないということはできない。」「本件神社物件を管理し，上記のような祭事を行っているのは，本件利用提供行為の直接の相手方である本件町内会ではなく，本件氏子集団である。」「この氏子集団は，宗教的行事等を行うことを主たる目的としている宗教団体であって，寄附を集めて本件神社の祭事を行っており，憲法 89 条にいう『宗教上の組織若しくは団体』に当たるものと解される」ところ，「本件氏子集団は，祭事に伴う建物使用の対価を町内会に支払うほかは，本件神社物件の設置に通常必要とされる対価を何ら支払うことなく，その設置に伴う便益を享受している。すなわち，本件利用提供行為は，その直接の効果として，氏子集団が神社を利用した宗教的活動を行うことを容易にしているものということができる。」「そうすると，本件利用提供行為は，市が，何らの対価を得ることなく本件各土地上に宗教的施設を設置させ，本件氏子集団においてこれを利用して宗教的活動を行うことを容易にさせているものといわざるを得ず，一般人の目から見て，市が特定の宗教に対して特別の便益を提供し，これを援助していると評価されてもやむを得ないものである。」「本件利用提供行為は，もともとは小学校敷地の拡張に協力した用地提供者に報いるという世俗的，公共的な目的から始まったもので，本件神社を特別に保護，援助するという目的によるものではなかったことが認められるものの，明らかな宗教的施設といわざるを得ない本件神社物件の性格，これに対し長期間にわたり継続的に便益を提供し続けていることなどの本件利用提供行為の具体的態様等にかんがみると，本件において，当初の動機，目的は上記評価を左右するものではない。」「以上のような事情を考慮し，社会通念に照らして総合的に判断すると，本件利用提供行為は，市と本件神社ないし神道とのかかわり合いが，我が国の社会的，文化的諸条件に照らし，信教の自由の保障の確保という制度の根本目的との関係で相当とされる限度を超えるものとして，憲法 89 条の禁止する公の財産の利用提供に当たり，ひいては憲法 20 条 1 項後段の禁止する宗教団体に対する特権の付与にも該当すると解するのが相当である。」 **③違憲状態の解消方法** 「このような違憲状態の解消には，神社施設を撤去し土地を明け渡す以外にも適切な手段があり得るというべきである。」「Y には，本件各土地，本件建物及び本件神社物件の現況，違憲性を解消するための措置が利用者に与える影響，関係者の意向，実行の難易等，諸般の事情を考慮に入れて，相当と認められる方法を選択する裁量権があると解される。本件利用提供行為に至った事情は，それが違憲であることを否定するような事情として評価することまではできないとしても，解消手段の選択においては十分に考慮されるべき」であり，本件利用提供行為が開始された経緯等を考慮すると，「Y において直接的な手段に訴えて直ちに本件神社物件を撤去させるべきものとすることは……地域住民らによって守り伝えられてきた宗教的活動を著しく困難なものにし，氏子集団の構成員の信教の自由に重大な不利益を及ぼすものとなることは自明である」。「これらの事情に照らし，Yにおいて他に選択することのできる合理的で現実的な手段が存在する場合には，Yが本件神社物件の撤去及び土地明渡請求という手段を講じていないことは，財産管理上直ちに違法との評価を受けるものではない。」原審において，違憲状態を解消するための「他の合理的で現実的な手段が存在するか否かについて適切に審理判断するか，当事者に対して釈明権を行使する必要があったというべきである。」

▼コメント▼　差戻し後の第二次上告審は，一定の条件下での氏子集団への本件土地の譲与を「合理的かつ現実的」と評価し，合憲とした（最判平成24・2・16民集66巻2号673頁）。本判決で多数意見が目的効果基準に言及していないことについて，藤田宙靖裁判官の補足意見を参照。

6-26　公有地の町内会への譲与と政教分離――富平神社事件

★☆☆☆☆

最大判平成22・1・20民集64巻1号128頁

【判　旨】　公有地の町内会への譲与は，市が「憲法89条及び20条1項後段の趣旨に適合しないおそれのある状態を是正解消するために行ったものである。」譲与は町内会に対し神社敷地の無償使用の継続という便益を及ぼすとの評価はあり得るが，仮に市が本件神社との関係を解消するために神社施設の撤去を図れば，町内会によって守り伝えられてきた「宗教的活動を著しく困難なものにし，その信教の自由に重大な不利益を及ぼす」。社寺等に無償で貸し付けてある国有財産の処分に関する法律は，同法施行前に寄附等により国有となった財産でその社寺等の宗教活動を行うのに必要なものを，その社寺等に譲与することを認めたが，「それは，政教分離原則を定める憲法の下で，社寺等の財産権及び信教の自由を尊重しつつ国と宗教との結び付きを是正解消するため」には「最も適当」と考えられたことによるものと解される。

6-27 公園使用料の免除と政教分離――那覇市孔子廟訴訟

★★★☆☆

最大判令和3・2・24 裁時1762号1頁

【事　実】 一般社団法人である本件参加人は，那覇市の管理する都市公園内に許可を得て，儒教の祖である孔子等を祀る久米至聖廟（以下「本件施設」という）を設置したが，当時の市長は，その敷地使用料を全額免除する旨の処分（以下「本件免除」という）を行った。那覇市の住民Xは，市に対し，本件免除は政教分離原則違反であることを理由に，本件使用料を請求しないことの違法確認を求めて住民訴訟を提起した。1審・2審ともに分離原則違反を認めたが，2審は，本件使用料の全額を徴収しないことが直ちに財産管理上の裁量権の範囲の逸脱・濫用として違法とはいえないとしたため，参加人およびXが上告。

【判　旨】 破棄自判（参加人の上告を棄却し，Xの敗訴部分を破棄）。①**憲法判断の枠組み**「国又は地方公共団体が，国公有地上にある施設の敷地の使用料の免除をする場合においては，当該施設の性格や当該免除をすることとした経緯には様々なものがあり得る」。「これらの事情のいかんは，当該免除が，一般人の目から見て特定の宗教に対する援助等と評価されるか否かに影響するものと考えられるから，政教分離原則との関係を考える当たっても，重要な考慮要素とされるべきものといえる。」「そうすると，当該免除が……政教分離原則規定に違反するか否かを判断するに当たっては，当該施設の性格，当該免除をすることとした経緯，当該国免除に伴う当該公有地の無償提供の態様，これらに対する一般人の評価等，諸般の事情を考慮し，社会通念に照らして総合的に判断すべきものと解するのが相当である。」「以上のように解すべきことは，当裁判所の判例〔6-15（津地鎮祭事件），6-19（愛媛玉串料訴訟），6-25（空知太神社事件），6-26（富平神社事件）〕の趣旨とするところからも明らかである。」②**本件免除の憲法適合性**　本件施設は，その外観等に照らして神体または本尊に対する参拝を受け入れる社寺との類似性があり，本件施設の建物等は宗教的意義を有する儀式である釋奠祭禮を実施する目的に従って配置されたものといえ，また，本件施設は18世紀に建立された当初の至聖廟等の宗教性を引き継ぐものといえることなどから，「本件施設については，一体としてその宗教性を肯定することができることはもとより，その程度も軽微とはいえない。」「本件免除がされた経緯」をみても，「本件施設の観光資源等としての意義や歴史的価値をもって，直ちに，参加人に対して本件免除により新たに本件施設の敷地として国公有地を無償で提供することの必要性及び合理性を裏付けるものとはいえない。」そして，参加人は「宗教性を有する本件施設の公開や宗教的意義を有する釋奠祭禮の挙行を定款上の目的又は事業として掲げており，実際に本件施設において，多くの参拝者を受け入れ，釋奠祭禮を挙行している。このような参加人の本件施設における活動の内容や位置付け等を考慮すると，本件免除は，参加人に〔年間 576 万円余に上る〕上記利益を享受させることにより，参加人が本件施設を利用した宗教的活動を行うことを容易にするものであるということができ，その効果が間接的，付随的なものにとどまるとはいえない。」本件免除は「憲法 20 条 3 項の禁止する宗教的活動」に該当する。③**違憲状態の解消方法**　市において「本件使用料に係る債権の行使又は不行使についての裁量があるとはいえず，その全額を請求しないことは違法というほかない。」

第7章
精神的自由（2）

1　表現の事前規制

7-1　札幌税関事件

★★★★★

最大判昭和 59・12・12 民集 38 巻 12 号 1308 頁

【事　実】 関税定率法 21 条 1 項 3 号（当時）は「公安又は風俗を害すべき書籍，図画，彫刻物その他の物品」を輸入してはならない貨物として掲げているところ，札幌税関支署長である Y_1 は，管轄郵便局に到着した X 宛の国際郵便物がこれにあたるとして，X に対し同条 3 項に基づく通知を行った。X はこれに対し同条 4 項に基づく異議の申出を行ったが，税関長 Y_2 が申出を棄却する旨の決定（同条 5 項）を行ったため，X は Y_1・Y_2 に対し通知および決定の取消しを求めて提訴した。1 審は，本件のごとき場合に関税定率法 21 条に基づく通知および決定を行うことは検閲に該当し，また，例外的にそれが許される場合とも言い難いとして本件通知および決定を違憲としたが，2 審は憲法の禁止する検閲には該当しないとして X の訴えを退けた。X 上告。

【判　旨】 上告棄却。①**検閲の絶対的禁止**　「憲法 21 条 2 項前段は，『検閲は，これをしてはならない。』と規定する。憲法が，表現の自由につき，広くこれを保障する旨の一般的規定を同条 1 項に置きながら，別に検閲の禁止についてかような特別の規定を設けたのは，検閲がその性質上表現の自由に対する最も厳しい制約となるものであることにかんがみ，これについては，公共の福祉を理由とする例外の許容（憲法 12 条，13 条参照）をも認めない趣旨を明らかにしたものと解すべきである。」②**検閲の概念**　「憲法 21 条 2 項にいう『検閲』とは，行政権が主体となって，思想内容等の表現物を対象とし，その全部又は一部の発表の禁止を目的として，対象とされる一定の表現物につき網羅的一般的に，発表前にその内容を審査した上，不適当と認めるものの発表を禁止することを，その特質として備えるものを指すと解すべきである。」③**検閲該当性**　「税関検査が表現の事前規制たる側面を有することを否定することはできない」が，「輸入が禁止される表現物は……国外においては既に発表済みのものであって……事前に発表そのものを一切禁止するというものではな」く，「税関により没収，廃棄されるわけではないから，発表の機会が全面的に奪われてしまうというわけのものでもな」く「事前規制そのものということはできない。」「税関検査は，関税徴収手続の一環として，これに付随して行われるもので……思想内容等それ自体を網羅的に審査し規制することを目的とするものではない。」「税関は，関税の確定及び徴収を本来の職務内容とする機関であって，特に思想内容等を対象としてこれを規制することを独自の使命とするものではなく……思想内容等の表現物につき税関長の通知がされたときは司法審査の機会が与えられて」おり，「行政権の判断が最終的なものとされるわけではない」。よって「税関検査は，憲法21条2項にいう『検閲』に当たらない」。④**明確性**「法律をもって表現の自由を規制するについては，基準の広汎，不明確の故に当該規制が本来憲法上許容されるべき表現にまで及ぼされて表現の自由が不当に制限されるという結果を招くことがないように配慮する必要があり，事前規制的なものについては特に然りというべきである。」「表現の自由を規制する法律の規定について限定解釈をすることが許されるのは，その解釈により，規制の対象となるものとそうでないものとが明確に区別され，かつ，合憲的に規制し得るもののみが規制の対象となることが明らかにされる場合でなければならず，また，一般国民の理解において，具体的場合に当該表現物が規制の対象となるかどうかの判断を可能ならしめるような基準をその規定から読みとることができるものでなければならない〔**10-2**（徳島市公安条例事件)〕」。「関税定率法21条1項3号の『風俗を害すべき書籍，図画』等の中に猥褻物以外のものを含めて解釈するときは，規制の対象となる書籍，図画等の範囲が広汎，不明確となることを免れず，憲法21条1項の規定の法意に照らして，かかる法律の規定は違憲無効となるものというべく，前記のような限定解釈によって初めて合憲なものとして是認し得るのである。……本件のように，日本国憲法施行前に制定された法律の規定の如きについては，合理的な法解釈の範囲内において可能である限り，憲法と調和するように解釈してその効力を維持すべく，法律の文言にとらわれてその効力を否定するのは相当でない。」「関税定率法21条1項3号にいう『風俗を害すべき書籍，図画』等とは，猥褻な書籍，図画等を指すものと解すべきであり，右規定は広汎又は不明確の故に違憲無効ということはでき」ない。

▼コメント▼ 「風俗を害すべき書籍，図画」という規定は不明確かつ広汎に過ぎ，違憲無効であるとする伊藤正己ほか4裁判官による反対意見がある。

7-2 「北方ジャーナル」事件

★★★★★

最大判昭和 61・6・11 民集 40 巻 4 号 872 頁

【事　実】 X は，自らの発行する雑誌「北方ジャーナル」に北海道知事選に立候補予定であった Y について「ある権力主義者の誘惑」と題する記事を掲載することとし，印刷その他の準備を進めていたところ，Y は当該記事による名誉権の侵害を予防すべく札幌地裁に当該雑誌の頒布の事前差止めの仮処分の申請をした。札幌地裁が Y により提出された疎明資料に基づき仮処分決定を下したため，X は，当該雑誌の休刊を余儀なくされたとして国および Y に対して損害賠償を求めて提訴した。1 審，2 審とも X の請求棄却。X 上告。

【判　旨】 上告棄却。①**検閲該当性**（検閲概念につき **7-1**〔札幌税関事件〕判旨②を引用した上で）「一定の記事を掲載した雑誌その他の出版物の印刷，製本，販売，頒布等の仮処分による事前差止めは……簡略な手続によるものであり……非訟的な要素を有することを否定することはできないが，……表現物の内容の網羅的一般的な審査に基づく事前規制が行政機関によりそれ自体を目的として行われる場合とは異なり，個別的な私人間の紛争について，司法裁判所により，当事者の申請に基づき差止請求権等の私法上の被保全権利の存否，保全の必要性の有無を審理判断して発せられるものであって，右判示にいう『検閲』には当たらない」。②**名誉の保護と表現の自由の保障との調整**「民主制国家は……国民がおよそ一切の主義主張等を表明するとともにこれらの情報を相互に受領することができ，その中から自由な意思をもって自己が正当と信ずるものを採用することにより多数意見が形成され，かかる過程を通じて国政が決定されることをその存立の基礎としているのであるから，表現の自由，とりわけ，公共的事項に関する表現の自由は，特に重要な憲法上の権利として尊重されなければならない」。「右の趣旨にかんがみ，刑事上及び民事上の名誉毀損に当たる行為についても，当該行為が公共の利害に関する事実にかかり，その目的が専ら公益を図るものである場合には，当該事実が真実であることの証明があれば，右行為には違法性がなく，また，真実であることの証明がなくても，行為者がそれを事実であると誤信したことについて相当の理由があるときは，右行為には故意又は過失がないと解す」ことにより人格権としての個人の名誉の保護と表現の自由の保障との調和が図られて」おり〔**7-13**（「夕刊和歌山時事」事件）および **7-12**（「署名狂やら殺人前科」事件）参照〕「このことは，侵害行為の事前規制の許否を考察するに当たっても考慮を要する」。**③事前抑制の合憲性** 「表現行為に対する事前抑制は……表現物がその自由市場に出る前に抑止してその内容を読者ないし聴視者の側に到達させる途を閉ざし又はその到達を遅らせてその意義を失わせ，公の批判の機会を減少させるものであり，また，事前抑制たることの性質上，予測に基づくものとならざるをえないこと等から事後制裁の場合よりも広汎にわたり易く，濫用の虞があるうえ，実際上の抑止的効果が事後制裁の場合より大きいと考えられるのであって……表現の自由を保障し検閲を禁止する憲法 21 条の趣旨に照らし，厳格かつ明確な要件のもとにおいてのみ許容されうる」。「出版物の頒布等の事前差止めは，このような事前抑制に該当するものであって，とりわけ，その対象が公務員又は公職選挙の候補者に対する評価，批判等の表現行為に関するものである場合には，そのこと自体から，一般にそれが公共の利害に関する事項であるということができ……その表現が私人の名誉権に優先する社会的価値を含み憲法上特に保護されるべきであることにかんがみると……原則として許されないものといわなければならない。ただ，右のような場合においても，その表現内容が真実でなく，又はそれが専ら公益を図る目的のものでないことが明白であって，かつ，被害者が重大にして著しく回復困難な損害を被る虞があるときは，当該表現行為はその価値が被害者の名誉に劣後することが明らかであるうえ，有効適切な救済方法としての差止めの必要性も肯定されるから，かかる実体的要件を具備するときに限って，例外的に事前差止めが許されるものというべきであ」る。**④事前差止の手続** 「公共の利害に関する事項についての表現行為に対し，その事前差止めを仮処分手続によって求める場合に，一般の仮処分命令手続のように，専ら迅速な処理を旨とし，口頭弁論ないし債務者の審尋を必要的とせず，立証についても疎明で足りるものとすることは，表現の自由を確保するうえで，その手続的保障として十分であるとはいえず……口頭弁論又は債務者の審尋を行い，表現内容の真実性等の主張立証の機会を与えることを原則とすべきものと解するのが相当である。ただ，差止めの対象が公共の利害に関する事項についての表現行為である場合においても，口頭弁論を開き又は債務者の審尋を行うまでもなく，債権者の提出した資料によって，その表現内容が真実でなく，又はそれが専ら公益を図る目的のものではないことが明白であり，かつ，債権者が重大にして著しく回復困難な損害を被る虞があると認められるときは，口頭弁論又は債務者の審尋を経ないで差止めの仮処分命令を発したとしても，憲法 21 条の前示の趣旨に反するものということはできない。」以上の見地にたって，本件を見ると，「結局，本件仮処分に所論違憲の廉はなく，右違憲を前提とする本件仮処分申請の違憲ないし違法の主張は，前提を欠く。」

▼コメント▼　当該表現が「現実の悪意」をもってなされた場合にのみ公的人物の公的事柄に関する表現の事前規制を許すべきとする谷口正孝裁判官の意見のほか，4裁判官の補足意見がある。なお，1989（平成元）年に民事保全法が制定されてからは，差止めは同法の定める手続に基づいて行われている。

7-3　岐阜県青少年保護育成条例事件

最判平成元・9・19刑集43巻8号785頁

★★★☆☆

【事　実】　岐阜県青少年保護育成条例は，知事が「著しく性的感情を刺激し，又は著しく残忍性を助長するため，青少年の健全な育成を阻害するおそれがあると認める」図書等を審議会の意見聴取を経て（9条）有害図書等として指定すること（6条1項）を認め，そのうち「特に卑わいな姿態若しくは性行為を被写体とした写真又はこれらの写真を掲載する紙面が編集紙面の過半を占めると認められる刊行物については，前項の指定に代えて，当該写真の内容を，あらかじめ，規則で定めるところにより，指定することができる」（6条2項）とする。有害指定図書等は，青少年に販売・貸付をすることが禁じられるほか，自動販売機への収納が禁止され（6条の6），違反者には罰則が科される（21条）。条例によりあらかじめ指定された有害図書に該当する雑誌を自動販売機に収納したとして1審，2審ともに有罪となった自動販売機業者Xは，憲法21条違反等を理由に上告した。

【判　旨】　上告棄却。「有害図書が一般に思慮分別の未熟な青少年の性に関する価値観に悪い影響を及ぼし，性的な逸脱行為や残虐な行為を容認する風潮の助長につながるものであって，青少年の健全な育成に有害であることは，既に社会共通の認識になっている」。「自動販売機による有害図書の販売は，……心理的に購入が容易であること，昼夜を問わず購入ができること，……街頭にさらされているため購入意欲を刺激し易いことなどの点において，書店等における販売よりもその弊害が一段と大きい」。「自動販売機業者において，前記審議会の意見聴取を経て有害図書としての指定がされるまでの間に当該図書の販売を済ませることが可能であり，このような脱法的行為に有効に対処するためには，本条例6条2項による指定方式も必要性があり，かつ，合理的であるというべきである。そうすると，有害図書の自動販売機への収納の禁止は，青少年に対する関係において，憲法21条1項に違反しないことはもとより，成人に対する関係においても，有害図書の流通を幾分制約することにはなるものの，青少年の健全な育成を阻害する有害環境を浄化するための規制に伴う必要やむをえない制約であるから，憲法21条1項に違反するものではない。」

＊伊藤正己裁判官による補足意見は，青少年の知る自由を制限することを目的とする規制であっても，その規制の実質的効果が成人の知る自由を全く封殺する場合には厳格審査の結果違憲となることを免れないが，規制目的に当然付随する効果であって成人には他に入手する方法が認められている場合には制約もやむをえないとしている。

2　表現の許可制

7-4　街頭演説事件

★☆☆☆☆

最判昭和35・3・3刑集14巻3号253頁

【判　旨】「憲法21条は表現の自由を所論のいうように無条件に保障したものではなく，公共の福祉の為め必要あるときは，その時，所，方法等につき合理的に制限できるものであることは当裁判所の夙に判例……とするところであ」る。「道路において演説その他の方法により人寄せをすることは，場合によっては道路交通の妨害となり，延いて，道路交通上の危険の発生，その他公共の安全を害するおそれがないでもないから，演説などの方法により人寄せをすることを警察署長の許可にかからしめ，無許可で演説などの為め人寄をしたものを処罰することは公共の福祉の為め必要であり，この程度の制限を規制した所論道路交通取締法規……は憲法21条に抵触するものとは認められない。」

3　煽動的表現

7-5　食糧緊急措置令違反事件

★★☆☆☆

最大判昭和24・5・18刑集3巻6号839頁

【判　旨】「新憲法の保障する言論の自由は，旧憲法の下において，日本臣民が『法律ノ範囲内ニ於テ』有した言論の自由とは異なり，立法によっても妄りに制限されないものであることは言うまでもない」が「国民はまた，新憲法が国民に保障する基本的人権を濫用してはならないのであって，常に公共の福祉のためにこれを利用する責任を負うのである（憲法12条)」。「新憲法の下における言論の自由といえども，国民の無制約な恣意のまゝに許されるものではなく，常に公共の福祉によって調整されなければなら」ない。「国民が政府の政策を批判し，その失政を攻撃することは，その方法が公安を害せざる限り，言論その他一切の表現の自由に属するであらう。しかしながら，現今における貧困なる食糧事情の下に国家が国民全体の主要食糧を確保するために制定した食糧管理法所期の目的の遂行を期するために定められたる同法の規定に基く命令による主要食糧の政府に対する売渡に関し，これを為さゞることを煽動するが如きは」「国民として負担する法律上の重要な義務の不履行を慫慂し，公共の福祉を害するものであ」り「新憲法の保障する言論の自由の限界を逸脱し，社会生活において道義的に責むべきものであるから，これを犯罪として処罰する法規は新憲法第21条の条規に反するものではない。」

7-6 渋谷暴動事件

★★☆☆☆

最判平成2・9・28刑集44巻6号463頁

【判　旨】「破壊活動防止法39条及び40条のせん動は，政治目的をもって，各条所定の犯罪を実行させる目的をもって，文書若しくは図画又は言動により，人に対し，その犯罪行為を実行する決意を生ぜしめ又は既に生じている決意を助長させるような勢のある刺激を与える行為をすることであるから」「表現活動としての性質を有している。しかしながら，表現活動といえども，絶対無制限に許容されるものではなく，公共の福祉に反し，表現の自由の限界を逸脱するときには，制限を受けるのはやむを得ないものであるところ，右のようなせん動は，公共の安全を脅かす現住建造物等放火罪，騒擾罪等の重大犯罪をひき起こす可能性のある社会的に危険な行為であるから，公共の福祉に反し，表現の自由の保護を受けるに値しないものとして，制限を受けるのはやむを得ないものというべきであり，右のようなせん動を処罰することが憲法21条1項に違反するものでないことは，当裁判所大法廷の判例〔 **7-5** （食糧緊急措置令違反事件)， **7-7** （『チャタレー夫人の恋人』事件)， **7-8** （『悪徳の栄え』事件)， **11-20** （全農林警職法事件）ほか〕の趣旨に徴し明らかであ」る。

4　性表現

7-7　『チャタレー夫人の恋人』事件

★★★★★

最大判昭和32・3・13刑集11巻3号997頁

【事　実】　X_1はX$_2$に依頼してイギリスの文学界で高い評価を受けているD・H・ロレンスの長編小説『チャタレー夫人の恋人』を翻訳し，その内容に露骨な性的描写が含まれることを知りつつ出版したところ，刑法175条の定める猥褻文書の頒布販売罪にあたるとして，X_2とともに起訴された。1審はX_1有罪，X_2無罪。2審はX_1・X_2ともに有罪。X_1・X_2が上告。

【判　旨】　上告棄却。①**わいせつの定義**　刑法175条の猥褻文書について，「大審院の判例は『性欲を刺戟興奮し又は之を満足せしむべき文書図画その他一切の物品を指称し，従って猥褻物たるには人をして羞恥嫌悪の感念を生ぜしむるものたることを要する』ものとしており〔例えば大判大正7・6・10〕，また最高裁判所の判決は『徒らに性欲を興奮又は刺戟せしめ，且つ普通人の正常な性的羞恥心を害し，善良な性的道義観念に反するものをいう』としている〔最判昭和26・5・10〕。……我々もまたこれらの判例を是認するものである。」「およそ人間が……羞恥感情を有することは，人間を動物と区別するところの本質的特徴の一つであ」り，「普遍的な道徳の基礎を形成するものである。」「性欲はそれ自体として悪ではな」いが，「人間の中に存する精神的面即ち人間の品位がこれに対し反撥を感ずる。これすなわち羞恥感情であ」り「人間に関する限り，性行為の非公然性は，人間性に由来するところの羞恥感情の当然の発露である。かような羞恥感情は尊重されなければなら」ない。②**保護法益**　「法は単に社会秩序の維持に関し重要な意義をもつ道徳すなわち『最少限度の道徳』だけを自己の中に取り入れ，それが実現を企図するのである。……性道徳に関しても法はその最少限度を維持することを任務とする。そして刑法175条が猥褻文書の頒布販売を犯罪として禁止しているのも，かような趣旨に出ている」。③**判断の基準**　「著作自体が刑法175条の猥褻文書にあたるかどうかの判断は，当該著作についてなされる事実認定の問題でなく，法解釈の問題である。……この著作が一般読者に与える興奮，刺戟や読者のいだく羞恥感情の程度といえども，裁判所が判断すべきものである。そして裁判所が右の判断をなす場合の規準は，一般社会において行われている良識すなわち社会通念である。この社会通念は，『個々人の認識の集合又はその平均値でなく，これを超えた集団意識であり，個々人がこれに反する認識をもつことによって否定するものでない』……。かような社会通念が如何なるものであるかの判断は，現制度の下においては裁判官に委ねられているのである。」「性に関するかような社会通念の変化が存在しまた現在かような変化が行われつつあるにかかわらず，超ゆべからざる限界としていずれの社会においても認められまた一般的に守られている規範が存在することも否定できない。それは前に述べた性行為の非公然性の原則である。……かりに一歩譲って相当多数の国民層の倫理的感覚が麻痺しており，真に猥褻なものを猥褻と認めないとしても，裁判所は良識をそなえた健全な人間の観念である社会通念の規範に従って，社会を道徳的頽廃から守らなければならない。けだし法と裁判とは社会的現実を必ずしも常に肯定するものではなく，病弊堕落に対して批判的態度を以て臨み，臨床医的役割を演じなければならぬのである。」④**わいせつ性の判断**「本訳書の性的場面の描写は，社会通念上認容された限界を超えているものと認められる」。「本書が全体として芸術的，思想的作品であり，その故に英文学界において相当の高い評価を受けていることは上述のごとくである。本書の芸術性はその全部についてばかりでなく，検察官が指摘した12箇所に及ぶ性的描写の部分についても認め得られないではない。しかし芸術性と猥褻性とは別異の次元に属する概念であり，両立し得ないものではない。」「芸術的面においてすぐれた作品であっても，これと次元を異にする道徳的，法的面において猥褻性をもっているものと評価されることは不可能ではない」。「猥褻性の存否は純客観的に，つまり作品自体からして判断されなければならず，作者の主観的意図によって影響さるべきものではない。」

7-8 『悪徳の栄え』事件

★☆☆☆☆

最大判昭和44・10・15刑集23巻10号1239頁

【判　旨】 当裁判所大法廷判決（7-7〔『チャタレー夫人の恋人』事件〕）によれば，「芸術的・思想的価値のある文書であっても，これを猥褻性を有するものとすることはなんらさしつかえのないものと解せられる」が，「文書の個々の章句の部分は，全体としての文書の一部として意味をもつものであるから，その章句の部分の猥褻性の有無は，文書全体との関連において判断されなければならないものである。したがって，特定の章句の部分を取り出し，全体から切り離して，その部分だけについて猥褻性の有無を判断するのは相当でない」。

＊多数意見は，原判決は特定の章句の部分を内容全体との関連において考察し猥褻と判断したものであり，正当とした。横田正俊ほか５裁判官による反対意見がある。

7-9 『四畳半襖の下張』事件

★★☆☆☆

最判昭和55・11・28刑集34巻6号433頁

【判　旨】「わいせつ性の判断にあたっては，当該文書の性に関する露骨で詳細な描写叙述の程度とその手法，右描写叙述の文書全体に占める比重，文書に表現された思想等と右描写叙述との関連性，文書の構成や展開，さらには芸術性・思想性等による性的刺激の緩和の程度，これらの観点から該文書を全体としてみたときに，主として，読者の好色的興味にうったえるものと認められるか否かなどの諸点を検討することが必要であり，これらの事情を総合し，その時代の健全な社会通念に照らして，それが『徒らに性欲を興奮又は刺激せしめ，かつ，普通人の正常な性的羞恥心を害し，善良な性的道義観念に反するもの』〔7-7（『チャタレー夫人の恋人』事件）参照〕といえるか否かを決すべきである。」「本件『四畳半襖の下張』は，男女の性的交渉の情景を扇情的な筆致で露骨，詳細かつ具体的に描写した部分が量的質的に文書の中枢を占めており，その構成や展開，さらには文芸的，思想的価値などを考慮に容れても，主として読者の好色的興味にうったえるものと認められるから，以上の諸点を総合検討したうえ，本件文書が刑法175条にいう『わいせつの文書』にあたると認めた原判断は，正当である」。

7-10 メイプルソープ事件

★★☆☆☆

最判平成20・2・19民集62巻2号445頁

【判　旨】「我が国において既に頒布され，販売されているわいせつ表現物を税関検査による輸入規制の対象とすることが憲法21条1項の規定に違反するものではないことも，上記大法廷判決〔7-1（札幌税関事件)〕の趣旨に徴して明らかである。」「本件各写真は……男性性器を直接的，具体的に写し，これを画面の中央に目立つように配置したもので……当該描写の手法，当該描写が画面全体に占める比重，画面の構成などからして，いずれも性器そのものを強調し，その描写に重きを置くものとみざるを得ない」が，「メイプルソープは，肉体，性，裸体という人間の存在の根元にかかわる事象をテーマとする作品を発表し……現代美術の第一人者として美術評論家から高い評価を得て」おり，「本件写真集は，写真芸術ないし現代美術に高い関心を有する者による購読，鑑賞を想定して……芸術的観点から編集し，構成したもの」で，「本件写真集全体に対して本件各写真の占める比重は相当に低」く，「本件写真集における芸術性など性的刺激を緩和させる要素の存在，本件各写真の本件写真集全体に占める比重，その表現手法等の観点から写真集を全体としてみたときには，本件写真集が主として見る者の好色的興味に訴えるものと認めることは困難といわざるを得」ず，「本件写真集は，本件通知処分当時における一般社会の健全な社会通念に照らして，関税定率法21条1項4号にいう『風俗を害すべき書籍，図画』等に該当するものとは認められない」。

＊本件写真集は，1994（平成6）年に日本で翻訳出版されていた。判決では，輸入禁制品とする通知処分を取り消す一方，国家賠償請求は認容しなかった。なお，アメリカで出版されたメイプルソープの写真集を1992（平成4）年に鑑賞目的で輸入しようとしたところ輸入禁制品として通知された事件では，最高裁は「本件写真集には，その描写の画面全体に占める比重，画面の構成などからして……性器そのものを強調し，性器の描写に重きが置かれているとみざるを得ない写真が含まれており」，「風俗を害すべき書籍，図画」にあたるとしていた（最判平成11・2・23判時1670号3頁）。

7-11 ろくでなし子事件

最判令和2・7・16刑集74巻4号343頁

★★☆☆☆

【事　実】 クリエイターであるXが，①女性器をかたどった石膏に装飾を施したものを展示し，②Xの作品制作に資金を提供した不特定の者および①を購入した者に自己の女性器をスキャンした三次元形状データファイルを頒布したところ，刑法175条違反で起訴された。1審，2審とも，①につき無罪，②につき有罪とした。X上告。

【判　旨】 上告棄却。「行為者によって頒布された電磁的記録又は電磁的記録に係る記録媒体について，芸術性・思想性等による性的刺激の緩和の有無・程度をも検討しつつ，同条のわいせつな電磁的記録又はわいせつな電磁的記録に係る記録媒体に該当するか否かを判断するに当たっては，電磁的記録が視覚情報であるときには，それをコンピュータにより画面に映し出した画像やプリントアウトしたものなど同記録を視覚化したもののみを見て，これらの検討及び判断をするのが相当である。」

5 名誉毀損

7-12 「署名狂やら殺人前科」事件

最判昭和 41・6・23 民集 20 巻 5 号 1118 頁

★☆☆☆☆

【判 旨】「民事上の不法行為たる名誉毀損については，その行為が公共の利害に関する事実に係りもっぱら公益を図る目的に出た場合には，摘示された事実が真実であることが証明されたときは，右行為には違法性がなく，不法行為は成立しないものと解するのが相当であり，もし，右事実が真実であることが証明されなくても，その行為者においてその事実を真実と信ずるについて相当の理由があるときには，右行為には故意もしくは過失がなく，結局，不法行為は成立しないものと解するのが相当である（このことは，刑法 230 条の 2 の規定の趣旨からも十分窺うことができる。）。」

＊判決は，公選による公務員候補者に関する見出し記事の掲載を不法行為と認めなかった。

7-13 「夕刊和歌山時事」事件

最大判昭和 44・6・25 刑集 23 巻 7 号 975 頁

★★★☆☆

【事 実】 X は自らの発行する「夕刊和歌山時事」において，和歌山県内で新聞社を経営する A について「街のダニ A の罪状」または「吸血鬼 A の罪業」と題する連載記事を掲載したところ，名誉毀損（刑法 230 条 1 項）にあたるとして起訴された。1 審，2 審とも有罪。X 上告。

【判 旨】 破棄差戻し。「刑法 230 条ノ 2 の規定は，人格権としての個人の名誉の保護と，憲法 21 条による正当な言論の保障との調和をはかったものというべきであり，これら両者間の調和と均衡を考慮するならば，たとい刑法 230 条ノ 2 第 1 項にいう事実が真実であることの証明がない場合でも，行為者がその事実を真実であると誤信し，その誤信したことについて，確実な資料，根拠に照らし相当の理由があるときは，犯罪の故意がなく，名誉毀損の罪は成立しないものと解するのが相当である。これと異なり，右のような誤信があったとしても，およそ事実が真実であることの証明がない以上名誉毀損の罪責を免れることがないとした当裁判所の前記判例〔最判昭和 34・5・7〕は，これを変更すべきものと認める。」

7-14 「月刊ペン」事件

★★☆☆☆

最判昭和 56・4・16 刑集 35 巻 3 号 84 頁

【判　旨】「私人の私生活上の行状であっても，そのたずさわる社会的活動の性質及びこれを通じて社会に及ぼす影響力の程度などのいかんによっては，その社会的活動に対する批判ないし評価の一資料として，刑法 230 条ノ 2 第 1 項にいう『公共ノ利害ニ関スル事実』にあたる場合があると解すべきである。」「記事は，多数の信徒を擁するわが国有数の宗教団体である A の教義ないしあり方を批判しその誤りを指摘するにあたり，その例証として，同会の B 会長（当時）の女性関係が乱脈をきわめており，同会長と関係のあった女性 2 名が同会長によって国会に送り込まれていることなどの事実を摘示したものである」ところ，「同会長は，同会において，その教義を身をもって実践すべき信仰上のほぼ絶対的な指導者であって，公私を問わずその言動が信徒の精神生活等に重大な影響を与える立場にあったばかりでなく，右宗教上の地位を背景とした直接・間接の政治的活動等を通じ，社会一般に対しても少なからぬ影響を及ぼしていたこと……などの事実が明らかである。このような本件の事実関係を前提として検討すると，被告人によって摘示された B 会長らの前記のような行状は，刑法 230 条ノ 2 第 1 項にいう『公共ノ利害ニ関スル事実』にあたると解するのが相当であって，これを一宗教団体内部における単なる私的な出来事であるということはできない。」よって，これと異なり，公益目的の有無等を問うまでもなく名誉毀損罪の成立を認めた原審および第一審判決を破棄し，差し戻す。

＊差戻審では，1 審，控訴審ともに真実性の証明がないとして名誉毀損の成立が認められた。

7-15 公正な論評の法理

★★☆☆☆

最判平成元・12・21 民集 43 巻 12 号 2252 頁

【判　旨】「公共の利害に関する事項について自由に批判，論評を行うことは，もとより表現の自由の行使として尊重されるべきものであり，その対象が公務員の地位における行動である場合には，右批判等により当該公務員の社会的評価が低下することがあっても，その目的が専ら公益を図るものであり，かつ，その前提としている事実が主要な点において真実であることの証明があったときは，人身攻撃に及ぶなど論評としての域を逸脱したものでない限り，名誉侵害の不法行為の違法性を欠くものというべきである。このことは，当裁判所の判例〔7-12（「署名狂やら殺人前科」事件），7-2（「北方ジャーナル」事件），7-45（サンケイ新聞意見広告事件）〕の趣旨に徴して明らかであり，ビラを作成配布することも……保護されるべきことに変わりはない。」

＊判決は，本件ビラ配布行為は一般市民の間でも関心事になっていた公共の利害に関する事項についての論評を主題とする意見表明であり，名誉侵害の不法行為の違法性を欠くとする一方で，本件ビラにⅠ審原告らの氏名・住所・電話番号等が記載されており，Ⅰ審原告らが本件ビラ配布行為ののちに電話等で嫌がらせや非難攻撃を受けたことにつき，本件配布行為に起因する人格的利益の侵害を認めた。

7-16 所沢ダイオキシン報道訴訟

★★☆☆☆

最判平成 15・10・16 民集 57 巻 9 号 1075 頁

【判　旨】「新聞記事等の報道の内容が人の社会的評価を低下させるか否かについては，一般の読者の普通の注意と読み方とを基準として判断すべきものであり〔最判昭和 31・7・20〕，テレビジョン放送をされた報道番組の内容が人の社会的評価を低下させるか否かについても……一般の視聴者の普通の注意と視聴の仕方とを基準として判断すべき」で，「テレビジョン放送をされた報道番組によって摘示された事実がどのようなものであるかという点についても，一般の視聴者の普通の注意と視聴の仕方とを基準として判断するのが相当である。」「テレビジョン放送をされる報道番組においては……視聴者は，音声及び映像により次々と提供される情報を瞬時に理解することを余儀なくされ……録画等の特別の方法を講じない限り，提供された情報の意味内容を十分に検討したり，再確認したりすることができない……ことからすると，当該報道番組により摘示された事実がどのようなものであるかという点については，当該報道番組の全体的な構成，……登場した者の発言の内容や，画面に表示されたフリップやテロップ等の文字情報の内容を重視すべきことはもとより，映像の内容，効果音，ナレーション等の映像及び音声に係る情報の内容並びに放送内容全体から受ける印象等を総合的に考慮して，判断すべきである。」この見地に立つと，摘示事実の重要な部分につき真実であることの証明があるということはできない。これと異なる見解に立ち名誉毀損の違法性阻却を認めた原審の一部を破棄し，差し戻す。

7-17 「ロス疑惑」配信記事事件

★★☆☆☆

最判平成 14・1・29 民集 56 巻 1 号 185 頁

【判　旨】「社会の関心と興味をひく私人の犯罪行為やスキャンダルないしこれに関連する事実を内容とする分野における報道については……取材に慎重さを欠いた真実でない内容の報道がまま見られ……一般的にはその報道内容に一定の信頼性を有しているとされる通信社からの配信記事であっても，我が国においては当該配信記事に摘示された事実の真実性について高い信頼性が確立しているということはできない」。よって「新聞社が通信社から配信を受けて自己の発行する新聞紙に掲載した記事が上記のような報道分野のものであり，これが他人の名誉を毀損する内容を有するものである場合には，当該掲載記事が上記のような通信社から配信された記事に基づくものであるとの一事をもってしては，記事を掲載した新聞社が当該配信記事に摘示された事実に確実な資料，根拠があるものと受け止め，同事実を真実と信じたことに無理からぬものがあるとまではいえないのであって，当該新聞社に同事実を真実と信ずるについて相当の理由があるとは認められない」。「仮に，その他の報道分野の記事については，いわゆる配信サービスの抗弁，すなわち，報道機関が定評ある通信社から配信された記事を実質的な変更を加えずに掲載した場合に，その掲載記事が他人の名誉を毀損するものであったとしても，配信記事の文面上一見してその内容が真実でないと分かる場合や掲載紙自身が誤報であることを知っている等の事情がある場合を除き，当該他人に対する損害賠償義務を負わないとする法理を採用し得る余地があるとしても，私人の犯罪行為等に関する報道分野における記事については，そのような法理を認め得るための，配信記事の信頼性に関する定評という一つの重要な前提が欠けている」よって，損害賠償義務がないとした原審の判断の一部を破棄し，差し戻す。

7-18 「東京女子医大」配信記事事件

最判平成23・4・28民集65巻3号1499頁

★☆☆☆☆

【判　旨】「新聞社が通信社を利用して国内及び国外の幅広いニュースを読者に提供する報道システムは，新聞社の報道内容を充実させ，ひいては国民の知る権利に奉仕するという重要な社会的意義を有し，現代における報道システムの一態様として，広く社会的に認知されて」おり，このシステムの下では「通常は，新聞社が通信社から配信された記事の内容について裏付け取材を行うことは予定されておらず，これを行うことは現実には困難である。」「少なくとも，当該通信社と当該新聞社とが……報道主体としての一体性を有すると評価することができるときは，当該新聞社は……当該通信社の取材を当該新聞社の取材と同視することが相当であって，当該通信社が当該配信記事に摘示された事実を真実と信ずるについて相当の理由があるのであれば，当該新聞社が当該配信記事に摘示された事実の真実性に疑いを抱くべき事実があるにもかかわらずこれを漫然と掲載したなど特段の事情のない限り，当該新聞社が自己の発行する新聞に掲載した記事に摘示された事実を真実と信ずるについても相当の理由があるというべきである。」

7-19 個人のWebサイトでの名誉毀損

最決平成22・3・15刑集64巻2号1頁

★☆☆☆☆

【決定要旨】 個人利用者がインターネットに掲載したものが「閲覧者において信頼性の低い情報として受け取られるとは限ら」ず，その情報は「不特定多数のインターネット利用者が瞬時に閲覧可能であり，これによる名誉毀損の被害は時として深刻なものとなり得ること，一度損なわれた名誉の回復は容易ではなく，インターネット上での反論によって十分にその回復が図られる保証があるわけでもない」ため，「インターネットの個人利用者による表現行為の場合においても，他の場合と同様に，行為者が摘示した事実を真実であると誤信したことについて，確実な資料，根拠に照らして相当の理由があると認められるときに限り，名誉毀損罪は成立しないものと解するのが相当」で「より緩やかな要件で同罪の成立を否定すべきものとは解されない。」

6　プライバシー

7-20 『宴のあと』事件

★★★☆☆

東京地判昭和 39・9・28 下民集 15 巻 9 号 2317 頁

【控訴後 X の訴訟承継人との間で和解】

【事　実】 小説家である Y は，大臣経験者である X とその妻をモデルとして，X の東京都知事選出馬をめぐる周知の事実に着想を得て小説『宴のあと』を雑誌に連載し，これを単行本として出版した。X は，Y および出版社らに対し，プライバシーの侵害に基づく損害賠償および謝罪広告の掲載を求める訴えを起こした。

【判　旨】 請求一部認容。「近代法の根本理念の一つであり，また日本国憲法のよって立つところでもある個人の尊厳という思想は，相互の人格が尊重され，不当な干渉から自我が保護されることによってはじめて確実なものとなるのであって，そのためには，正当な理由がなく他人の私事を公開することが許されてはならないことは言うまでもないところである。このことの片鱗はすでに成文法上にも明示されている」。プライバシーの保護に資する「成文法規の存在と前述したように私事をみだりに公開されないという保障が，今日のマスコミュニケーションの発達した社会では個人の尊厳を保ち幸福の追求を保障するうえにおいて必要不可欠なものであるとみられるに至っていることとを合わせ考えるならば，その尊重はもはや単に倫理的に要請されるにとどまらず，不法な侵害に対しては法的救済が与えられるまでに高められた人格的な利益であると考えるのが正当であり，それはいわゆる人格権に包摂されるものではあるけれども，なおこれを一つの権利と呼ぶことを妨げるものではないと解するのが相当である。」「プライバシーの侵害に対し法的な救済が与えられるためには，公開された内容が（イ）私生活上の事実または私生活上の事実らしく受け取られるおそれのあることがらであること，（ロ）一般人の感受性を基準にして当該私人の立場に立った場合公開を欲しないであろうと認められることがらであること，換言すれば一般人の感覚を基準として公開されることによって心理的な負担，不安を覚えるであろうと認められることがらであること，(ハ) 一般の人々に未だ知られていないことがらであることを必要とし，このような公開によって当該私人が実際に不快，不安の念を覚えたことを必要とするが，公開されたところが当該私人の名誉，信用というような他の法益を侵害するものであることを要しないのは言うまでもない。」「言論，表現等の自由の保障とプライバシーの保障とは一般的にはいずれが優先するという性質のものではなく，言論，表現等は他の法益すなわち名誉，信用などを侵害しないかぎりでその自由が保障されているものである。このことはプライバシーとの関係でも同様であるが，ただ公共の秩序，利害に直接関係のある事柄の場合とか社会的に著名な存在である場合には，ことがらの公的性格から一定の合理的な限界内で私生活の側面でも報道，論評等が許されるにとどまり，たとえ報道の対象が公人，公職の候補者であっても，無差別，無制限に私生活を公開することが許されるわけではない。」

＊判決は，損害賠償の請求のみを認容し，謝罪広告の掲載は認めなかった。

7-21 ノンフィクション『逆転』事件

★★★☆☆

最判平成6・2・8民集48巻2号149頁

【事　実】 Yは，1964（昭和39）年に当時アメリカ統治下にあった沖縄で，Xらを被告人とする刑事裁判の陪審を務め，その経験に基づき，1977（昭和52）年にノンフィクション『逆転』を執筆・刊行した。同著作にはXの実名が使用されていたため，Xは，前科にかかる事実の公表により精神的苦痛を被ったとしてYに対して損害賠償を求めた。1審・2審とも請求認容。Y上告。

【判　旨】 上告棄却。「前科等にかかわる事実については，これを公表されない利益が法的保護に値する場合があると同時に，その公表が許されるべき場合もあるのであって，ある者の前科等にかかわる事実を実名を使用して著作物で公表したことが不法行為を構成するか否かは，その者のその後の生活状況のみならず，事件それ自体の歴史的又は社会的な意義，その当事者の重要性，その者の社会的活動及びその影響力について，その著作物の目的，性格等に照らした実名使用の意義及び必要性をも併せて判断すべきもので，その結果，前科等にかかわる事実を公表されない法的利益が優越するとされる場合には，その公表によって被った精神的苦痛の賠償を求めることができるものといわなければならない。」「本件事件及び本件裁判から本件著作が刊行されるまでに12年余の歳月を経過しているが，その間，被上告人〔X〕が社会復帰に努め，新たな生活環境を形成していた事実に照らせば，被上告人は，その前科にかかわる事実を公表されないことにつき法的保護に値する利益を有していたことは明らか」で，被上告人は「無名の一市民として生活していたのであって，公的立場にある人物のようにその社会的活動に対する批判ないし評価の一資料として前科にかかわる事実の公表を受忍しなければならない場合ではない。」「本件著作は，陪審制度の長所ないし民主的な意義を訴え，当時のアメリカ合衆国の沖縄統治の実態を明らかにしようとすることを目的とするもの」だったというが，「その目的を考慮しても，本件事件の当事者である被上告人について，その実名を明らかにする必要があったとは解されない。」「以上を総合して考慮すれば，本件著作が刊行された当時，被上告人は，その前科にかかわる事実を公表されないことにつき法的保護に値する利益を有していたところ，本件著作において，上告人が被上告人の実名を使用して右の事実を公表したことを正当とするまでの理由はないといわなければならない。そして，上告人が本件著作で被上告人の実名を使用すれば，その前科にかかわる事実を公表する結果になることは必至であって，実名使用の是非を上告人が判断し得なかったものとは解され」ず，「上告人は，被上告人に対する不法行為責任を免れない」。

7-22 『石に泳ぐ魚』事件

★☆☆☆☆

最判平成14・9・24判時1802号60頁

【判　旨】 「原審の確定した事実関係によれば，公共の利益に係わらない被上告人のプライバシーにわたる事項を表現内容に含む本件小説の公表により公的立場にない被上告人の名誉，プライバシー，名誉感情が侵害されたものであって，本件小説の出版等により被上告人に重大で回復困難な損害を被らせるおそれがある」。よって「人格権としての名誉権等に基づく被上告人の各請求を認容した判断に違法はなく，この判断が憲法21条1項に違反するものでないことは，当裁判所の判例〔7-13（「夕刊和歌山時事」事件），7-2（「北方ジャーナル」事件）〕の趣旨に照らして明らかである。」

＊原審確定事実によれば，本件小説では，小説のモデルである被上告人の顔面の腫瘍につき「通常人が嫌う生物や原形を残さない水死体の顔などに例えて描写するなどか

烈な表現がされている」。

7-23　事件報道と肖像権

★★☆☆☆

最判平成17・11・10民集59巻9号2428頁

【判　旨】「人は，みだりに自己の容ぼう等を撮影されないということについて法律上保護されるべき人格的利益を有する〔4-4（京都府学連事件）〕」が「人の容ぼう等の撮影が正当な取材行為等として許されるべき場合もあ」り，「ある者の容ぼう等をその承諾なく撮影することが不法行為法上違法となるかどうかは，被撮影者の社会的地位，撮影された被撮影者の活動内容，撮影の場所，撮影の目的，撮影の態様，撮影の必要性等を総合考慮して，被撮影者の上記人格的利益の侵害が社会生活上受忍の限度を超えるものといえるかどうかを判断して決すべきである。」「人は，自己の容ぼう等を描写したイラスト画についても，これをみだりに公表されない人格的利益を有する」が，「イラスト画は……作者の主観や技術を反映したものであることを前提とした受け取り方をされるものである」ため，「イラスト画を公表する行為が社会生活上受忍の限度を超えて不法行為法上違法と評価されるか否かの判断に当たっては，写真とは異なるイラスト画の上記特質が参酌されなければならない。」

＊判決は，手錠・腰縄を付けた状態を隠し撮りした写真につき，撮影の態様が相当でなく必要性も認められないとして受忍限度を超えるとし，手錠・腰縄を付けた状態のイラストについても同様であるとした。

7-24　グーグル検索結果削除請求事件

★★★☆☆

最決平成29・1・31民集71巻1号63頁

【事　実】Xは，インターネット上でYが提供する検索サービスにおいて，検索語としてXの氏名および住所の県名を入力して検索すると，検索結果として，自らの犯罪歴（Xは2011〔平成23〕年に児童買春罪により逮捕され，罰金刑を受けている）が書き込まれたURLならびに当該ウェブサイトの表題および抜粋（以下，「URL等情報」という）が複数表示されることについて，人格権に基づき，Yに対し検索結果の削除を求める仮処分を申し立て，削除の保全命令を得た。保全抗告審は命令を認可，許可抗告審は決定を取り消したため，X が特別抗告。

【決定要旨】 抗告棄却。「個人のプライバシーに属する事実をみだりに公表されない利益は，法的保護の対象となるというべきである」。「他方，検索事業者は，インターネット上のウェブサイトに掲載されている情報を網羅的に収集してその複製を保存し，同複製を基にした索引を作成するなどして情報を整理し，利用者から示された一定の条件に対応する情報を同索引に基づいて検索結果として提供するものであるが，この情報の収集，整理及び提供はプログラムにより自動的に行われるものの，同プログラムは検索結果の提供に関する検索事業者の方針に沿った結果を得ることができるように作成されたものであるから，検索結果の提供は検索事業者自身による表現行為という側面を有する。」「検索事業者が，ある者に関する条件による検索の求めに応じ，その者のプライバシーに属する事実を含む記事等が掲載されたウェブサイトの URL 等情報を検索結果の一部として提供する行為が違法となるか否かは，当該事実の性質及び内容，当該 URL 等情報が提供されることによってその者のプライバシーに属する事実が伝達される範囲とその者が被る具体的被害の程度，その者の社会的地位や影響力，上記記事等の目的や意義，上記記事等が掲載された時の社会的状況とその後の変化，上記記事等において当該事実を記載する必要性など，当該事実を公表されない法的利益と当該 URL 等情報を検索結果として提供する理由に関する諸事情を比較衡量して判断すべきもので，その結果，当該事実を公表されない法的利益が優越することが明らかな場合には，検索事業者に対し，当該 URL 等情報を検索結果から削除することを求めることができるものと解するのが相当である。」本件については，事実を公表されない法的利益が優越することが明らかであるとはいえず，抗告人の申立てを却下した原審の判断は是認できる。

＊最決平成 30・1・30 は，10 年以上前の詐欺罪による逮捕の事実を含む URL 等情報の削除請求を認めないとした原審を維持している。

7-25 少年犯罪の推知報道

★☆☆☆☆

最判平成 15・3・14 民集 57 巻 3 号 229 頁

【判　旨】 少年法 61 条に違反する推知報道か否かは，「不特定多数の一般人がその者を当該事件の本人であると推知することができるかどうかを基準にして判断すべきところ，本件記事は，被上告人について，当時の実名と類似する仮名が用いられ，その経歴等が記載されているものの，被上告人と特定するに足りる事項の記載はないから，被上告人と面識等のない不特定多数の一般人が，本件記事により，被上告人が当該事件の本人であることを推知することができるとはいえ」ず，「少年法61条の規定に違反するものではない。」

＊2審は，本件記事が少年法61条に反するとし，同条に違反する推知報道が免責されるには「少年のプライバシー等の権利を守る利益よりも明らかに優先する社会的利益があるという特別の事情が存在することが必要」としていた（1審の結論維持）。

なお，2021（令和3）年の少年法改正により，18歳および19歳のときに犯した罪によって公訴を提起された場合には，原則，61条の適用が除外されることとなった。

7-26 家裁調査官による少年保護事件に関する論文とプライバシー

最判令和2・10・9民集74巻7号1807頁

★★☆☆☆

【判　旨】 家庭裁判所調査官の「調査内容は，少年等のプライバシーに属する情報を多く含んでいる」ため「対外的に公表することは原則として予定されていない」。他方，「本件各公表の目的は重要な公益を図ることにあ」り「精神医学の症例報告を内容とする論文では，一般的に，患者の家族歴，生育・生活歴等も必須事項として正確に記載することが求められ」るため「本件プライバシー情報に係る事実を記載することは本件論文にとって必要なものであった」。「また，本件論文には，対象少年やその関係者を直接特定した記載部分はなく，事実関係の時期を特定した記載部分もな」く，「本件論文に記載された事実関係を知る者が，本件論文を読んだ場合には，その知識と照合することによって対象少年を被上告人と同定し得る可能性はあ」るが「本件論文の読者が対象少年を被上告人と同定し，そのことから被上告人に具体的被害が生ずるといった事態が起こる可能性は相当低かった」。よって「本件プライバシー情報に係る事実を公表されない法的利益がこれを公表する理由に優越するとまではいい難」く，「本件各公表が被上告人のプライバシーを侵害したものとして不法行為法上違法であるということはできない」。

＊不処分から半年後になされた本件公表は少年法の趣旨に抵触するとしつつ，実際には他者により同定されなかったことなどを理由に不法行為の成立を否定した草野耕一裁判官の意見がある。

7　憎悪表現

7-27　憎悪表現に対する救済

★★☆☆☆

京都地判平成25・10・7判時2208号74頁

【2審結論維持（大阪高判平成26・7・8），上告棄却（最決平成26・12・9）】

【判　旨】「裁判所は，人種差別撤廃条約2条1項及び6条の規定を根拠として，法律を同条約の定めに適合するように解釈する責務を負うが……単に人種差別行為がされたというだけでなく，これにより具体的な損害が発生している場合に初めて，民法709条に基づき，加害者に対し，被害者への損害賠償を命ずることができるというにとどまる」。しかし，民法709条に基づき損害賠償を命ずることができる場合には，「人種差別撤廃条約上の責務に基づき，同条約の定めに適合するよう……賠償額の認定を行うべきものと解される。」本件業務妨害・名誉毀損は，「在日朝鮮人に対する差別意識を世間に訴える意図の下，在日朝鮮人に対する差別的発言を織り交ぜてされたものであり，在日朝鮮人という民族的出身に基づく排除であって，在日朝鮮人の平等の立場での人権及び基本的自由の享有を妨げる目的を有するものといえるから，全体として人種差別撤廃条約1条1項所定の人種差別に該当」し，「民法709条所定の不法行為に該当すると同時に，人種差別に該当する違法性を帯び」る。

＊2016（平成28）年にヘイトスピーチ解消法が制定されたが，罰則等を含むものではない。氏名等の公表を含む拡散防止措置を伴う大阪市の条例については，**7-28**（大阪ヘイトスピーチ条例事件）参照。

7-28　大阪ヘイトスピーチ条例事件

★★☆☆☆

大阪地判令和2・1・17判例地方自治468号11頁

【2審結論維持（大阪高判令和2・11・26）】

【判　旨】 条例のいうヘイトスピーチに該当する表現活動には「表現の自由の濫用であって，憲法21条1項の保障する表現の自由の範囲内に属すると認められないものも存する〔**6-1**（謝罪広告事件）ほか参照〕」一方，「諸事情次第では，一応は表現の自由の範囲内に属するというべきものも存する」ため条例のいう「ヘイトスピーチに該当する表現活動がおよそ表現の自由の保障を受けないものであるということはできない」が，表現の自由といえども「公共の福祉による合理的で必要やむを得ない限度の制限を受けることがあり，その制限が前記のような限度のものとして容認されるかどうかは，制限が必要とされる程度と，制限される自由の内容及び性質，これに加えられる具体的制限の態様及び程度等を較量して決せられる〔**3-18**（よど号ハイジャック記事墨塗り事件），**10-5**（成田新法事件）参照〕」ところ，本件「拡散防止措置等は，表現の内容に関する規制を伴うものであるものの……規制を必要とする程度は高く，また，……制限は，表現活動が行われた後に……制裁を伴わない拡散防止措置や……ウェブサイトを管理するプロバイダ等に対する当該氏名の開示を義務付ける規定を伴わない認識等公表を行うといったものにとどまり，しかも，市長が拡散防止措置等を採るに先立ち……学識経験者等により構成される附属機関に対する諮問が予定されて」おり「公共の福祉による合理的で必要やむを得ない限度の制限であるということができる。」

8 営利的表現

7-29 あん摩師等法・灸の適応症広告事件

★★★☆☆

最大判昭和 36・2・15 刑集 15 巻 2 号 347 頁

【事　実】 あん摩師，はり師，きゅう師及び柔道整復師法（当時）7 条 1 項は同項列挙の事項以外の事項を広告に記載することを禁止し，同条 2 項は前項に掲げる事項について広告する際にも施術者の技能，施術方法または経歴に関する事項にわたってはならないと定め，その違反には罰則が設けられているところ，きゅう業を営む X は神経痛等をきゅうの適応症であると記載したビラを配布し，広告したことにより，起訴された。1 審有罪。控訴裁判所により，刑事訴訟規則 247 条，248 条に基づき，最高裁に移送された。

【判　旨】 上告棄却。法が「前記のような制限を設け，いわゆる適応症の広告をも許さないゆえんのものは，もしこれを無制限に許容するときは，患者を吸引しようとするためややもすれば虚偽誇大に流れ，一般大衆を惑わす虞があり，その結果適時適切な医療を受ける機会を失わせるような結果を招来することをおそれたためであって，このような弊害を未然に防止するため一定事項以外の広告を禁止することは，国民の保健衛生上の見地から，公共の福祉を維持するためやむをえない措置として是認されなければなら」ず，憲法 21 条に違反しない。このような広告の制限は「思想及び良心の自由を害するものではな」く憲法 13 条等に違反しない。

＊判決には２つの補足意見と４つの少数意見が付された。垂水克己裁判官の補足意見は，「広告は一の経済的活動であり，財産獲得の手段であるから，きゅう局的には憲法上財産権の制限に関連する強い法律的制限を受けることを免れない性質のもの」であり，「憲法 21 条の『表現の自由』の制限に当るとは考えられない」とする。他方，奥野健一裁判官の少数意見（河村又介裁判官同調）は，「広告が憲法 21 条の表現の自由の保障の範囲に属するか否かは多少の議論の存するところであるが，同条は思想，良心の表現の外事実の報道その他一切の表現の自由を保障しているのであって，広告の如きもこれに包含されるものと解するを相当とする。広告が商業活動の性格を有するからといって同条の表現の自由の保障の外にあるものということができない」とし，「虚偽，誇大にわたる広告のみならず適応症に関する真実，正当な広告までも一切禁止」し，「反する者を刑罰に処する」本法は，「正に不当に表現の自由を制限しているものという外はない」とした。

9　象徴的表現

7-30　日の丸焼却事件

★★☆☆☆

福岡高那覇支判平成 7・10・26 判時 1555 号 140 頁【確定】

【判　旨】　競技会開始式の最中にスコアボード屋上で日の丸旗を焼却した本件行為は，「被告人の主観的意図が存在していたとしても……球場内の観客らにおいて……日の丸旗掲揚反対行動として理解し得たかどうか疑問なしとしない」。「本件行為が象徴的表現行為に該当するとしても，これに適用される器物損壊罪は個人の財産を，建造物侵入罪は私生活の平穏を，業務妨害罪は業務の安全を，それぞれ保護法益とするものであるから，右各罪による規制目的・対象は表現効果に向けられておらず……我々の社会において右のような各法益が十分に保護されることは極めて重要なことというべきであ」り，「各罰則を適用することにより，被告人の表現行為を不当に規制することにはならない。」また，「日の丸旗掲揚反対の表現活動としては言論を中心に様々なことが可能であ」る。よって「仮に象徴的表現行為の法理に従ったとしても，本件行為は象徴的表現行為として不処罰とされるための要件を欠く」。

＊判決は，アメリカで形成された象徴的表現行為の法理が日本の憲法の下で認められるかについては留保しつつも，これを紹介したうえで，本件へのあてはめを行っている。

10　内容中立規制

7-31　大阪市屋外広告物条例違反事件

最大判昭和 43・12・18 刑集 22 巻 13 号 1549 頁

★★☆☆☆

【判　旨】「大阪市屋外広告物条例は，屋外広告物法……に基づいて制定されたもので，右法律と条例の両者相待って，大阪市における美観風致を維持し，および公衆に対する危害を防止するために，屋外広告物の表示の場所および方法ならびに屋外広告物を掲出する物件の設置および維持について必要な規制をしているのであり，本件印刷物の貼付が所論のように営利と関係のないものであるとしても，右法律および条例の規制の対象とされている」。「国民の文化的生活の向上を目途とする憲法の下においては，都市の美観風致を維持することは，公共の福祉を保持する所以であるから，この程度の規制は，公共の福祉のため，表現の自由に対し許された必要且つ合理的な制限と解することができる。」

7-32　ビラ貼り軽犯罪法違反事件

最大判昭和 45・6・17 刑集 24 巻 6 号 280 頁

★☆☆☆☆

【判　旨】「軽犯罪法 1 条 33 号前段は，主として他人の家屋その他の工作物に関する財産権，管理権を保護するために，みだりにこれらの物にはり札をする行為を規制の対象としているものと解すべきところ，たとい思想を外部に発表するための手段であっても，その手段が他人の財産権，管理権を不当に害するごときものは，もとより許されない」。「この程度の規制は，公共の福祉のため，表現の自由に対し許された必要かつ合理的な制限であって，右法条を憲法 21 条 1 項に違反するものということはでき」ない。「右法条にいう『みだりに』とは，他人の家屋その他の工作物にはり札をするにつき，社会通念上相当な理由があると認められない場合を指称するものと解するのが相当」であり「文言があいまいであるとか，犯罪の構成要件が明確でないとは認められない」。

7-33 吉祥寺駅構内ビラ配布事件

★★☆☆☆

最判昭和 59・12・18 刑集 38 巻 12 号 3026 頁

【判　旨】「憲法 21 条 1 項は，表現の自由を絶対無制限に保障したものではなく，公共の福祉のため必要かつ合理的な制限を是認するものであって，たとえ思想を外部に発表するための手段であっても，その手段が他人の財産権，管理権を不当に害するごときものは許されない」。「吉祥寺駅構内において，他の数名と共に，同駅係員の許諾を受けないで乗降客らに対しビラ多数枚を配布して演説等を繰り返したうえ，同駅の管理者からの退去要求を無視して約 20 分間にわたり同駅構内に滞留した被告人 4 名の本件各所為につき，鉄道営業法 35 条及び刑法 130 条後段の各規定を適用してこれを処罰しても憲法 21 条 1 項に違反するものでない」。

＊伊藤正己裁判官の補足意見は，「道路，公園，広場など……パブリック・フォーラムが表現の場所として用いられるときには，所有権や，本来の利用目的のための管理権に基づく制約を受けざるをえないとしても，その機能にかんがみ，表現の自由の保障を可能な限り配慮する必要がある」。私的所有権・管理権に服するものであっても「パブリック・フォーラムたる性質を帯有するときには，表現の自由の保障を無視することができ」ず，「それぞれの具体的状況に応じて，表現の自由と所有権，管理権とをどのように調整するかを判断すべき」と指摘した。

7-34 立看板とパブリック・フォーラム

★☆☆☆☆

最判昭和 62・3・3 刑集 41 巻 2 号 15 頁

【判　旨】「日本共産党の演説会開催の告知宣伝を内容とする……ポスター各 1 枚を針金でくくりつけた被告人の本件所為につき，同条例〔大分県屋外広告物条例〕……の各規定を適用してこれを処罰しても憲法 21 条 1 項に違反するものでない〔7-31（大阪市屋外広告物条例違反事件）ほか参照〕」。

＊伊藤正己裁判官の補足意見は，「ビラやポスターを貼付するに適当な場所や物件は，

道路，公園等とは性格を異にするものではあるが，私のいうパブリック・フォーラム……たる性質を帯びるものともいうことができる。そうとすれば，とくに思想や意見にかかわる表現の規制となるときには，美観風致の維持という公共の福祉に適合する目的をもつ規制であるというのみで，たやすく合憲であると判断するのは速断にすぎる」と指摘した。

7-35 自衛隊官舎ビラ配布事件

最判平成 20・4・11 刑集 62 巻 5 号 1217 頁

★★☆☆☆

【判　旨】 自衛隊官舎の「各号棟の 1 階出入口から各室玄関前までの部分は……建物の一部であり，宿舎管理者の管理に係るものである」から，刑法 130 条にいう「人の看守する邸宅」に当たり，その敷地は「『人の看守する邸宅』の囲にょう地として，邸宅侵入罪の客体になる」。「憲法 21 条 1 項も，表現の自由を絶対無制限に保障したものではなく……思想を外部に発表するための手段であっても，その手段が他人の権利を不当に害するようなものは許されない〔 7-33 （吉祥寺駅構内ビラ配布事件）〕」。「本件では，表現そのものを処罰することの憲法適合性が問われているのではなく，表現の手段すなわちビラの配布のために『人の看守する邸宅』に管理権者の承諾なく立ち入ったことを処罰することの憲法適合性が問われているところ，本件で被告人らが立ち入った場所は，防衛庁の職員及びその家族が私的生活を営む場所である集合住宅の共用部分及びその敷地であり，自衛隊・防衛庁当局がそのような場所として管理していたもので，一般に人が自由に出入りすることのできる場所ではない。……このような場所に管理権者の意思に反して立ち入ることは，管理権者の管理権を侵害するのみならず，そこで私的生活を営む者の私生活の平穏を侵害するものといわざるを得」ず，「本件被告人らの行為をもって刑法 130 条前段の罪に問うことは，憲法 21 条 1 項に違反」しない。

7-36 マンションビラ配布事件

最判平成 21・11・30 刑集 63 巻 9 号 1765 頁

★☆☆☆☆

【判　旨】 本件マンションには管理組合名義でチラシ・パンフレット等の投函を禁ずる旨の張り紙がなされていたところ，被告人が，本件ビラを本件マンションの各住戸に配布するために本件マンションの廊下等共用部分に立ち入った行為は，「本件管理組合の意思に反するものであることは明らかであり，被告人もこれを認識していたものと認められる。」「本件立入り行為の態様は玄関内東側ドアを開けて7階から3階までの本件マンションの廊下等に立ち入ったというものであることなどに照らすと，法益侵害の程度が極めて軽微なものであったということはできず……本件立入り行為について刑法130条前段の罪が成立する」。

＊憲法21条適合性については 7-35 （自衛隊官舎ビラ配布事件）を引用している。

11　取材・報道の自由

7-37 「北海タイムス」事件

★★☆☆☆

最大決昭和33・2・17刑集12巻2号253頁

【決定要旨】「新聞が真実を報道することは，憲法21条の認める表現の自由に属し，またそのための取材活動も認められなければならないことはいうまでもない。しかし，憲法が国民に保障する自由であっても，国民はこれを濫用してはならず，常に公共の福祉のためにこれを利用する責任を負うのであるから（憲法12条），その自由も無制限であるということはできない。そして，憲法が裁判の対審及び判決を公開法廷で行うことを規定しているのは，手続を一般に公開してその審判が公正に行われることを保障する趣旨にほかならないのであるから，たとい公判廷の状況を一般に報道するための取材活動であっても，その活動が公判廷における審判の秩序を乱し被告人その他訴訟関係人の正当な利益を不当に害するがごときものは，もとより許されないところであるといわなければならない。ところで，公判廷における写真の撮影等は，その行われる時，場所等のいかんによっては，前記のような好ましくない結果を生ずる恐れがあるので，刑事訴訟規則215条は写真撮影の許可等を裁判所の裁量に委ね，その許可に従わないかぎりこれらの行為をすることができないことを明らかにしたのであって，右規則は憲法に違反するものではない。」

＊裁判の公開については， 10-22 （遮へい措置・ビデオリンク方式と証人審問権）参照。

7-38 博多駅取材フィルム提出命令事件

★★★★☆

最大決昭和 44・11・26 刑集 23 巻 11 号 1490 頁

【事　実】 1968（昭和 43）年の「博多駅事件」（原子力空母の寄港に反対する学生が，博多駅で警備のために出動していた機動隊員らと衝突した）の際に，警察に特別公務員暴行陵虐罪・公務員職権濫用罪にあたる行為があったとする告発に対し，検察が不起訴処分としたところ，福岡地裁に付審判請求がなされた。同請求事件において，福岡地裁が，テレビ局４社に対し博多駅事件の状況を撮影したフィルム全部の提出を命じたところ，４社は提出命令に対し抗告。高裁の棄却決定を受け，最高裁に特別抗告を行った。

【決定要旨】 抗告棄却。①**報道の自由と取材の自由**「報道機関の報道は，民主主義社会において，国民が国政に関与するにつき，重要な判断の資料を提供し，国民の『知る権利』に奉仕するものである。したがって，思想の表明の自由とならんで，事実の報道の自由は，表現の自由を規定した憲法 21 条の保障のもとにあることはいうまでもない。また，このような報道機関の報道が正しい内容をもつためには，報道の自由とともに，報道のための取材の自由も，憲法 21 条の精神に照らし，十分尊重に値いする」。②**制約**「取材の自由といっても，もとより何らの制約を受けないものではなく，たとえば公正な裁判の実現というような憲法上の要請があるときは，ある程度の制約を受ける」。「公正な刑事裁判を実現することは，国家の基本的要請であり，刑事裁判においては，実体的真実の発見が強く要請されることもいうまでもない。このような公正な刑事裁判の実現を保障するために，報道機関の取材活動によって得られたものが，証拠として必要と認められるような場合には，取材の自由がある程度の制約を蒙ることとなってもやむを得ない」。③**判断枠組み** しかし「このような場合においても，一面において，審判の対象とされている犯罪の性質，態様，軽重および取材したものの証拠としての価値，ひいては，公正な刑事裁判を実現するにあたっての必要性の有無を考慮するとともに，他面において，取材したものを証拠として提出させられることによって報道機関の取材の自由が妨げられる程度およびこれが報道の自由に及ぼす影響の度合その他諸般の事情を比較衡量して決せられるべきであり，これを刑事裁判の証拠として使用することがやむを得ないと認められる場合においても，それによって受ける報道機関の不利益が必要な限度をこえないように配慮されなければならない。」④**本件へのあてはめ** 本件フィルムは「証拠上きわめて重要な価値を有し，被疑者らの罪責の有無を判定するうえに，ほとんど必須のものと認められる」一方で，「すでに放映されたものを含む放映のために準備されたものであり，それが証拠として使用されることによって報道機関が蒙る不利益は，報道の自由そのものではなく，将来の取材の自由が妨げられるおそれがあるというにとどまるものと解されるのであって，付審判請求事件とはいえ，本件の刑事裁判が公正に行なわれることを期するためには，この程度の不利益は，報道機関の立場を十分尊重すべきものとの見地に立っても，なお忍受されなければならない程度のもの」である。

▼コメント▼　本決定を受けて，福岡地裁は放映済みのフィルムのみを差し押さえた。特別公務員暴行陵虐罪・公務員職権濫用罪の付審判請求は，最終的に棄却された。

7-39　日本テレビビデオテープ差押事件

最決平成元・1・30 刑集 43 巻 1 号 19 頁

★☆☆☆☆

【決定要旨】　裁判所の提出命令に関する事案である 7-38 （博多駅取材フィルム提出命令事件）に対し「本件は，検察官の請求によって発付された裁判官の差押許可状に基づき検察事務官が行った差押処分に関する事案であるが，国家の基本的要請である公正な刑事裁判を実現するためには，適正迅速な捜査が不可欠の前提であり，報道の自由ないし取材の自由に対する制約の許否に関しては両者の間に本質的な差異がない」。「同決定（ 7-38 ）の趣旨に徴し，取材の自由が適正迅速な捜査のためにある程度の制約を受けることのあることも，またやむを得ない」。（差押の可否の判断枠組みとして 7-38 判旨③を参照した上で）本件ビデオテープは，「証拠上極めて重要な価値を有し，事件の全容を解明し犯罪の成否を判断する上で，ほとんど不可欠のもの」である一方，「差押当時においては放映のための編集を了し，差押当日までにこれを放映しているのであって，本件差押処分により申立人の受ける不利益は……将来の取材の自由が妨げられるおそれがあるという不利益にとどまる」。

7-40　ＴＢＳビデオテープ差押事件

最決平成 2・7・9 刑集 44 巻 5 号 421 頁

★★☆☆☆

【決定要旨】　「取材の自由も，何らの制約を受けないものではなく，公正な裁判の実現というような憲法上の要請がある場合には，ある程度の制約を受けることがある〔 7-38 (博多駅取材フィルム提出命令事件)〕」。「その趣旨からすると……適正迅速な捜査の遂行という要請がある場合にも，同様に，取材の自由がある程度の制約を受ける場合があ」り，「差押の可否を決するに当たっては，捜査の対象である犯罪の性質，内容，軽重等及び差し押さえるべき取材結果の証拠としての価値，ひいては適正迅速な捜査を遂げるための必要性と，取材結果を証拠として押収されることによって報道機関の報道の自由が妨げられる程度及び将来の取材の自由が受ける影響その他諸般の事情を比較衡量すべきである」。本件ビデオテープは「重要な証拠価値を持つ」一方，「既に放映のための編集を終了し，編集に係るものの放映を済ませて」おり，また「犯罪者の協力により犯行現場を撮影収録したものといえるが，そのような取材を……保護しなければならない必要性は疑わし」く，「将来本件と同様の方法により取材をすることが仮に困難になるとしても，その不利益はさして考慮に値しない」ため，「本件差押は，適正迅速な捜査の遂行のためやむを得ないものであり，申立人の受ける不利益は，受忍すべき」である。

7-41 外務省機密電文漏洩事件——西山記者事件

最決昭和53・5・31刑集32巻3号457頁

★★★☆☆

【事　実】 新聞記者であるXは，外務省職員Aを誘って親密な関係を持ち，Aが依頼を拒みがたい心理状態になったのに乗じて沖縄返還協定締結の交渉過程で行われた会談の内容（非公知の事実）を記した電信文案等を提供させたところ，国家公務員に対し職務上知り得た秘密を漏らすことをそそのかしたとして，国公法111条，109条12号，100条1項違反を理由に起訴された。1審は無罪，2審は有罪。X上告。

【決定要旨】 上告棄却。「報道機関の国政に関する報道は，民主主義社会において，国民が国政に関与するにつき，重要な判断の資料を提供し，いわゆる国民の知る権利に奉仕するものであるから，報道の自由は，憲法21条が保障する表現の自由のうちでも特に重要なものであり，また，このような報道が正しい内容をもつためには，報道のための取材の自由もまた，憲法21条の精神に照らし，十分尊重に値するものといわなければならない〔 7-38 (博多駅取材フィルム提出命令事件)〕。」「報道機関の国政に関する取材行為は，国家秘密の探知という点で公務員の守秘義務と対立拮抗するものであり，時としては誘導・唆誘的性質を伴うものであるから，報道機関が取材の目的で公務員に対し秘密を漏示するようにそそのかしたからといって，そのことだけで，直ちに当該行為の違法性が推定されるものと解するのは相当ではなく，報道機関が公務員に対し根気強く執拗に説得ないし要請を続けることは，それが真に報道の目的からでたものであり，その手段・方法が法秩序全体の精神に照らし相当なものとして社会観念上是認されるものである限りは，実質的に違法性を欠き正当な業務行為というべき」だが，「報道機関といえども，取材に関し他人の権利・自由を不当に侵害することのできる特権を有するものでないことはいうまでもなく」，「その手段・方法が一般の刑罰法令に触れないものであっても，取材対象者の個人としての人格の尊厳を著しく蹂躙する等法秩序全体の精神に照らし社会観念上是認することのできない態様のものである場合にも，正当な取材活動の範囲を逸脱し違法性を帯びるものといわなければならない。」本件取材行為は，「その手段・方法において法秩序全体の精神に照らし社会観念上，到底是認することのできない不相当なもの」で，正当な取材活動の範囲を逸脱している。

＊Xの報道した密約の存在を日本政府は否定し続けていたが，アメリカでは2000（平成12）年に機密解除され，密約に関わる文書の写しが国立公文書館で公開されている。2008（平成20）年，Xらは外務大臣に対し同文書等の開示請求を行ったところ，文書の不存在を理由に不開示決定がなされたため，不開示決定処分取消訴訟を提起した。1審（東京地判平成22・4・9）は請求を認容したが，2審（東京高判平成23・9・29）は請求を棄却，最高裁（最判平成26・7・14）も原審を維持した。

7-42　NHK記者証言拒絶事件

★★★☆☆

最決平成18・10・3民集60巻8号2647頁

【事　実】 NHK記者であるAは複数の取材源から取材をし，米国の法人Xに関わるニュースを報道したところ，Xはこのニュース報道等により金銭上の損害を被ったとして，Xの情報を無権限で開示したYに対し，アメリカで民事訴訟を提起した。アメリカから司法共助の嘱託（証拠調べ）を受けた裁判所がAの証人尋問を行い，本件ニュースの取材源を尋ねたところ，Aは民訴法197条1項3号にいう職業の秘密に関する事項に該当するとして証言を拒絶したため，XはAの証言拒絶の当否について裁判を求めた。1審は証言拒絶を理由があると判断，2審もこれを支持したため，Xが抗告した。

【決定要旨】 抗告棄却。「報道関係者の取材源は，一般に，それがみだりに開示されると，報道関係者と取材源となる者との間の信頼関係が損なわれ，将来にわたる自由で円滑な取材活動が妨げられることとなり，報道機関の業務に深刻な影響を与え以後その遂行が困難になると解されるので，取材源の秘密は職業の秘密に当たる」。「取材源の秘密が保護に値する秘密であるかどうかは，当該報道の内容，性質，その持つ社会的な意義・価値，当該取材の態様，将来における同種の取材活動が妨げられることによって生ずる不利益の内容，程度等と，当該民事事件の内容，性質，その持つ社会的な意義・価値，当該民事事件において当該証言を必要とする程度，代替証拠の有無等の諸事情を比較衡量して決すべきことになる」が，この比較衡量にあたっては取材の自由の意義〔7-38（博多駅取材フィルム提出命令事件)〕を考慮しなくてはならず，「上記のような意義に照らして考えれば，取材源の秘密は，取材の自由を確保するために必要なものとして，重要な社会的価値を有するというべきで……当該報道が公共の利益に関するものであって，その取材の手段，方法が一般の刑罰法令に触れるとか，取材源となった者が取材源の秘密の開示を承諾しているなどの事情がなく，しかも，当該民事事件が社会的意義や影響のある重大な民事事件であるため，当該取材源の秘密の社会的価値を考慮してもなお公正な裁判を実現すべき必要性が高く，そのために当該証言を得ることが必要不可欠であるといった事情が認められない場合には，当該取材源の秘密は保護に値すると解すべきであり，証人は，原則として，当該取材源に係る証言を拒絶することができると解するのが相当であ」り，本件証言拒絶には正当な理由がある。

*石井記者事件（最大判昭和 27・8・6）では，刑訴法に列挙された刑事事件における証言義務の免除が新聞記者に及ぶかが争点となったが，最高裁は，憲法 21 条は「新聞記者に特種の保障を与えたものではない」としてこれを認めなかった。しかしその後，最高裁は，7-38（博多駅取材フィルム提出命令事件）判旨①において，取材の自由は憲法 21 条の精神に照らし，十分尊重に値するとの立場を示した。

7-43　取材の自由と接見交通

★☆☆☆☆

東京高判平成 7・8・10 判時 1546 号 3 頁

上告棄却（平成 10・10・27）

【判　旨】「報道関係者の報道のための取材の自由は憲法 21 条の趣旨に照らして十分に尊重されるべきものであり，個々の国民が取材報道を目的とするメディアと接触を持つ自由についても，それが憲法 21 条の規定によって権利として保障されているものとまではいえないにしても相応の配慮が払われて然るべきものと解される」が，「右のような取材の自由等は，何らの制約も受けないというものではなく，本件におけるような，本来一般人が自由に立ち入ることを許されていない施設である拘置所に在監中の被勾留者に報道関係者が直接面会して取材を行う自由や被勾留者が報道関係者と直接面会して接触を持つ自由といったものまでが，憲法 21 条の趣旨に照らして保障されているものとすることは困難である」。

12　知る権利

7-44　情報公開と知る権利

★★☆☆☆

最判平成 6・1・27 民集 48 巻 1 号 53 頁

【判　旨】 大阪府公文書公開等条例は，非公開事由として，公にすることにより企画調整等事務・交渉等事務に著しい支障を及ぼすおそれのあるもの（8 条 4 号・5 号）および私事に関する情報であって一般に他人に知られたくないと望むことが正当であると認められるもの（9 条 1 号）を定めているところ，知事の交際費のうち，「交際の相手方が識別され得るものは……相手方の氏名等を公表することによって前記のようなおそれがあるとは認められないようなものを除き……公開しないことができる文書に該当」し，また私人である相手方に係るものについては，「原則として，同号〔9 条 1 号〕により公開してはならない文書に該当するというべきである。」

＊1 審は，同条例が「憲法 21 条等に基づく『知る権利』の尊重と，同法 15 条の参政権の実質的確保の理念に則り，それを府政において具現するために制定されたもの」と認めた上で，本件文書は「非公開とすることによってもたらされる弊害及び公開することによって生ずる有用性，公益性が，本件文書を公開することによって生ずるおそれのある支障，弊害を上回って余りあることは明白」であり，「知事という立場にある被告との公的交際の状況を記した文書であり……私生活上の事実を記載したものとはいえない」としていた。

7-45 サンケイ新聞意見広告事件

★★★☆☆

最判昭和 62・4・24 民集 41 巻 3 号 490 頁

【事　実】 政党 A が Y の発行する B 新聞紙上に政党 X を論評する意見広告を掲載したところ，X は，Y に対し，同紙上への反論文の掲載を求め訴えを起こした。1 審，2 審とも X の請求を棄却。X が上告。

【判　旨】 上告棄却。「新聞の記事に取り上げられた者が，その記事の掲載によって名誉毀損の不法行為が成立するかどうかとは無関係に，自己が記事に取り上げられたというだけの理由によって，新聞を発行・販売する者に対し，当該記事に対する自己の反論文を無修正で，しかも無料で掲載することを求めることができるものとするいわゆる反論権の制度は，記事により自己の名誉を傷つけられあるいはそのプライバシーに属する事項等について誤った報道をされたとする者にとっては，機を失せず，同じ新聞紙上に自己の反論文の掲載を受けることができ，これによって原記事に対する自己の主張を読者に訴える途が開かれることになるのであって，かかる制度により名誉あるいはプライバシーの保護に資するものがあることも否定し難いところである。しかしながら，この制度が認められるときは，新聞を発行・販売する者にとっては，原記事が正しく，反論文は誤りであると確信している場合でも，あるいは反論文の内容がその編集方針によれば掲載すべきでないものであっても，その掲載を強制されることになり，また，そのために本来ならば他に利用できたはずの紙面を割かなければならなくなる等の負担を強いられるのであって，これらの負担が，批判的記事，ことに公的事項に関する批判的記事の掲載をちゅうちょさせ，憲法の保障する表現の自由を間接的に侵す危険につながるおそれも多分に存するのである。このように，反論権の制度は，民主主義社会において極めて重要な意味をもつ新聞等の表現の自由……に対し重大な影響を及ぼすものであって，たとえ Y の発行する B 新聞などの日刊全国紙による情報の提供が一般国民に対し強い影響力をもち，その記事が特定の者の名誉ないしプライバシーに重大な影響を及ぼすことがあるとしても，不法行為が成立する場合にその者の保護を図ることは別論として，反論権の制度について具体的な成文法がないのに，反論権を認めるに等しい X 主張のような反論文掲載請求権をたやすく認めることはできないものといわなければならない。」

7-46 ＮＨＫ番組期待権訴訟

★☆☆☆☆

最判平成 20・6・12 民集 62 巻 6 号 1656 頁

【判　旨】 放送内容に対する取材対象者の期待や信頼は，「原則として法的保護の対象とはならない」が，「取材に応ずることにより必然的に取材対象者に格段の負担が生ずる場合において，取材担当者が，そのことを認識した上で，取材対象者に対し，取材で得た素材について，必ず一定の内容，方法により番組中で取り上げる旨説明し，その説明が客観的に見ても取材対象者に取材に応ずるという意思決定をさせる原因となるようなものであったときは，取材対象者が同人に対する取材で得られた素材が上記一定の内容，方法で当該番組において取り上げられるものと期待し，信頼したことが法律上保護される利益となり得るものというべきである。」

＊判決は，本件については原告の主張する期待，信頼は法的保護の対象とはならないとした。なお，1 審は番組制作会社，2 審は番組制作会社および NHK に対する原告らの期待と信頼を法的保護に値するとし，損害賠償を認めていた。

7-47 「生活ほっとモーニング」訂正放送請求事件

★★☆☆☆

最判平成 16・11・25 民集 58 巻 8 号 2326 頁

【判　旨】 「〔放送〕法 4 条 1 項〔当時〕は，真実でない事項の放送について被害者から請求があった場合に，放送事業者に対して訂正放送等を義務付けるものであるが，この請求や義務の性質については，法の全体的な枠組みと趣旨を踏まえて解釈する必要がある。」法 4 条 1 項は，「真実でない事項の放送がされた場合において，放送内容の真実性の保障及び他からの干渉を排除することによる表現の自由の確保の観点から，放送事業者に対し，自律的に訂正放送等を行うことを国民全体に対する公法上の義務として定めたものであって，被害者に対して訂正放送等を求める私法上の請求権を付与する趣旨の規定ではないと解するのが相当である。」「したがって，被害者は，放送事業者に対し，法 4 条 1 項の規定に基づく訂正放送等を求める私法上の権利を有しないというべきである。」

7-48 レペタ法廷メモ訴訟

★★★★☆

最大判平成元・3・8民集43巻2号89頁

【事　実】 アメリカの弁護士資格を持つ原告（ローレンス・レペタ）が，研究のため公判傍聴の際に傍聴席においてメモを取ることの許可を申請したところ，裁判長から拒否の決定を受けたため，同決定は違憲違法であるとして国家賠償請求を行った。なお，司法記者クラブ所属の記者に対してはメモを取ることを許可していた。1審，2審ともに原告の請求を棄却。原告は上告。

【判　旨】 上告棄却。①**情報摂取の自由** 「各人が自由にさまざまな意見，知識，情報に接し，これを摂取する機会をもつことは，その者が個人として自己の思想及び人格を形成，発展させ，社会生活の中にこれを反映させていく上において欠くことのできないものであり，民主主義社会における思想及び情報の自由な伝達，交流の確保という基本的原理を真に実効あるものたらしめるためにも必要であって，このような情報等に接し，これを摂取する自由は，右規定〔憲法21条1項〕の趣旨，目的から，いわばその派生原理として当然に導かれるところである」。「傍聴人が法廷においてメモを取ることは，その見聞する裁判を認識，記憶するためになされるものである限り，尊重に値し，故なく妨げられてはならない」。②**制約範囲** 「情報等の摂取を補助するためにする筆記行為の自由といえども，他者の人権と衝突する場合にはそれとの調整を図る上において，又はこれに優越する公共の利益が存在する場合にはそれを確保する必要から，一定の合理的制限を受けることがあることはやむを得ない」。「右の筆記行為の自由は，憲法21条1項の規定によって直接保障されている表現の自由そのものとは異なるものであるから，その制限又は禁止には，表現の自由に制約を加える場合に一般に必要とされる厳格な基準が要求されるものではない」。「メモを取る行為がいささかでも法廷における公正かつ円滑な訴訟の運営を妨げる場合には，それが制限又は禁止されるべきことは当然である」が，「傍聴人のメモを取る行為が公正かつ円滑な訴訟の運営を妨げるに至ることは，通常はあり得ないのであって，特段の事情のない限り，これを傍聴人の自由に任せるべきであり，それが憲法21条1項の規定の精神に合致する」。③**法廷警察権と裁判長の裁量** 法廷警察権の行使は，「裁判長の広範な裁量に委ねられて然るべきものというべきであるから，その行使の要否，執るべき措置についての裁判長の判断は，最大限に尊重されなければならない」。「当該法廷の具体的状況によつては，傍聴人がメモを取ることをあらかじめ一般的に禁止し，状況に応じて個別的にこれを許可するという取扱いも，傍聴人がメモを取ることを故なく妨げることとならない限り，裁判長の裁量の範囲内の措置として許容される」。**④国賠法上の違法性**　本件事実関係の下では，「メモを取ることが……公正かつ円滑な訴訟の運営の妨げとなるおそれがあったとはいえないのであるから，本件措置は，合理的根拠を欠いた法廷警察権の行使である」が，「本件措置が執られた当時には，法廷警察権に基づき傍聴人がメモを取ることを一般的に禁止して開廷するのが相当であるとの見解も広く採用され，相当数の裁判所において同様の措置が執られて」おり，「国家賠償法１条１項の規定にいう違法な公権力の行使に当たるとまでは，断ずることはできない。」

▼コメント▼　判決後，全国の裁判所の各法廷前に掲示されている「傍聴についての注意」から，メモ禁止の表示が一斉に削除され，メモを取ることは事実上解禁された。

7-49　天皇コラージュ事件

★★☆☆☆

名古屋高金沢支判平成 12・2・16 判時 1726 号 111 頁

【1 審一部請求認容（富山地判平成 10・12・16），上告棄却（最決平成 12・10・27）】

【判　旨】　県立美術館の特別観覧に係る条例等の規定は，「憲法 21 条が保障する表現の自由あるいはそれを担保するための『知る権利』を具体化する趣旨の規定とまで解することは困難である」が，「県立美術館は地方自治法 244 条１項にいう公の施設に当たり，県立美術館が所蔵する美術品を住民が特別観覧することは，公の施設を利用することにほかならないから，県教育委員会は，地方自治法 244 条２項に定める正当な理由がない限り，住民のした特別観覧許可申請を不許可とすることは許されないと解すべきである。」本件図録の閲覧拒否については「県立美術館の管理運営上の支障を生じる蓋然性が客観的に認められる場合には，管理者において，右の美術品の特別観覧許可申請を不許可とし，あるいは図録の閲覧を拒否しても，公の施設の利用の制限についての地方自治法 244 条２項の『正当な理由』があるものとして許される（違法性はない）というべきである」。

＊判決は，特別観覧許可申請の不許可には「正当な理由」があるとした。１審は，条例の定める特別観覧制度を知る権利を具体化する趣旨のものとした上で，不許可処分を違法としていた。

7-50 船橋市図書館図書廃棄事件

★★☆☆☆

最判平成17・7・14民集59巻6号1569頁

【判　旨】「公立図書館は，住民に対して思想，意見その他の種々の情報を含む図書館資料を提供してその教養を高めること等を目的とする公的な場」であり，職員は「独断的な評価や個人的な好みにとらわれることなく，公正に図書館資料を取り扱うべき職務上の義務を負う」もので，「閲覧に供されている図書について，独断的な評価や個人的な好みによってこれを廃棄することは，図書館職員としての基本的な職務上の義務に反する」。他方，公立図書館は「閲覧に供された図書の著作者にとって，その思想，意見等を公衆に伝達する公的な場でもあ」り，職員が「閲覧に供されている図書を不公正な取扱いによって廃棄することは，当該著作者が著作物によってその思想，意見等を公衆に伝達する利益を不当に損なうもの」で，「思想の自由，表現の自由が憲法により保障された基本的人権であることにもかんがみると……上記利益は，法的保護に値する人格的利益であ」り，「公立図書館の図書館職員である公務員が，図書の廃棄について，基本的な職務上の義務に反し，著作者又は著作物に対する独断的な評価や個人的な好みによって不公正な取扱いをしたときは，当該図書の著作者の上記人格的利益を侵害するものとして国家賠償法上違法となる」。上告人ら（本件図書の著作者）は本件破棄により上記人格的利益を違法に侵害されたものというべきで，これと異なる見解に立ち上告人らの請求を棄却した原審の判断を破棄し，差し戻す。

＊太地町立くじらの博物館事件（和歌山地判平成28・3・25）では，博物館による入館拒否が情報摂取行為の制限になるか否かが争点の１つとなった。

7-51 ９条俳句不掲載事件

★★☆☆☆

東京高判平成30・5・18判時2395号47頁

【1審請求認容（さいたま地判平成29・10・13），上告棄却（最決平成30・12・20）】

【判　旨】「公民館は，住民の教養の向上，生活文化の振興，社会福祉の増進に寄与すること等を目的とする公的な場」であり，「職員は，公民館が上記の目的・役割を果たせるように，住民の公民館の利用を通じた社会教育活動の実現につき，これを公正に取り扱うべき職務上の義務を負う」。「公民館の職員が，住民の公民館の利用を通じた社会教育活動の一環としてなされた学習成果の発表行為につき，その思想，信条を理由に他の住民と比較して不公正な取扱いをしたときは，その学習成果を発表した住民の思想の自由，表現の自由が憲法上保障された基本的人権であり，最大限尊重されるべきものであることからすると，当該住民の人格的利益を侵害するものとして国家賠償法上違法となる〔7-50（船橋市図書館図書廃棄事件）〕。」本件掲載拒否行為によって1審原告の人格的利益は違法に侵害されたというべきである。

＊1審は，学習成果の発表ではなく，「たより」に掲載されるという原告の期待を法的保護に値する人格的利益とした上で，公民館およびその職員らが原告の思想や信条を理由とするなど不公正な取扱いをしたことによりそれが侵害されたと判断していた。

13　地方議会議員の政治活動

7-52　府中市議会議員政治倫理条例事件

★★★☆☆

最判平成26・5・27判時2231号9頁

【事　実】府中市議会議員政治倫理条例は，議員の2親等以内の親族が経営する企業は市の工事等の請負契約等を辞退しなければならず（4条1項），当該議員は当該企業の辞退届を徴して提出するよう努めなければならない（同条3項）旨を規定し，これに違反する疑いがあるときは審査請求を受けて審査委員会が審査し，議長が結果を公表するものとされる（9条1項）。この手続により審査請求および審査結果の公表をされた議員Xが国家賠償請求訴訟を提起した。2審は，同規定は憲法21条，22条に反し無効とした。府中市上告。

【判　旨】破棄差戻し。「本件規定が憲法21条1項に違反するかどうかは，2親等規制による議員活動の自由についての制約が必要かつ合理的なものとして是認されるかどうかによるものと解されるが，これは，その目的のために制約が必要とされる程度と，制約される自由の内容及び性質，具体的な制約の態様及び程度等を較量して決するのが相当である〔3-18（よど号ハイジャック記事墨塗り事件），10-5（成田新法事件）参照〕」ところ，本件規制の目的は正当であり，また，「議員が実質的に経営する企業であるのにその経営者を名目上2親等以内の親族とするなどして地方自治法92条の2の規制の潜脱が行われるおそれや，議員が2親等以内の親族のために当該親族が経営する企業に特別の便宜を図るなどして議員の職務執行の公正が害されるおそれがあることは否定し難く」，「2 親等内親族企業が……工事等を受注することは，それ自体が議員の職務執行の公正さに対する市民の疑惑や不信を招く」。「議員の当該企業の経営への実質的な関与の有無等の事情は……容易に把握し得るものではなく……上記のような事情のみを規制の要件とすると，その規制の目的を実現し得ない結果を招来することになりかねない。」他方，本件条例は「議員に対して 2 親等内親族企業の辞退届を提出するよう努める義務を課すにとどまり，辞退届の実際の提出まで義務付けるものではないから，その義務は議員本人の意思と努力のみで履行し得る性質のもの」であり，不履行の場合には「警告や辞職勧告等の措置を受け，審査会の審査結果を公表されることによって……議員活動の自由についての事実上の制約が生ずることがあり得るが……議員の地位を失わせるなどの法的な効果や強制力を有するものではない。これらの事情に加え，本件条例は地方公共団体の議会の内部的自律権に基づく自主規制としての性格を有しており，このような議会の自律的な規制の在り方についてはその自主的な判断が尊重されるべきものと解されること等も考慮すると，本件規定による……議員活動の自由についての制約は，地方公共団体の民主的な運営におけるその活動の意義等を考慮してもなお，前記の正当な目的を達成するための手段として必要かつ合理的な範囲のもの」で，憲法 21 条 1 項に違反するものではない。

7-53　中津川市議代読拒否事件

★☆☆☆☆

名古屋高判平成 24・5・11 判時 2163 号 10 頁【確定】

【判　旨】「地方議会の議員には，表現の自由（憲法 21 条）及び参政権の一態様として，地方議会等において発言する自由が保障され」，「議会等で発言することは，議員としての最も基本的・中核的な権利」であり，「地方議会が……議員に認められた上記権利，自由を侵害していると認められる場合には，一般市民法秩序に関わるものとして，裁判所法 3 条 1 項にいう『法律上の争訟』にあたる」。「発声障害者である 1 審原告は，議会の本会議のみならず委員会での発言も事実上できない状態が継続」しており，市議会等による代読を認めない等の対応は，「原告の市議会議員としての議会での発言の権利，自由を侵害するものとして，違法な行為であった」。

7-54，7-55

＊1 審は，憲法 13 条・21 条に基づく訴えについては市議会の運営に関する事項であり事柄の性質上司法裁判権が及ばないとする一方，「障害者である故に議会へ参加する権利（参政権）を害された」との主張については裁判所の審判権が及ぶとした。

14　公職選挙法

7-54 公職選挙法による新聞頒布の制限

★☆☆☆☆

最大判昭和 30・2・16 刑集 9 巻 2 号 305 頁

【判　旨】 被告人が印刷した新聞 300 部を「道路上において，氏名不詳の 3 名に手交し，同人等をして同町内に頒布せしめた」ことは，「公職選挙法 148 条 2 項にいう通常の方法で頒布したことにならない」とする原審の判断は「相当であり違法とは認められない。そして公職選挙法 148 条 2 項は，選挙の公正を期するに必要な限度において，新聞紙又は雑誌を選挙運動に使用する方法を規制するに過ぎないのであるから，原審が右判示のような場合を右法条にいう通常の頒布方法でないという解釈をとったからといって，所論のように憲法 21 条にいう出版及び表現の自由の保障に違反するものとはいえない。」

7-55 公職選挙法による文書頒布の制限

★☆☆☆☆

最大判昭和 30・3・30 刑集 9 巻 3 号 635 頁

【判　旨】「憲法 21 条は言論出版等の自由を絶対無制限に保障しているものではなく，公共の福祉のため必要ある場合には，その時，所，方法等につき合理的制限のおのづから存するものである」。「公職選挙法 146 条は，公職の選挙につき文書図画の無制限の頒布，掲示を認めるときは，選挙運動に不当の競争を招き，これが為却って選挙の自由公正を害し，その公明を保持し難い結果を来たすおそれがあると認めて，かかる弊害を防止する為，選挙運動期間中を限り，文書図画の頒布，掲示につき一定の規制をしたのであって，この程度の規制は，公共の福祉のため，憲法上許された必要且つ合理的の制限と解することができる。」

7-56 公職選挙法による事前運動の禁止

★☆☆☆☆

最大判昭和 44・4・23 刑集 23 巻 4 号 235 頁

【判　旨】 常時選挙運動を行うことを許容すると，「不正行為の発生等により選挙の公正を害するにいたるおそれがあるのみならず」，「経済力の差による不公平が生ずる結果となり，ひいては選挙の腐敗をも招来するおそれがある。このような弊害を防止して，選挙の公正を確保するためには，選挙運動の期間を……限定し，かつ，その始期を一定して，各候補者が能うかぎり同一の条件の下に選挙運動に従事し得ることとする必要がある。」公職選挙法 129 条は「右の要請に応えようとする趣旨に出たものであって，選挙が公正に行なわれることを保障することは，公共の福祉を維持する所以であるから……事前運動を禁止することは，憲法の保障する表現の自由に対し許された必要かつ合理的な制限」であり，憲法 21 条に違反しない。

7-57 公職選挙法による戸別訪問の禁止①

★★☆☆☆

最判昭和 56・6・15 刑集 35 巻 4 号 205 頁

【判　旨】「戸別訪問の禁止は，意見表明そのものの制約を目的とするものではなく，意見表明の手段方法のもたらす弊害，すなわち，戸別訪問が買収，利害誘導等の温床になり易く，選挙人の生活の平穏を害するほか，これが放任されれば，候補者側も訪問回数等を競う煩に耐えられなくなるうえに多額の出費を余儀なくされ，投票も情実に支配され易くなるなどの弊害を防止し，もって選挙の自由と公正を確保することを目的としているところ……右の目的は正当であり，それらの弊害を総体としてみるときには，戸別訪問を一律に禁止することと禁止目的との間に合理的な関連性がある」。「戸別訪問の禁止によって失われる利益は，それにより戸別訪問という手段方法による意見表明の自由が制約されることではあるが，それは，もとより戸別訪問以外の手段方法による意見表明の自由を制約するものではなく，単に手段方法の禁止に伴う限度での間接的，付随的な制約にすぎない反面，禁止により得られる利益は，戸別訪問という手段方法のもたらす弊害を防止することによる選挙の自由と公正の確保であるから，得られる利益は失われる利益に比してはるかに大きい」。「公職選挙法 138 条 1 項の規定は，合理的で必要やむをえない限度を超えるものとは認められず，憲法 21 条に違反するものではない。」「このように解することは，意見表明の手段方法を制限する立法について憲法21条との適合性に関する判断を示した……判例〔7-60（猿払事件）〕の趣旨にそうところであ」る。

7-58 公職選挙法による戸別訪問の禁止②

★★☆☆☆

最判昭和56・7・21刑集35巻5号568頁

【判　旨】 期間外の選挙運動を規制する公職選挙法129条，239条1号，戸別訪問を禁止する138条，239条3号の「各規定が憲法前文，15条，21条，14条に違反しないことは，当裁判所の判例〔7-56（公職選挙法による事前運動の禁止）〕の趣旨に徴し明らかであるから，所論は理由がな〔い〕〔7-57（公職選挙法による戸別訪問の禁止①）〕」。

＊伊藤正己裁判官の補足意見は「戸別訪問の禁止がただ一つの方法の禁止にすぎないからといって，これをたやすく合憲であるとすることは適切ではない」としたうえで，先例で示された「諸理由は戸別訪問の禁止が合憲であることの論拠として補足的，附随的なものであり」，より重要な理由として，「選挙運動においては各候補者のもつ政治的意見が選挙人に対して自由に提示されなければならないのではあるが，それは，あらゆる言論が必要最少限度の制約のもとに自由に競いあう場ではなく，各候補者は選挙の公正を確保するために定められたルールに従って運動するものと考えるべき」で「このルールの内容をどのようなものとするかについては立法政策に委ねられている範囲が広く，それに対しては必要最少限度の制約のみが許容されるという合憲のための厳格な基準は適用されない」と指摘した。

7-59 政見放送削除事件

★★☆☆☆

最判平成2・4・17民集44巻3号547頁

【判　旨】 **①不法行為該当性** 「本件削除部分は，多くの視聴者が注目するテレビジョン放送において，その使用が社会的に許容されないことが広く認識されていた身体障害者に対する卑俗かつ侮蔑的表現であるいわゆる差別用語を使用した点で，他人の名誉を傷つけ善良な風俗を害する等政見放送としての品位を損なう言動を禁止した公職選挙法150条の2の規定に違反するものである。そして，右規定は，テレビジョン放送による政見放送が直接かつ即時に全国の視聴者に到達して強い影響力を有していることにかんがみ，そのような言動が放送されることによる弊害を防止する目的で政見放送の品位を損なう言動を禁止したものであるから，右規定に違反する言動がそのまま放送される利益は，法的に保護された利益とはいえず，したがって，右言動がそのまま放送されなかったとしても，不法行為法上，法的利益の侵害があったとはいえないと解すべきである。」②**検閲該当性**「日本放送協会は，行政機関ではなく，自治省行政局選挙部長に対しその見解を照会したとはいえ，自らの判断で本件削除部分の音声を削除してテレビジョン放送をしたのであるから，右措置が憲法21条2項前段にいう検閲に当たらないことは明らか」である。

15　公務員

7-60　猿払事件

★★★★☆

最大判昭和49・11・6刑集28巻9号393頁

【事　実】 北海道宗谷郡猿払村の郵便局に勤務する公務員Xは，労働組合の決定に従い，A党を支持する目的をもって，公営掲示板への掲示を依頼して選挙用ポスターを配布したところ，国公法102条1項に違反したとして同法110条1項19号に基づき起訴された。1審は，「国家公務員の政治活動の制約の程度は，必要最小限度のものでなければならない」とした上で「非管理者である現業公務員でその職務内容が機械的労務の提供に止まるものが勤務時間外に国の施設を利用することなく，かつ職務を利用し，若しくはその公正を害する意図なしで人事院規則14-7，6項13号の行為を行う場合，その弊害は著しく小さ」く，国公法110条1項19号を本件に適用することは違憲と判断し，無罪。2審は原審を維持。検察側が上告。

【判　旨】 破棄自判。①**公務員の政治的行為の禁止**「およそ政治的行為は，行動としての面をもつほかに，政治的意見の表明としての面をも有するものであるから，その限りにおいて，憲法21条による保障を受ける」。「行政の中立的運営が確保され，これに対する国民の信頼が維持されることは，憲法の要請にかなうものであり，公務員の政治的中立性が維持されることは，国民全体の重要な利益にほかなら」ず，「公務員の政治的中立性を損うおそれのある公務員の政治的行為を禁止することは，それが合理的で必要やむをえない限度にとどまるものである限り，憲法の許容するところである」。②**判断基準**「政治的行為の禁止が右の合理的で必要やむをえない限度にとどまるものか否かを判断するにあたっては，禁止の目的，この目的と禁止される政治的行為との関連性，政治的行為を禁止することにより得られる利益と禁止することにより失われる利益との均衡の３点から検討することが必要である。」公務員の政治的中立性が損なわれることで「職務の遂行……に党派的偏向を招くおそれがあり，行政の中立的運営に対する国民の信頼が損われ」，「政治的党派の行政への不当な介入を容易にし，行政の中立的運営が歪められる可能性が一層増大するばかりでなく……行政組織の内部に深刻な政治的対立を醸成し……行政の能率的で安定した運営は阻害され，ひいては……国の政策の忠実な遂行にも重大な支障をきたすおそれがあり……組織の内部規律のみによってはその弊害を防止することができない事態に立ち至る」。「このような弊害の発生を防止し，行政の中立的運営とこれに対する国民の信頼を確保するため，公務員の政治的中立性を損うおそれのある政治的行為を禁止することは……憲法の要請に応え，公務員を含む国民全体の共同利益を擁護するための措置にほかなら」ず，目的は正当である。右弊害防止のため，「公務員の政治的中立性を損うおそれがあると認められる政治的行為を禁止することは，禁止目的との間に合理的な関連性があるものと認められ……その禁止が，公務員の職種・職務権限，勤務時間の内外，国の施設の利用の有無等を区別することなく，あるいは行政の中立的運営を直接，具体的に損う行為のみに限定されていないとしても，右の合理的な関連性が失われるものではない。」上記行為を「意見表明そのものの制約をねらいとしてではなく，その行動のもたらす弊害の防止をねらいとして禁止するときは，同時に……意見表明の自由が制約されることにはなるが，それは，単に行動の禁止に伴う限度での間接的，付随的な制約に過ぎず，かつ，国公法102条１項及び〔人事院〕規則の定める行動類型以外の行為により意見を表明する自由までをも制約するものではなく，他面，禁止により得られる利益は……失われる利益に比してさらに重要なものというべきであり，その禁止は利益の均衡を失するものではない。」規則５項３号，６項13号の政治的行為は，「政治的偏向の強い行動類型に属するものにほかならず……公務員の政治的中立性の維持を損うおそれが強いと認められるものであり，政治的行為の禁止目的との間に合理的な関連性をもつものであることは明白」で，「その行為の禁止は……行動のもたらす弊害の防止をねらいとしたものであって，国民全体の共同利益を擁護するためのものであるから，その禁止により得られる利益とこれにより失われる利益との間に均衡を失」せず，憲法21条に違反しない。**③本件行為の性質**　「当該公務員の管理職・非管理職の別，現業・非現業の別，裁量権の範囲の広狭などは，公務員の政治的中立性を維持することにより行政の中立的運営とこれに対する国民の信頼を確保しようとする法の目的を阻害する点に，差異をもたらすものではな」い。「個々の公務員に対して禁止されている政治的行為が組合活動として行われるときは……弊害は一層増大することとなるのであって，その禁止が解除されるべきいわれは少しもない」。「本件における被告人の行為は……具体的な選挙における特定政党のためにする直接かつ積極的な支援活動であり，政治的偏向の強い典型的な行為というのほかなく，このような行為を放任することによる弊害は，軽微なものであるとはいえない。」④**罰則の合憲性**　国公法違反の「制裁として刑罰をもって臨むことを必要とするか否かは……立法政策の問題であって，〔公務員の政治活動〕の禁止が表現の自由に対する合理的で必要やむをえない制限であると解され，かつ，刑罰を違憲とする特別の事情がない限り，立法機関の裁量によ」る決定を尊重すべきであり，「保護法益の重要性にかんがみるときは，罰則制定の要否及び法定刑についての立法機関の決定がその裁量の範囲を著しく逸脱しているものであるとは認められない。」

7-61　堀越事件

★★★★☆

最判平成24・12・7刑集66巻12号1337頁

【事　実】　社会保険庁職員であり年金審査官として勤務していたX（堀越明男）は，2003（平成15）年衆議院議員総選挙に際し，日本共産党を支持する目的をもって，勤務時間外に，同党機関紙を配布したところ，国家公務員法102条1項およびそれに基づく人事院規則14-7第6項7号・13号の禁止に違反するとして，国家公務員法110条1項19号により起訴された。1審は有罪，2審は，本件配布行為が行政の中立的運営およびこれに対する国民の信頼の確保を侵害すべき危険性は，抽象的なものを含めて全く肯認できないため，本件配布行為に本件罰則規定を適用することは憲法21条1項および31条に反するとして無罪を言い渡した。検察側が上告。

【判　旨】　上告棄却。①**「政治的行為」の限定**　国家公務員法102条1項にいう「『政治的行為』とは，公務員の職務の遂行の政治的中立性を損なうおそれが，観念的なものにとどまらず，現実的に起こり得るものとして実質的に認められるものを指し，同項はそのような行為の類型の具体的な定めを人事院規則に委任したものと解するのが相当である。」②**合憲性の判断枠組み**　本件罰則規定の憲法適合性は本件罰則規定による政治的行為に対する規制が必要かつ合理的なものとして是認されるかどうかによるが，これは「本件罰則規定の目的のために規制が必要とされる程度と，規制される自由の内容及び性質，具体的な規制の態様及び程度等を衡量して決せされるべき」である。③**罰則規定の合憲性**　「本件罰則規定の目的は……公務員の職務の遂行の政治的中立性を保持することによって行政の中立的運営を確保し，これに対する国民の信頼を維持することにあるところ，これは，議会制民主主義に基づく統治機構の仕組みを定める憲法の要請にかなう国民全体の重要な利益というべきであり，公務員の職務の遂行の政治的中立性を損なうおそれが実質的に認められる政治的行為を禁止することは，国民全体の上記利益の保護のためであって，その規制の目的は合理的であり正当なものといえる。他方，本件罰則規定により禁止されるのは……公務員の職務の遂行の政治的中立性を損なうおそれが実質的に認められる政治的行為に限られ，このようなおそれが認められない政治的行為や本規則が規定する行為類型以外の政治的行為が禁止されるものではないから，その制限は必要やむを得ない限度にとどまり，前記の目的を達成するために必要かつ合理的な範囲のものというべきである。」④**本件配布行為の性格**　「本件配布行為は……公務員の職務の遂行の政治的中立性を損なうおそれが実質的に認められるものとはいえない。そうすると，本件配布行為は本件罰則規定の構成要件に該当しないというべきである。」⑤**先例との関係**　先例〔 7-60 （猿払事件)〕は「公務員により組織される団体の活動としての性格を有」し，行為の態様から「公務員が特定の政党の候補者を国政選挙において積極的に支援する行為であることが一般人に容易に認識され得るようなもの」であるため，「当該公務員が管理職的地位になく，その職務の内容や権限に裁量の余地がなく，当該行為が勤務時間外に，国ないし職場の施設を利用せず，公務員の地位を利用することなく行われたことなどの事情を考慮しても，公務員の職務の遂行の政治的中立性を損なうおそれが実質的に認められるものであっ」て，事案が異なる。

▼コメント▼　判旨②では 3-18 （よど号ハイジャック記事墨塗り事件）を引用している。千葉勝美裁判官の補足意見は，判旨①について，いわゆる合憲限定解釈の手法を採用したものではなく「対象となっている本件罰則規定について，憲法の趣旨を十分に踏まえた上で立法府の真に意図しているところは何か，規制の目的はどこにあるか，公務員制度の体系的な理念，思想はどのようなものか，憲法の趣旨に沿った国家公務員の服務の在り方をどう考えるのか等々を踏まえ」た条文の丁寧な解釈を試みたものだとする。なお，同日に判決が下された厚生労働事務官による政党機関誌投函に関する事件（最判平成 24・12・7）では，被告人が管理職的地位にあることなどを理由に，政治的中立性が損なわれるおそれが実質的に生じると判断されている。

7-62 メーデー全逓プラカード事件

最判昭和55・12・23民集34巻7号959頁

★☆☆☆☆

【判　旨】「〔国家公務員〕法102条1項，〔人事院〕規則5項4号，6項13号の規定の違背を理由として法82条の規定により懲戒処分を行うことが憲法21条に違反するものでないことは，当裁判所の判例〔 **7-60** （猿払事件)〕の趣旨に徴して明らかである」。「メーデーにおける集団示威行進に際し約30分間にわたり，『アメリカのベトナム侵略に加担する佐藤内閣打倒』と記載された横断幕を掲げて行進した……被上告人の右行為は特定の内閣に反対する政治的目的を有する文書を掲示したものとして規則5項4号，6項13号に該当し法102条1項に違反するものと解するのが相当である。」

＊本件行為の態様から規則6項13号該当性を否定した環昌一裁判官による反対意見がある。

7-63 反戦自衛官事件

最判平成7・7・6集民176号69頁

★★☆☆☆

【判　旨】「行政の中立かつ適正な運営が確保され，これに対する国民の信頼が維持されることは，憲法の要請にかなうものであり，国民全体の共同の利益にほかならないものというべきところ，自衛隊の任務（〔自衛隊〕法3条）及び組織の特性にかんがみると，隊員相互の信頼関係を保持し，厳正な規律の維持を図ることは，自衛隊の任務を適正に遂行するために必要不可欠であり，それによって，国民全体の共同の利益が確保される」。「このような国民全体の利益を守るために，隊員の表現の自由に対して必要かつ合理的な制限を加えることは，憲法21条の許容するところである」。「自衛官が，その制服や官職を利用し，それによる宣伝効果を狙って，国の政策を公然と批判し，これに従わない態度を明らかにするようなことは……自衛隊の内部に深刻な政治的対立を醸成し，そのため職務の能率的で安定した運営が阻害され，ひいては……国の政策の遂行にも重大な支障を来すおそれがあ」り，「隊員が自衛隊を公然とひぼう中傷することは，隊員相互の信頼関係を破壊し，自衛隊の規律を乱すもの」で，「右の弊害を防止するためにこれを懲戒処分の対象とするときは，上告人らの表現の自由が一定の制約を受けることにはなるが，それは，隊員の身分を保有する限りにおいて，その職務を適正に遂行するために課せられた制約にすぎず，右の弊害の重大さと比較すれば，利益の均衡を失するものとはいえない。」

16　信書の秘密

7-64　信書の秘密

★☆☆☆☆

大阪高判昭和 41・2・26 高刑集 19 巻 1 号 58 頁【確定】

【判　旨】 郵便法 9 条，80 条は，「憲法 21 条の要求に基いて設けられており，憲法は……表現の自由を保障するとともに，その一環として通信の秘密を保護し，もって私生活の自由を保障しようとしている」ため，「郵便法上の信書の秘密は，この憲法の目的に適うよう解釈しなければならない」。「郵便法上の信書には封緘した書状のほか開封の書状，葉書も含まれ，秘密には，これらの信書の内容のほか，その発信人や宛先の住所，氏名等も含まれると解すべきである。」

＊1 審は，郵便局長が，強制捜査によらない警察官の求めに応じて，特定の郵便物につき差出人名等の情報を提供したことは，通信の秘密等で保護された利益を違法に侵害したものであり，不法行為に該当するとした。

7-65　海賊版サイトブロッキング予防請求事件

★★☆☆☆

東京地判平成 31・3・14 裁判所ウェブサイト

【2 審結論維持（東京高判令和 1・10・30)】

【判　旨】 被告である電気通信業者は，知的財産戦略本部・犯罪対策閣僚会議が「運営管理者の特定が困難であり，侵害コンテンツの削除要請すらできない海賊版サイトとして……本件 3 サイトを挙げ，法制度整備が行われるまでの間の臨時的かつ緊急的な措置として，民間事業者による自主的な取組として，本件 3 サイト及びこれと同一とみなされるサイトに限定してブロッキングを行うことが適当と考えられるとした」ことを受け，「準備が整い次第本件ブロッキングを実施すると発表した」ものであり，「現時点において，今後，被告が本件ブロッキングを行う蓋然性が高いとはいえず，本件において，本件ブロッキングの差止めの必要性は認められない」。

＊2審は，ブロッキングを実施した場合には通信の秘密の侵害に該当する可能性があることを認め，児童ポルノ事案と異なり財産権侵害を理由に通信の秘密を制限するにはより慎重な検討が求められるとしつつ，原審の判断を維持した。

17　学問の自由

7-66　東大ポポロ事件

★★★★☆

最大判昭和38・5・22刑集17巻4号370頁

【事　実】 東京大学公認の学生団体・劇団ポポロが大学の許可を得て，松川事件を題材とする演劇会を開催した際に，警察官らが私服で入場券を購入し，潜伏しているのが学生らに発見された。Xを含む学生らは，警察官らの身柄を拘束，警察手帳を取り上げ，謝罪文を書かせた。Xは，暴力行為等処罰法違反で起訴されたが，1審・2審は，Xの行為を，大学自治を防衛するための正当行為と認め，無罪。国が上告。

【判　旨】 破棄差戻し。①**学問の自由と教授の自由**　憲法23条の「学問の自由は，学問的研究の自由とその研究結果の発表の自由とを含むものであって，同条が学問の自由はこれを保障すると規定したのは，一面において，広くすべての国民に対してそれらの自由を保障するとともに，他面において，大学が学術の中心として深く真理を探究することを本質とすることにかんがみて，特に大学におけるそれらの自由を保障することを趣旨としたものである。教育ないし教授の自由は，学問の自由と密接な関係を有するけれども，必ずしもこれに含まれるものではない。しかし，大学については，憲法の右の趣旨と，これに沿って学校教育法52条〔現行83条〕が『大学は，学術の中心として，広く知識を授けるとともに，深く専門の学芸を教授研究』することを目的とするとしていることとに基づいて，大学において教授その他の研究者がその専門の研究の結果を教授する自由は，これを保障されると解するのを相当とする。」②**大学自治**　「大学における学問の自由を保障するために，伝統的に大学の自治が認められている。この自治は，とくに大学の教授その他の研究者の人事に関して認められ」，「また，大学の施設と学生の管理についてもある程度で認められ，これらについてある程度で大学に自主的な秩序維持の権能が認められている。」「大学の施設と学生は，これらの自由と自治の効果として，施設が大学当局によって自治的に管理され，学生も学問の自由と施設の利用を認められるのである。もとより，憲法23条の学問の自由は，学生も一般の国民と同じように享有する。しかし，大学の学生としてそれ以上に学問の自由を享有し，また大学当局の自治的管理による施設を利用できるのは，大学の本質に基づき，大学の教授その他の研究者の有する特別な学問の自由と自治の効果としてである。」③**大学における学生集会**　「大学における学生の集会も，右の範囲において自由と自治を認められるものであって，大学の公認した学内団体であるとか，大学の許可した学内集会であるとかいうことのみによって，特別な自由と自治を享有するものではない。学生の集会が真に学問的な研究またはその結果の発表のためのものでなく，実社会の政治的社会的活動に当る行為をする場合には，大学の有する特別の学問の自由と自治は享有しないといわなければならない。」「本件集会は，真に学問的な研究と発表のためのものでなく，実社会の政治的社会的活動であり，かつ公開の集会またはこれに準じるものであって，大学の学問の自由と自治は，これを享有しないといわなければならない。したがって，本件の集会に警察官が立ち入ったことは，大学の学問の自由と自治を犯すものではない。」

▼コメント▼　差戻し後１審は，警察官の立入りを「集会の自由」の違法な侵害としつつ，暴行の違法性は阻却されず有罪とした。２審は控訴棄却，その上告審は再上告を棄却した。同じく大学自治と警察権の限界が問われた事件に愛知大学事件（名古屋高判昭和45・8・25刑日２巻８号789頁）がある。

なお，松川事件とは，1949（昭和24）年，国鉄東北本線で起きた列車転覆事件であり，大量人員整理に反対する東芝松川工場労働組合および国鉄労働組合の構成員の共同謀議による犯行とされた。組合員ら計20名が逮捕・起訴され，うち５人が死刑判決を受けたが，重要な証拠が捜査機関により隠匿されていたことで，検察官による再上告の後，全員の無罪が確定した。

第8章
精神的自由（3）

1　集団行動の自由

8-1　新潟県公安条例事件

★★★★☆

最大判昭和29・11・24刑集8巻11号1866頁

【事　実】 Xらは，無許可で集団示威運動を指導し，新潟県公安条例違反で起訴された。1審・2審ともに有罪。Xらは，条例の定める集団示威運動等に対する許可制は憲法21条に違反するなどと主張し，上告。

【判　旨】 上告棄却。①**合憲性基準** 「行列行進又は集団示威運動……は……，本来国民の自由とするところであるから，条例においてこれらの行動につき単なる届出制を定めることは格別，そうでなく一般的な許可制を定めてこれを事前に抑制することは，憲法の趣旨に反し許されない……。しかしこれらの行動といえども公共の秩序を保持し，又は公共の福祉が著しく侵されることを防止するため，特定の場所又は方法につき，合理的かつ明確な基準の下に，予じめ許可を受けしめ，又は届出をなさしめてこのような場合にはこれを禁止することができる旨の規定を条例に設けても，これをもって直ちに憲法の保障する国民の自由を不当に制限するものと解することはできない。」「さらにまた，これらの行動について公共の安全に対し明らかな差迫った危険を及ぼすことが予見されるときは，これを許可せず又は禁止することができる旨の規定を設けることも，これをもって直ちに憲法の保障する国民の自由を不当に制限することにはならないと解すべきである。」②**条例の合憲性** 「新潟県条例……を考究してみるに，その1条に，これらの行動について公安委員会の許可を受けないで行ってはならないと定めているが，ここにいう『行列行進又は公衆の集団示威運動』は，その解釈として括弧内に『徒歩又は車輛で道路公園その他公衆の自由に交通することができる場所を行進し又は占拠しようとするもの，以下同じ』と記載されているから，本件条例が許可を受けることを要求する行動とは，右の記載する特定の場所又は方法に関するものを指す趣旨であることが認められる。そしてさらにその1条2項6条及び7条によれば，これらの行動に近似し又は密接な関係があるため，同じ対象とされ易い事項を掲げてこれを除外し，又はこれらが抑制の対象とならないことを厳に注意する規定を置くとともに，その4条1項後段同2項4項を合せて考えれば，条例がその1条によって許可を受けることを要求する行動は，冒頭に述べた趣旨において特定の場所又は方法に関するものに限ることがうかがわれ，またこれらの行動といえども特段の事由のない限り許可することを原則とする趣旨であることが認められる。されば本件条例1条の立言（括弧内）はなお一般的な部分があり，特に4条1項の前段はきわめて抽象的な基準を掲げ，公安委員会の裁量の範囲がいちじるしく広く解されるおそれがあって，いずれも明らかな具体的な表示に改めることが望ましいけれども，条例の趣旨全体を綜合して考察すれば，本件条例は許可の語を用いてはいるが，これらの行動そのものを一般的に許可制によって抑制する趣旨ではなく，上述のように別の観点から特定の場所又は方法についてのみ制限する場合があることを定めたものに過ぎないと解するを相当とする。」

8-2 東京都公安条例事件

★★★☆☆

最大判昭和35・7・20刑集14巻9号1243頁

【事　実】 Xらは，警職法改悪反対を訴える目的で，東京都公安条例に違反し，無許可でデモ行進を指導したことなどを理由に起訴された。1審は，8-1（新潟県公安条例事件）の基準をあてはめ，都条例を違憲とし，Xらを無罪としたため，2審は移送決定（刑訴規則247条）された。

【判　旨】 破棄差戻し。①**実質的かつ有機的考察**「集団行動による思想等の表現は，……現在する多数人の集合体自体の力，つまり潜在する一種の物理的力によって支持されていることを特徴とする。」かような潜在的な力は「きわめて容易に動員され得る性質のもの」なので，「平穏静粛な集団であっても，時に昂奮，激昂の渦中に巻きこまれ，甚だしい場合には一瞬にして暴徒と化し，勢いの赴くところ実力によって法と秩序を蹂躙し，集団行動の指揮者はもちろん警察力を以てしても如何ともし得ないような事態に発展する危険が存在すること，群集心理の法則と現実の経験に徴して明らかである。」したがって，「集団行動による表現の自由に関するかぎり……地方的情況その他諸般の事情を十分考慮に入れ，不測の事態に備え，法と秩序を維持するに必要かつ最小限度の措置を事前に講ずること」はやむを得ない。

いかなる程度の措置が「必要かつ最小限度」であるかは「概念乃至用語のみによって判断すべきでない。またこれが判断にあたっては条例の立法技術上のいくらかの欠陥にも拘泥」せず，「条例全体の精神を実質的かつ有機的に考察」しなければならない。②**条例の合憲性**　本条例は，規定の文面上は許可制を採用しているが，「許可が義務づけられており，不許可の場合が厳格に制限されている」ので，その実質において届出制と異ならない。「本条例中には，公安委員会が集団行動開始日時の一定時間前までに不許可の意思表示をしない場合に，許可があったものとして行動することができる旨の規定が存在しない」が，このことから「本条例が集団行動を一般的に禁止するものと推論」し，「本条例全体を違憲とする」のは「本末を顛倒する」ものである。

8-3　道交法による集団行進の規制 —— エンタープライズ号寄港阻止佐世保闘争事件

最判昭和57・11・16刑集36巻11号908頁

★★★☆☆

【事　実】　Xらは，米原子力空母エンタープライズ号の寄港に抗議する目的で無許可デモ等を行い，道交法違反等の罪で起訴された。1審・2審とも有罪。Xらは，デモ行進につき道路の使用許可を受けることを規定する道交法77条1項4号は憲法21条に違反するとし，上告。

【判　旨】　上告棄却。道交法77条1項4号等の「規定は，『道路における危険を防止し，その他交通の安全と円滑を図り，及び道路の交通に起因する障害の防止に資する』という目的（道交法1条参照）のもとに，道路を使用して集団行進をしようとする者に対しあらかじめ所轄警察署長の許可を受けさせることにしたものであるところ，同法77条2項の規定は，道路使用の許可に関する明確かつ合理的な基準を掲げて道路における集団行進が不許可とされる場合を厳格に制限しており，これによれば，道路における集団行進に対し同条1項の規定による許可が与えられない場合は，当該集団行進の予想される規模，態様，コース，時刻などに照らし，これが行われることにより一般交通の用に供せられるべき道路の機能を著しく害するものと認められ，しかも，同条3項の規定に基づき警察署長が条件を付与することによっても，かかる事態の発生を阻止することができないと予測される場合に限られることになるのであって，右のような場合にあたらない集団行進に対し警察署長が同条1項の規定による許可を拒むことは許されないものと解される。」「前記のような目的のもとに，道路における集団行進に対し右の程度の規制をする道交法77条1項4号……の規定が，表現の自由に対する公共の福祉による必要かつ合理的な制限として憲法上是認されるべきものである」ことは，判例（8-2〔東京都公安条例事件〕，7-31〔大阪市屋外広告物条例違反事件〕，7-32〔ビラ貼り軽犯罪法違反事件〕，7-4〔街頭演説事件〕）の趣旨に徴し明らかである。

2　集会の自由

8-4　集会の自由と公園の管理権――皇居外苑使用不許可事件

最大判昭和28・12・23民集7巻13号1561頁

★★★☆☆

【事　実】 Xは，厚生大臣（当時）に対して，メーデーの集会のために皇居外苑の使用許可を申請したが不許可とされた。Xは，不許可処分が憲法21条等に違反するとして，その取消し等を求めて提訴した。1審は不許可処分を取り消したが，2審は，本訴中に5月1日が経過したため，取消しを求める実益はないとして請求を棄却。X上告。

【判　旨】 上告棄却。①**法律上の利益**　「Xの本訴請求は，同日〔昭和26年5月1日〕の経過により判決を求める法律上の利益を喪失したものといわなければならない。」②**管理権と集会の自由**　「なお，念のため，本件不許可処分の適否に関する当裁判所の意見を附加する。」皇居外苑は，国が直接国民の利用に供した公共福祉用財産（(現行の公共用財産。) 国有財産法3条2項2号）であり，その利用の許否は，それが「公共の用に供せられる目的に副うものである限り，管理権者の単なる自由裁量に属するものではなく，管理権者は，当該公共福祉用財産の種類に応じ，また，その規模，施設を勘案し，その公共福祉用財産としての使命を十分達成せしめるよう適正にその管理権を行使すべき」である。集会のための利用は，「一応同公園が公共の用に供せられている目的に副う使用の範囲内」であり，「その許否は管理権者の単なる自由裁量に委ねられた趣旨と解すべきでな〔い〕」。本件処分は，もし本件申請を許可すれば，外苑全域に約50万人が長時間充満し，公園自体が著しい損壊を受けることが予想され，公園の管理保全に著しい支障を蒙るのみならず，長時間にわたり一般国民の公園としての本来の利用が全く阻害されることになる等を理由としてなされており，管理権の適正な運用を誤るものではない。本件処分は，

「厚生大臣がその管理権の範囲内に属する国民公園の管理上の必要から，本件メーデーのための集会及び示威行進に皇居外苑を使用することを許可しなかったのであって，何ら表現の自由又は団体行動権自体を制限することを目的としたものでないことは明らかである。ただ，厚生大臣が管理権の行使として本件不許可処分をした場合でも，管理権に名を籍り，実質上表現の自由又は団体行動権を制限するの目的に出でた場合は勿論，管理権の適正な行使を誤り，ために実質上これらの基本的人権を侵害したと認められうるに至った場合には，違憲の問題が生じうる」が，本件処分は，「管理権の適正な運用」を誤り，また，「管理権に名を籍りて実質上表現の自由や団体行動権を制限することを目的としたもの」とも認められず，「憲法 21 条及び 28 条違反であるということはできない。」

8-5 集会の自由と市民会館の管理権 —— 泉佐野市民会館事件

最判平成 7・3・7 民集 49 巻 3 号 687 頁

★★★★★

【事　実】 中核派のメンバーを含む X らは，「関西新空港反対全国総決起集会」開催のため，市民会館の使用許可を求めたが，Y 市長は，「公の秩序をみだすおそれがある場合」（市立泉佐野市民会館条例 7 条 1 号）等に該当するとして不許可とした。これに対し，X らは，不許可処分が憲法 21 条等に違反するとして，損害賠償を請求したが，1 審・2 審ともに請求棄却。X ら上告。

【判　旨】 上告棄却。①**集会の自由**　地方自治法 244 条にいう公の施設として，集会の用に供する施設が設けられている場合，「住民は，その施設の設置目的に反しない限りその利用を原則的に認められることになるので，管理者が正当な理由なくその利用を拒否するときは，憲法の保障する集会の自由の不当な制限につながるおそれが生ずることになる。したがって，本件条例 7 条 1 号及び 3 号を解釈適用するに当たっては，本件会館の使用を拒否することによって憲法の保障する集会の自由を実質的に否定することにならないかどうかを検討すべきである」。②**利益較量**　「集会の用に供される公共施設の管理者は，当該公共施設の種類に応じ，また，その規模，構造，設備等を勘案し，公共施設としての使命を十分達成せしめるよう適正にその管理権を行使すべきであって，これらの点からみて利用を不相当とする事由が認められないにもかかわらずその利用を拒否し得るのは，利用の希望が競合する場合のほかは，施設をその集会のために利用させることによって，他の基本的人権が侵害され，公共の福祉が損なわれる危険がある場合に限られるものというべきであり，このような場合には，……その施設における集会の開催が必要かつ合理的な範囲で制限を受けることがある」。その制限が「必要かつ合理的」であるかは「基本的には，基本的人権としての集会の自由の重要性と，当該集会が開かれることによって侵害されることのある他の基本的人権の内容や侵害の発生の危険性の程度等を較量して決せられるべきものである」ことは判例（ 8-4 〔皇居外苑使用不許可事件〕， 7-1 〔札幌税関事件〕， 7-2 〔「北方ジャーナル」事件〕， 10-5 〔第三者所有物没収事件〕）の趣旨に徴して明らかである。「このような較量をするに当たっては，集会の自由の制約は，基本的人権のうち精神的自由を制約するものであるから，経済的自由の制約における以上に厳格な基準の下になされなければならない〔 9-4 （薬事法違憲判決）〕。」③**限定解釈**　「条例７条１号は，『公の秩序をみだすおそれがある場合』を本件会館の使用を許可してはならない事由として規定しているが，同号は，広義の表現を採っているとはいえ，右のような趣旨からして，本件会館における集会の自由を保障することの重要性よりも，本件会館で集会が開かれることによって，人の生命，身体又は財産が侵害され，公共の安全が損なわれる危険を回避し，防止することの必要性が優越する場合をいうものと限定して解すべきであり，その危険性の程度としては……単に危険な事態を生ずる蓋然性があるというだけでは足りず，明らかな差し迫った危険の発生が具体的に予見されることが必要であると解するのが相当である〔 8-1 （新潟県公安条例事件）〕。」そう解する限り，このような規制は「必要かつ合理的なもの」として，憲法 21 条および地方自治法 244 条に違反しない。そして，「右事由の存在を肯認することができるのは，そのような事態の発生が許可権者の主観により予測されるだけではなく，客観的な事実に照らして具体的に明らかに予測される場合でなければならない」。④**本件処分の適否**　「主催者が集会を平穏に行おうとしているのに，その集会の目的や主催者の思想，信条に反対する他のグループ等がこれを実力で阻止し，妨害しようとして紛争を起こすおそれがあることを理由に公の施設の利用を拒むことは，憲法 21 条の趣旨に反するところである。」しかしながら「本件不許可処分は，本件集会の目的やその実質上の主催者と目される中核派という団体の性格そのものを理由とするものではなく，また，Ｙの主観的な判断による蓋然的な危険発生のおそれを理由とするものでもなく，中核派が，本件不許可処分のあった当時，関西新空港の建設に反対して違法な実力行使を繰り返し，対立する他のグループと暴力による抗争を続けてきたという客観的事実からみて，本件集会が本件会館で開かれたならば，本件会館内又はその付近の路上等においてグループ間で暴力の行使を伴う衝突が起こるなどの事態が生じ，その結果，グループの構成員だけでなく，本件会館の職員，通行人，付近住民等の生命，身体又は財産が侵害されるという事態を生ずることが，具体的に明らかに予見されることを理由とするものと認められる。」したがって，本件不許可処分は，憲法 21 条，地方自治法 244 条に違反しない。

8-6　集会に対する妨害行為を理由とする福祉会館の使用不許可――上尾市福祉会館事件

最判平成 8・3・15 民集 50 巻 3 号 549 頁

★☆☆☆☆

【判　旨】「主催者が集会を平穏に行おうとしているのに，その集会の目的や主催者の思想，信条等に反対する者らが，これを実力で阻止し，妨害しようとして紛争を起こすおそれがあることを理由に公の施設の利用を拒むことができるのは……公の施設の利用関係の性質に照らせば，警察の警備等によってもなお混乱を防止することができないなど特別な事情がある場合に限られるものというべきである。」「なお，警察の警備等によりその他の施設の利用客に多少の不安が生ずることが会館の管理上支障が生ずるとの事態に当たるものでないことはいうまでもない。」

＊会館の使用不許可処分は違法と判断された。

8-7　公立学校施設の目的外使用と管理者の裁量権――呉市教研集会事件

最判平成 18・2・7 民集 60 巻 2 号 401 頁

★★☆☆☆

【事　実】 広島県教職員組合 X は，教育研究集会の会場として市立中学校の学校施設の使用を申請した。校長は，職員会議を開いた上，いったんは口頭で許可したものの，その後，Y 市教育委員会から，過去の右翼団体の妨害行動を例に挙げ，使用させない方向で指導されたことを受け，不許可とした。X は，Y 市に対し損害賠償を請求。1 審・2 審とも X の請求を一部認容。Y が上告。

【判　旨】 上告棄却。学校施設の目的外使用の許可は，原則として，管理者の裁量に委ねられている。「学校教育上支障があれば使用を許可することができないことは明らかであるが，そのような支障がないからといって当然に許可しなくてはならないものではなく，行政財産である学校施設の目的及び用途と目的外使用の目的，態様等との関係に配慮した合理的な裁量判断により使用許可をしないこともできる」。しかし，（ア）本件集会は教員らの自主的研修としての側面があること，（イ）本件集会に対する右翼団体による具体的な妨害の動きは，不許可処分の時点でなかったこと，（ウ）集会の要綱には教育行政に対する批判的記載があるが，抽象的な表現にとどまること，（エ）他の公共施設と比較し，利便性に大きな差異があること，（オ）不許可に至る背景には，県教委とXとの対立の激化があったこと等を考慮すると，本件処分は「重視すべきでない考慮要素を重視するなど，考慮した事項に対する評価が明らかに合理性を欠いており，他方，当然考慮すべき事項を十分考慮しておらず」，社会通念に照らし著しく妥当性を欠く。

8-8　都市公園の利用許可と市の協賛・後援――松原市都市公園事件

大阪高判平成29・7・14判時2363号36頁【確定】

★★☆☆☆

【事　実】 松原市（Y）都市公園条例は，管理上の支障がある場合（3条3項3号）を公園の独占利用の不許可事由とするが，市はその審査基準を設け，許可は，市の協賛・後援の許可を受けたものであること等を要件としている。民主商工会Xは，市民健康まつりの実施を計画し，Y市長に対し，Y後援等名義使用の承認と都市公園の使用許可を申請したが，Y市長は，前者につき，Xの宣伝・売名を目的とするとの誤解を招くおそれを理由に不承認とし，後者につき，後援等承認がないことを理由に不許可とした。Xは，本件不許可処分に対して損害賠償を請求，1審は請求を一部認容。Y控訴。

【判　旨】 控訴棄却。「管理上の支障とは，一般市民の自由な随時利用の支障をいうものと解される」が，その判断に当たっては，「公園の全部又は一部を独占使用しようとする申請者の公園の利用目的，内容，期間等と調整する必要」がある。本件審査基準の定める協賛・後援等要件は，「条例3条3項3号そのものから導かれる要件とは必ずしも一致」せず，審査基準は「本来行うべき調整を行わず，使用の許否の判断に当たって考慮すべきでないものを考慮しようとしているものと言わざるを得ない。」

8-9 ★★★★☆ 集会の自由と規制対象の広汎性――広島市暴走族追放条例事件

最判平成19・9・18刑集61巻6号601頁

【事　実】 広島市暴走族追放条例16条1項1号は，「公共の場所において，当該場所の……管理者の……許可を得ないで，公衆に不安又は恐怖を覚えさせるような い集又は集会を行うこと」を「何人」に対しても禁止し，同条例17条は，「前条第1項第1号の行為が，本市の管理する公共の場所において，特異な服装をし，顔面の全部若しくは一部を覆い隠し，円陣を組み，又は旗を立てる等威勢を示すことにより行われたときは，市長は，当該行為者に対し，当該行為の中止又は当該場所からの退去を命ずることができる」とし，命令違反には刑事罰を規定する（同条例19条）。Xは，暴走族のメンバー約40名と共謀し，市が管理する公共広場で，市長の許可を受けずに，特攻服を着用するなどして集会を行った。これが条例17条に該当するとして，上記条例による市長の権限を代行する市職員から，集会の中止・退去命令を受けたが，これに従わず，集会を継続したため，上記命令違反を理由に起訴された。1審・2審有罪。Xは，条例の規制対象の広汎性等を理由に，憲法21条，31条違反を主張して上告。

【判　旨】 上告棄却。①**合憲限定解釈**「本条例は，暴走族の定義において社会通念上の暴走族以外の集団が含まれる文言となっていること，禁止行為の対象及び市長の中止・退去命令の対象も社会通念上の暴走族以外の者の行為にも及ぶ文言となっていることなど，規定の仕方が適切ではなく，本条例がその文言どおりに適用されることになると，規制の対象が広範囲に及び，憲法21条1項及び31条との関係で問題がある」。しかし，「本条例の全体から読み取ることができる趣旨，さらには本条例施行規則の規定等を総合すれば，本条例が規制の対象としている『暴走族』は，本条例2条7号の定義にもかかわらず，暴走行為を目的として結成された集団である本来的な意味における暴走族の外には，服装，旗，言動などにおいてこのような暴走族に類似し社会通念上これと同視することができる集団に限られるものと解され，したがって，市長において本条例による中止・退去命令を発し得る対象も，被告人に適用されている『集会』との関係では，本来的な意味における暴走族及び上記のようなその類似集団による集会が，本条例16条1項1号，17条所定の場所及び態様で行われている場合に限定されると解される。」②**利益衡量**「このように限定的に解釈すれば，本条例16条1項1号，17条，19条の規定による規制は，広島市内の公共の場所における暴走族による集会等が公衆の平穏を害してきたこと，規制に係る集会であっても，これを行うことを直ちに犯罪として処罰するのではなく，市長による中止命令等の対象とするにとどめ，この命令に違反した場合に初めて処罰すべきものとするという事後的かつ段階的規制によっていること等にかんがみると，その弊害を防止しようとする規制目的の正当性，弊害防止手段としての合理性，この規制により得られる利益と失われる利益との均衡の観点に照らし，いまだ憲法 21 条 1 項，31 条に違反するとまではいえない」ことは，判例（**7-60**〔猿払事件〕，**10-5**〔成田新法事件〕）の趣旨に徴して明らかである。

▼コメント▼　藤田宙靖裁判官・田原睦夫裁判官の各反対意見は，多数意見による限定解釈を批判し，本条例 16 条 1 項 1 号，17 条，19 条を違憲無効とする。

第9章

経済的自由

1　職業選択の自由

9-1　医業類似行為事件

★☆☆☆☆

最大判昭和35・1・27刑集14巻1号33頁

【判　旨】「あん摩師，はり師，きゅう師及び柔道整復師法12条が何人も同法1条に掲げるものを除く外，医業類似行為を業としてはならないと規定し，同条に違反した者を同14条が処罰するのは，これらの医業類似行為を業とすることが公共の福祉に反するものと認めたが故にほかならない。ところで，医業類似行為を業とすることが公共の福祉に反するのは，かかる業務行為が人の健康に害を及ぼす虞があるからである。それ故前記法律が医業類似行為を業とすることを禁止処罰するのも人の健康に害を及ぼす虞のある業務行為に限局する趣旨と解しなければならないのであって，このような禁止処罰は公共の福祉上必要であるから前記法律12条，14条は憲法22条に反するものではない。」

9-2　タクシー事業の免許制──白タク営業事件

★☆☆☆☆

最大判昭和38・12・4刑集17巻12号2434頁

【判　旨】 道路運送法が「自動車運送事業の経営を各人の自由になしうるところとしないで免許制をとり，一定の免許基準の下にこれを免許することにしているのは，わが国の交通及び道路運送の実情に照らしてみて，同法の目的とするところに副うものと認められる。ところで，自家用自動車の有償運送行為は無免許営業に発展する危険性の多いものであるから，これを放任するときは無免許営業に対する取締の実効を期し難く，免許制度は崩れ去るおそれがある。それ故に同法101条1項が自家用自動車を有償運送の用に供することを禁止しているのもまた公共の福祉の確保のために必要な制限」である。

9-3 小売市場事件

★★★★☆

最大判昭和 47・11・22 刑集 26 巻 9 号 586 頁

【事　実】 市場経営等を業とする X_1 社の代表者 X_2 は，X_1 社の業務に関し，大阪府知事の許可を受けないで，小売商業調整特別措置法所定の指定区域内において鉄骨モルタル塗平家建 1 棟（店舗数 49）を建設し，小売市場とするために，その建物を，野菜商 4 店舗，生鮮魚介類商 3 店舗を含む 49 店舗の用に供する小売商人に貸し付けた。これが「政令で指定する市……の区域……内の建物については，都道府県知事の許可を受けた者でなければ，小売市場……とするため，その建物の全部又は一部をその店舗の用に供する小売商に貸し付け，又は譲り渡してはならない」と定めた同法 3 条 1 項および同法施行令 1 条，2 条に反するとして，X_1 社および X_2 を起訴。1 審・2 審が有罪としたため，X らが上告。

【判　旨】 上告棄却。①**保護範囲**　憲法 22 条 1 項にいう職業選択の自由は，「営業の自由を保障する趣旨を包含して」おり，「『公共の福祉に反しない限り』において，その自由を享有することができる」。②**積極目的規制の許容性**　「憲法は，全体として，福祉国家的理想のもとに，社会経済の均衡のとれた調和的発展を企図しており，その見地から，すべての国民にいわゆる生存権を保障し，その一環として，国民の勤労権を保障する等，経済的劣位に立つ者に対する適切な保護政策を要請していることは明らかであ」り，「国は，積極的に，国民経済の健全な発達と国民生活の安定を期し，もって社会経済全体の均衡のとれた調和的発展を図るために，立法により，個人の経済活動に対し，一定の規制措置を講ずることも，それが右目的達成のために必要かつ合理的な範囲にとどまる限り，許されるべきであ」る。③**立法裁量**　「社会経済の分野において，法的規制措置を講ずる必要があるかどうか，その必要があるとしても，どのような対象について，どのような手段・態様の規制措置が適切妥当であるか……などを判断するにあたっては，その対象となる社会経済の実態についての正確な基礎資料が必要であり，具体的な法的規制措置が現実の社会経済にどのような影響を及ぼすか，その利害得失を洞察するとともに，広く社会経済政策全体との調和を考慮する等，相互に関連する諸条件についての適正な評価と判断が必要であって，……立法府の政策的技術的な裁量に委ねるほかはなく，裁判所は，立法府の右裁量的判断を尊重するのを建前とし，ただ，立法府がその裁量権を逸脱し，当該法的規制措置が著しく不合理であることの明白である場合に限って，これを違憲として，その効力を否定することができる」。④**あてはめ**　「これを本件についてみると，本法は，……経済的基盤の弱い小売商の事業活動の機会を適正に確保し，かつ，小売商の正常な秩序を阻害する要因を除去する必要があるとの判断のもとに，その一方策として，小売市場の乱設に伴う小売商相互間の過当競争によって招来されるのであろう小売商の共倒れから小売商を保護するためにとられた措置であると認められ，……しかも，本法は，その所定形態の小売市場のみを規制の対象としているにすぎないのであって，……過当競争による弊害が特に顕著と認められる場合についてのみ，これを規制する趣旨であることが窺われる。これらの諸点からみると，本法所定の小売市場の許可規制は，国が社会経済の調和的発展を企図するという観点から中小企業保護政策の一方策としてとった措置ということができ，その目的において，一応の合理性を認めることができないわけではなく，また，その規制の手段・態様においても，それが著しく不合理であることが明白であるとは認められない。」

9-4　薬事法違憲判決

★★★★★

最大判昭和 50・4・30 民集 29 巻 4 号 572 頁

【事　実】 株式会社 X は，店舗での医薬品の一般販売業の許可を申請したところ，広島県知事は，薬事法（当時。改正につき **13-6**〔医薬品ネット販売権訴訟〕参照）26 条において準用する同法 6 条 2 項，4 項，および薬局等の配置の基準を定める条例 3 条の薬局等の適正配置の基準（既設の薬局等の設置場所から概ね 100 m の距離が保たれていること）に適合しないことを理由に不許可処分とした。X が不許可処分の取消しを求めたところ，1 審は不許可処分を取り消したが，2 審は請求を棄却。X は適正配置の許可条件は憲法 22 条 1 項等に反するとして上告。

【判　旨】 破棄自判。①**保護範囲**「職業は，人が自己の生計を維持するためにする継続的活動であるとともに，分業社会においては，これを通じて社会の存続と発展に寄与する社会的機能分担の活動たる性質を有し，各人が自己のもつ個性を全うすべき場として，個人の人格的価値とも不可分の関連を有する」。「このような職業の性格と意義に照らすときは，職業は，ひとりその選択，すなわち職業の開始，継続，廃止において自由であるばかりでなく，選択した職業の遂行自体，すなわちその職業活動の内容，態様においても，原則として自由であることが要請されるのであり，したがって，〔憲法 22 条 1 項〕は，狭義における職業選択の自由のみならず，職業活動の自由の保障をも包含している」。**②立法裁量**　「もっとも，職業は，……その性質上，社会的相互関連性が大きいものであるから，職業の自由は，それ以外の憲法の保障する自由，殊にいわゆる精神的自由に比較して，公権力による規制の要請がつよ」い。職業は，「その種類，性質，内容，社会的意義及び影響がきわめて多種多様であるため，その規制を要求する社会的理由ないし目的も，国民経済の円満な発展や社会公共の便宜の促進，経済的弱者の保護等の社会政策及び経済政策上の積極的なものから，社会生活における安全の保障や秩序の維持等の消極的なものに至るまで千差万別で，その重要性も区々にわたるのである。そしてこれに対応して，現実に職業の自由に対して加えられる制限も，……それぞれの事情に応じて各種各様の形をとる」。**③違憲審査基準**　それ故，「規制措置が憲法 22 条 1 項にいう公共の福祉のために要求されるものとして是認されるかどうかは，……具体的な規制措置について，規制の目的，必要性，内容，これによって制限される職業の自由の性質，内容及び制限の程度を検討し，これらを比較考量したうえで慎重に決定されなければならない。この場合，右のような検討と考量をするのは，第一次的には立法府の権限と責務であり，裁判所としては，規制の目的が公共の福祉に合致するものと認められる以上，そのための規制措置の具体的内容及びその必要性と合理性については，立法府の判断がその合理的裁量の範囲にとどまるかぎり，立法政策上の問題としてその判断を尊重すべきものである。しかし，右の合理的裁量の範囲については，事の性質上おのずから広狭がありうるのであって，裁判所は，具体的な規制の目的，対象，方法等の性質と内容に照らして，これを決すべきものといわなければならない。」**④事の性質**　「一般に許可制は，単なる職業活動の内容及び態様に対する規制を超えて，狭義における職業の選択の自由そのものに制約を課するもので，職業の自由に対する強力な制限であるから，その合憲性を肯定しうるためには，原則として，重要な公共の利益のために必要かつ合理的な措置であることを要し，また，それが社会政策ないしは経済政策上の積極的な目的のための措置ではなく，自由な職業活動が社会公共に対してもたらす弊害を防止するための消極的，警察的措置である場合には，許可制に比べて職業の自由に対するよりゆるやかな制限である職業活動の内容及び態様に対する規制によっては右の目的を十分に達成することができないと認められることを要する」。「そして，この要件は，許可制そのものについてのみならず，その内容についても要求される」。**⑤許可制一般の合憲性**　「不良医薬品の供給（不良調剤を含む。以下同じ。）から国民の健康と安全とをまもるために，業務の内容の規制のみならず，供給業者を一定の資格要件を具備する者に限定し，それ以外の者による開業を禁止する許可制を採用したことは，それ自体としては公共の福祉に適合する目的のための必要かつ合理的措置として肯認することができる」。⑥**適正配置規制の合憲性**　適正配置規制は，主として「不良医薬品の供給の危険が生じるのを防止する」という「国民の生命及び健康に対する危険の防止という消極的，警察的目的のための規制措置であり」，「それ自体としては重要な公共の利益ということができる」。しかし，「競争の激化－経営の不安定－法規違反という因果関係に立つ不良医薬品の供給の危険が，薬局等の段階において，相当程度の規模で発生する可能性があるとすることは，単なる観念上の想定にすぎず，確実な根拠に基づく合理的な判断とは認めがた」く，「不良医薬品の供給の防止等の目的のために必要かつ合理的な規制を定めたものということができないから，憲法22条1項に違反し，無効である。」

9-5　公衆浴場事件

★★★☆☆

最判平成元・3・7判時1308号111頁

【事　実】　Xは大阪市長Yに対し，公衆浴場を営業することの許可申請をした。しかしYは同浴場の設置場所が，公衆浴場法2条3項に基づき公衆浴場の設置場所の配置の基準を定めた大阪府公衆浴場法施行条例2条の既設公衆浴場との最低配置間隔である「市の区域にあってはおおむね200メートル」の要件に適合しないため，同法2条2項にいう設置場所が配置の適正を欠くことを理由として，営業を許可しない旨の通知をした。Xが営業不許可処分の取消しを求めたところ1審・2審は請求を棄却したので，Xは，同法2条2項および府条例2条は憲法22条1項が保障する職業選択の自由に反し無効であるとして上告した。

【判　旨】　上告棄却。「公衆浴場法（以下『法』という。）2条2項の規定が憲法22条1項に違反するものでないことは，当裁判所の判例とするところである……。……法2条2項による適正配置規制の目的は，国民保健及び環境衛生の確保にあるとともに，公衆浴場が自家風呂を持たない国民にとって日常生活上必要不可欠な厚生施設であり，入浴料金が物価統制令により低額に統制されていること，利用者の範囲が地域的に限定されているため企業としての弾力性に乏しいこと，自家風呂の普及に伴い公衆浴場業の経営が困難になっていることなどにかんがみ，既存公衆浴場業者の経営の安定を図ることにより，自家風呂を持たない国民にとって必要不可欠な厚生施設である公衆浴場自体を確保しようとすることも，その目的としているものと解されるのであり，……適正配置規制は右目的を達成するための必要かつ合理的な範囲内の手段と考えられるので，……法２条２項及び大阪府公衆浴場法施行条例２条の規定は憲法22条１項に違反しないと解すべきである。」

＊公衆浴場の適正配置規制については，1955（昭和30）年に最高裁は「国民保健及び環境衛生」の観点から合憲としていた（最大判昭和30・1・26刑集9巻1号89頁）。なお，本判決と同年に出された刑事事件において最高裁は，適正配置規制について「十分の必要性と合理性」が認められるとしたうえで，**9-3**（小売市場事件）の明白性の基準を適用して合憲としている（最判平成元・1・20刑集43巻1号1頁）。

9-6 西陣ネクタイ訴訟

★☆☆☆☆

最判平成２・２・６訟月36巻12号2242頁

【判　旨】「積極的な社会経済政策の実施の一手段として，個人の経済活動に対し一定の合理的規制措置を講ずること」については，「裁判所は，立法府がその裁量権を逸脱し，当該規制措置が著しく不合理であることの明白な場合に限って，これを違憲としてその効力を否定することができる」。繭糸価格安定法は，「原則として，当分の間，当時の日本蚕糸事業団等でなければ生糸を輸入することができないとするいわゆる生糸の一元輸入措置の実施，及び所定の輸入生糸を同事業団が売り渡す際の売渡方法，売渡価格等の規制について規定しており，営業の自由に対し制限を加えるものではあるが，以上の判例〔**9-3**（小売市場事件）ほか〕の趣旨に照らしてみれば，右各法条の立法行為が国家賠償法１条１項の適用上例外的に違法の評価を受けるものではない」。

9-7 酒類販売業免許制訴訟

★★★☆☆

最判平成４・12・15民集46巻９号2829頁

【事　実】 Ｘは，「酒類並びに原料酒精の売買」等を目的とする株式会社であり，税務署長Ｙに対して酒税法９条１項の規定に基づき酒類販売業免許の申請をしたところ，Ｙは同法10条10号の「経営の基礎が薄弱であると認められる場合」に該当するとして同免許の拒否処分をしたため，Xが同処分の取消しを求めた。1審はXの請求を認容したが，2審は棄却したため，Xは同法10条10号は憲法22条1項に反するとして上告。

【判　旨】 上告棄却。①**審査基準** 「租税法の定立については，国家財政，社会経済，国民所得，国民生活等の実態についての正確な資料を基礎とする立法府の政策的，技術的な判断にゆだねるほかはなく」，「租税の適正かつ確実な賦課徴収を図るという国家の財政目的のための職業の許可制による規制については，その必要性と合理性についての立法府の判断が，右の政策的，技術的な裁量の範囲を逸脱するもので，著しく不合理なものでない限り，これを憲法22条1項の規定に違反するものということはできない。」②**酒税法の仕組み** 「酒税法は，酒類には酒税を課するものとし（1条），酒類製造者を納税義務者と規定し（6条1項），酒類等の製造及び酒類の販売業について免許制を採用している（7条ないし10条）。これは，酒類の消費を担税力の表れであると認め，酒類についていわゆる間接消費税である酒税を課することとするとともに，その賦課徴収に関しては，いわゆる庫出税方式によって酒類製造者にその納税義務を課し，酒類販売業者を介しての代金の回収を通じてその税負担を最終的な担税者である消費者に転嫁するという仕組みによることとし，これに伴い，酒類の製造及び販売業について免許制を採用したものである。酒税法は，酒税の確実な徴収とその税負担の消費者への円滑な転嫁を確保する必要から，このような制度を採用したものと解される。」③**規制の必要性・合理性** 「酒税が，沿革的に見て，国税全体に占める割合が高く，これを確実に徴収する必要性が高い税目であるとともに，酒類の販売代金に占める割合も高率であったことにかんがみると，……このような制度を採用したことは，当初は，その必要性と合理性があったというべきであり，……本件処分当時の時点においてもなお，……合理性を失うに至っているとはいえない」。「酒税法10条10号の免許基準について」も「立法目的からして合理的なもの」である。

9-8 司法書士法の資格制

★☆☆☆☆

最判平成12・2・8刑集54巻2号1頁

【判　旨】 「司法書士法〔19条1項・25条1項の〕規定は，登記制度が国民の権利義務等社会生活上の利益に重大な影響を及ぼすものであることなどにかんがみ，法律に別段の定めがある場合を除き，司法書士及び公共嘱託登記司法書士協会以外の者が，他人の嘱託を受けて，登記に関する手続について代理する業務及び登記申請書類を作成する業務を行うことを禁止し，これに違反した者を処罰することにしたものであって，右規制が公共の福祉に合致した合理的なもので憲法 22 条 1 項に違反するものでないことは，当裁判所の判例（最高裁昭和……34 年 7 月 8 日大法廷判決・刑集 13 巻 7 号 1132 頁，〔9-4（薬事法違憲判決)〕）の趣旨に徴し明らかである。」

9-9 農業共済組合への当然加入制

★☆☆☆☆

最判平成 17・4・26 集民 216 号 661 頁

【判　旨】 農業災害補償法が，「水稲等の耕作の業務を営む者でその耕作面積が一定の規模以上のものは農業共済組合の組合員となり当該組合との間で農作物共済の共済関係が当然に成立するという仕組み……を採用した趣旨は，国民の主食である米の生産を確保するとともに，水稲等の耕作をする自作農の経営を保護することを目的とし，この目的を実現するため，農家の相互扶助の精神を基礎として，災害による損失を相互に分担するという保険類似の手法を採用することとし，被災する可能性のある農家をなるべく多く加入させて危険の有効な分散を図るとともに，危険の高い者のみが加入するという事態を防止するため，原則として全国の米作農家を加入させたところにあ」り，当然加入制は「公共の福祉に合致する目的のために必要かつ合理的な範囲にとどまる措置ということができ，立法府の政策的，技術的な裁量の範囲を逸脱するもので著しく不合理であることが明白であるとは認め難い。したがって，上記の当然加入制を定める法の規定は，職業の自由を侵害するものとして憲法 22 条 1 項に違反するということはできない。」

9-10 京都府風俗案内所規制条例事件

★☆☆☆☆

最判平成 28・12・15 判時 2328 号 24 頁

【判　旨】「本件条例が，青少年が多く利用する施設又は周辺の環境に特に配慮が必要とされる施設の敷地から一定の範囲内における風俗案内所の営業を禁止し，これを刑罰をもって担保することは，公共の福祉に適合する……目的達成のための手段として必要性，合理性があるということができ，風俗営業等の規制及び業務の適正化等に関する法律に基づく風俗営業に対する規制の内容及び程度を踏まえても，京都府議会が……営業禁止区域における風俗案内所の営業を禁止する規制を定めたことがその合理的な裁量の範囲を超えるものとはいえないから，本件条例3条1項及び16条1項1号の各規定は，憲法22条1項に違反するものではない」。

9-11　タトゥーの施術と医師法17条

最決令和2・9・16刑集74巻6号581頁

★★★☆☆

【事　実】 Xは，医師でないにもかかわらず，業として，タトゥーショップで，4回にわたり，3名に対し，針を取り付けた施術用具を用いて皮膚に色素を注入する医行為を行い，もって医業をなしたとして，「医師でなければ，医業をなしてはならない」と定めた医師法17条違反に問われた。原審は，Xの行為が，医療および保健指導に属する行為ではないから，医行為にあたらないとして無罪としたため，検察官が上告。

【決定要旨】 上告棄却。「ある行為が医行為に当たるか否かを判断する際には，当該行為の方法や作用を検討する必要があるが，方法や作用が同じ行為でも，その目的，行為者と相手方との関係，当該行為が行われる際の具体的な状況等によって，医療及び保健指導に属する行為か否かや，保健衛生上危害を生ずるおそれがあるか否かが異なり得る。また，医師法17条は，医師に医行為を独占させるという方法によって保健衛生上の危険を防止しようとする規定であるから，医師が独占して行うことの可否や当否等を判断するため，当該行為の実情や社会における受け止め方等をも考慮する必要がある。そうすると，ある行為が医行為に当たるか否かについては，当該行為の方法や作用のみならず，その目的，行為者と相手方との関係，当該行為が行われる際の具体的な状況，実情や社会における受け止め方等をも考慮した上で，社会通念に照らして判断するのが相当である。」「以上に基づき本件について検討すると，被告人の行為は，彫り師である被告人が相手方の依頼に基づいて行ったタトゥー施術行為であるところ，タトゥー施術行為は，装飾的ないし象徴的な要素や美術的な意義がある社会的な風俗として受け止められてきたものであって，医療及び保健指導に属する行為とは考えられてこなかったものである。また，タトゥー施術行為は，医学とは異質の美術等に関する知識及び技能を要する行為であって，医師免許取得過程等でこれらの知識及び技能を習得することは予定されておらず，歴史的にも，長年にわたり医師免許を有しない彫り師が行ってきた実情があり，医師が独占して行う事態は想定し難い。このような事情の下では，被告人の行為は，社会通念に照らして，医療及び保健指導に属する行為であるとは認め難く，医行為には当たらないというべきである。タトゥー施術行為に伴う保健衛生上の危険については，医師に独占的に行わせること以外の方法により防止するほかない。」

9-12 要指導医薬品の対面販売規制

★★★☆☆

最判令和3・3・18裁時1764号1頁

【事　実】 薬機法（平成25年法律第84号。旧薬事法）36条の6の1項・3項（本件各規定）は，要指導医薬品を販売又は授与するに際しては，薬剤師に対面による情報の提供および薬学的知見に基づく指導を行わせなければならないとしているところ，インターネット販売事業者のXは，本件各規定は憲法22条1項に違反するなどと主張して，本件各規定にかかわらず販売をすることができる権利ないし地位を有することの確認を求める訴えを提起した。1審・2審ともにXの請求を退けたため，Xが上告した。

＊医薬品のネット販売については 13-6 （医薬品ネット販売権訴訟）も参照。

【判　旨】 上告棄却。①**規制の目的・必要性**「要指導医薬品は，製造販売後調査の期間又は再審査のための調査期間を経過しておらず，需要者の選択により使用されることが目的とされている医薬品としての安全性の評価が確定していない医薬品である。そのような要指導医薬品について，……本件各規定は，その不適正な使用による国民の生命，健康に対する侵害を防止し，もって保健衛生上の危害の発生及び拡大の防止を図ることを目的とするものであり，このような目的が公共の福祉に合致することは明らかであ」り，「本件各規定の目的を達成するため，……適切な指導を行うとともに指導内容の理解を確実に確認する必要があるとすることには，相応の合理性があるというべきである。」②**制限の程度**　要指導医薬品の「市場規模は，要指導医薬品と一般用医薬品を合わせたもののうち，1％に満たない僅かな程度にとどまっており，毒薬及び劇薬以外のものは，一定の期間内に一般用医薬品として販売することの可否の評価を行い，問題がなければ一般用医薬品に移行することとされているのであって，本件各規定による規制の期間も限定されている。」③**制限の態様**「このような要指導医薬品の市場規模やその規制の期間に照らすと，要指導医薬品について薬剤師の対面による販売又は授与を義務付ける本件各規定は，職業選択の自由そのものに制限を加えるものであるとはいえず，職業活動の内容及び態様に対する規制にとどまるものであることはもとより，その制限の程度が大きいということもできない。」④**結論**「本件各規定による規制に必要性と合理性があるとした判断が，立法府の合理的裁量の範囲を超えるものであるということはできない。」

2 財産権

9-13 森林法共有物分割制限違憲判決

最大判昭和62・4・22民集41巻3号408頁

★★★★☆

【事 実】森林法186条（当時）は，共有森林につき持分価額2分の1以下の共有者（持分価額の合計が2分の1以下の複数の共有者を含む）に民法256条1項所定の分割請求権を否定していた。山林の2分の1の共有持分を有するXが現物分割の方法で分割する裁判を求めたところ，1審・2審ともにこれを否定したため，Xが上告。

【判 旨】破棄差戻し。①**保護範囲** 憲法29条は，「私有財産制度を保障しているのみでなく，社会的経済的活動の基礎をなす国民の個々の財産権につきこれを基本的人権として保障」している。②**審査基準**「財産権に対して加えられる規制が憲法29条2項にいう公共の福祉に適合するものとして是認されるべきものであるかどうかは，規制の目的，必要性，内容，その規制によって制限される財産権の種類，性質及び制限の程度等を比較考量して決すべきものであるが，裁判所としては，立法府がした右比較考量に基づく判断を尊重すべきものであるから，立法の規制目的が……公共の福祉に合致しないことが明らかであるか，又は規制目的が公共の福祉に合致するものであっても規制手段が右目的を達成するための手段として必要性若しくは合理性に欠けていることが明らかであって，そのため立法府の判断が合理的裁量の範囲を超えるものとなる場合に限り，当該規制立法が憲法29条2項に違背するものとして，その効力を否定することができる」。③**事の性質**「共有とは，複数の者が目的物を共同して所有することをいい，共有者は各自，それ自体所有権の性質をもつ持分権を有しているにとどまり，共有関係にあるというだけでは，それ以上に相互に特定の目的の下に結合されているとはいえないものである。そして，共有の場合にあっては，持分権が共有の性質上互いに制約し合う関係に立つため，単独所有の場合に比し，物の利用又は改善等において十分配慮されない状態におかれることがあり，また，共有者間に共有物の管理，変更等をめぐって，意見の対立，紛争が生じやすく，いったんかかる意見の対立，紛争が生じたときは，共有物の管理，変更等に障害を来し，物の経済的価値が十分に実現されなくなるという事態となるので，同条は，かかる弊害を除去し，共有者に目的物を自由に支配させ，その経済的効用を十分に発揮させるため，各共有者はいつでも共有物の分割を請求することができるものとし，しかも共有者の締結する共有物の不分割契約について期間の制限を設け，不分割契約は右制限を超えては効力を有しないとして，共有者に共有物の分割請求権を保障しているのである。このように，共有物分割請求権は，各共有者に近代市民社会における原則的所有形態である単独所有への移行を可能ならしめ，右のような公益的目的をも果たすものとして発展した権利であり，共有の本質的属性として，持分権の処分の自由とともに，民法において認められるに至ったものである。したがって，当該共有物がその性質上分割することのできないものでない限り，分割請求権を共有者に否定することは，憲法上，財産権の制限に該当し，かかる制限を設ける立法は，憲法 29 条 2 項にいう公共の福祉に適合することを要するものと解すべきところ，共有森林はその性質上分割することのできないものに該当しないから，共有森林につき持分価額 2 分の 1 以下の共有者に分割請求権を否定している森林法 186 条は，公共の福祉に適合するものといえないときは，違憲の規定として，その効力を有しないものというべきである。」**④目的審査**　森林法 186 条の目的は，「森林の細分化を防止することによって森林経営の安定を図り，ひいては森林の保続培養と森林の生産力の増進を図り，もって国民経済の発展に資することにあ」り，「公共の福祉に合致しないことが明らかであるとはいえない。」**⑤手段審査**　「森林が共有となることによって，当然に，その共有者間に森林経営のための目的的団体が形成されることになるわけではなく，また，共有者が当該森林の経営につき相互に協力すべき権利義務を負うに至るものではないから，森林が共有であることと森林の共同経営とは直接関連するものとはいえ」ず，「立法目的と関連性が全くないとはいえないまでも，合理的関連性があるとはいえない。」また，「共有物の管理又は変更等をめぐって意見の対立，紛争が生ずるに至ったとき」に分割請求権が認められないと，「森林の荒廃という事態……の永続化を招くだけであって，当該森林の経営の安定化に資することにはならず，……合理的関連性のないことは，これを見ても明らかであるというべきである。」さらに，「共有森林につき持分価額2分の1以下の共有者からの民法256条1項に基づく分割請求の場合に限って，他の場合に比し，当該森林の細分化を防止することによって森林経営の安定を図らなければならない社会的必要性が強く存すると認めるべき根拠は，これを見出だすことができない」。⑥**結論**　森林法186条が分割請求権を否定しているのは，同条の「立法目的との関係において，合理性と必要性のいずれをも肯定することのできないことが明らかであって，この点に関する立法府の判断は，その合理的裁量の範囲を超える」。

9-14　証券取引法164条1項合憲判決

★★★★☆

最大判平成14・2・13民集56巻2号331頁

【事　実】　東京証券取引所第2部に株式が上場されているX社は，証券取引法（当時。以下「法」という）164条1項に基づき，X社の主要株主であるYに対し，X社発行の株式の短期売買取引による利益の提供を求めた。これに対し，Yは，今回の取引においては株式の売付けの相手方とYとは代表者および株主が同一であり，秘密の不当利用または一般投資家の損害の発生という事実はないから，この売付けについて同項は適用されないと解さなければ，同項は憲法29条に違反すると主張した。1審・2審ともにXの請求を認めたため，Yが上告。

【判　旨】　上告棄却。①**規制の趣旨**　法164条1項は，「客観的な適用要件を定めて上場会社等の役員又は主要株主による秘密の不当利用を一般的に予防しようとする規定であって，上場会社等の役員又は主要株主が同項所定の有価証券等の短期売買取引をして利益を得た場合には，前記の除外例に該当しない限り，当該取引においてその者が秘密を不当に利用したか否か，その取引によって一般投資家の利益が現実に損なわれたか否かを問うことなく，当該上場会社等はその利益を提供すべきことを当該役員又は主要株主に対して請求することができるものとした規定である」。②**目的の正当性**　「上場会社等の役員又は主要株主が一般投資家の知り得ない内部情報を不当に利用して当該上場会社等の特定有価証券等の売買取引をすることは，証券取引市場における公平性，公正性を著しく害し，一般投資家の利益と証券取引市場に対する信頼を損なうものであるから，これを防止する必要がある……。〔法164条1項〕は，上場会社等の役員又は主要株主がその職務又は地位により取得した秘密を不当に利用することを防止することによって，一般投資家が不利益を受けることのないようにし，国民経済上重要な役割を果たしている証券取引市場の公平性，公正性を維持するとともに，これに対する一般投資家の信頼を確保するという経済政策に基づく目的を達成するためのものと解することができるところ，このような目的が正当性を有し，公共の福祉に適合するものであることは明らかである。」③**手段の必要性・合理性**「同項は，外形的にみて上記秘密の不当利用のおそれのある取引による利益につき，個々の具体的な取引における秘密の不当利用や一般投資家の損害発生という事実の有無を問うことなく，その提供請求ができることとして，秘密を不当に利用する取引への誘因を排除しようとするものである。上記事実の有無を同項適用の積極要件又は消極要件とするとすれば，その立証や認定が実際上極めて困難であることから，同項の定める請求権の迅速かつ確実な行使を妨げ，結局その目的を損なう結果となり兼ねない。また，同項は，同条８項に基づく内閣府令で定める場合又は類型的にみて取引の態様自体から秘密を不当に利用することが認められない場合には適用されないと解すべき……であるし，上場会社等の役員又は主要株主が行う当該上場会社等の特定有価証券等の売買取引を禁止するものではなく，その役員又は主要株主に対し，一定期間内に行われた取引から得た利益の提供請求を認めることによって当該利益の保持を制限するにすぎず，それ以上の財産上の不利益を課するものではない。これらの事情を考慮すると，そのような規制手段を採ることは，前記のような立法目的達成のための手段として必要性又は合理性に欠けるものであるとはいえない。」以上のとおり，「規制目的は正当であり，規制手段が必要性又は合理性に欠けることが明らかであるとはいえないのであるから，同項は，公共の福祉に適合する制限を定めたものであって，憲法29条に違反するものではない。」

9-15 区分所有権法事件

★☆☆☆☆

最判平成21・4・23判時2045号116頁

【判　旨】「区分所有建物について，老朽化等によって建替えの必要が生じたような場合に，大多数の区分所有者が建替えの意思を有していても一部の区分所有者が反対すれば建替えができないということになると，良好かつ安全な住環境の確保や敷地の有効活用の支障となるばかりか，一部の区分所有者の区分所有権の行使によって，大多数の区分所有者の区分所有権の合理的な行使が妨げられることになるから，1棟建替えの場合に区分所有者及び議決権の各5分の4以上の多数で建替え決議ができる旨定めた区分所有法62条1項は，区分所有権の上記性質にかんがみて，十分な合理性を有する」。「区分所有法70条は，憲法29条に違反するものではない。」

9-16 奈良県ため池条例事件

最大判昭和38・6・26刑集17巻5号521頁

★★★★☆

【事　実】 a池と称するため池は，周囲の堤とうとともに，奈良県磯城郡b町大字a居住農家によって共有ないし総有されており，その貯水は，同大字の耕作地のかんがいの用に供され，周囲の堤とうは，Xらを含む同大字居住者において，父祖の代から引き続いて竹，果樹，茶の木その他農作物の栽培に使用されてきた。そうしたところ，ため池の破損，決壊等による災害を未然に防止することを目的とした「奈良県ため池の保全に関する条例」が制定され，同条例4条において「ため池の堤とうに竹木若しくは農作物を植え，又は建物その他の工作物（ため池の保全上必要な工作物を除く。）を設置する行為」が禁止された。しかし，Xらは，引き続き堤とうにおいて耕作を続けたため，起訴された。1審は有罪としたが，2審は無罪としたため，検察官が上告。

【判　旨】 破棄差戻し。①**権利制限の有無**「本条例4条各号は，同条項所定の行為をすることを禁止するものであって，直接には不作為を命ずる規定であるが，同条2号は，ため池の堤とうの使用に関し制限を加えているから，ため池の堤とうを使用する財産上の権利を有する者に対しては，その使用を殆んど全面的に禁止することとなり，同条項は，結局右財産上の権利に著しい制限を加えるものである」。②**規制の態様**「しかし，その制限の内容たるや，立法者が科学的根拠に基づき，ため池の破損，決かいを招く原因となるものと判断したため池の堤とうに竹木若しくは農作物を植えまたは建物その他の工作物（ため池の保全上必要な工作物を除く）を設置する行為を禁止することであり，そして，このような禁止規定の設けられた所以のものは，本条例1条にも示されているとおり，ため池の破損，決かい等による災害を未然に防止するにあると認められることは，すでに説示したとおりであって，本条例4条2号の禁止規定は，堤とうを使用する財産上の権利を有する者であると否とを問わず，何人に対しても適用される。」③**財産権の行使の正当**

性 「ため池の堤とうを使用する財産上の権利を有する者は，本条例１条の示す目的のため，その財産権の行使を殆んど全面的に禁止されることになるが，それは災害を未然に防止するという社会生活上の已むを得ない必要から来ることであって，ため池の堤とうを使用する財産上の権利を有する者は何人も，公共の福祉のため，当然これを受忍しなければならない責務を負うというべきである。すなわち，ため池の破損，決かいの原因となるため池の堤とうの使用行為は，憲法でも，民法でも適法な財産権の行使として保障されていないものであって，憲法，民法の保障する財産権の行使の埒外にあるものというべく，従って，これらの行為を条例をもって禁止，処罰しても憲法および法律に牴触またはこれを逸脱するものとはいえない」。

④損失補償の要否 「本条例は，災害を防止し公共の福祉を保持するためのものであり，その４条２号は，ため池の堤とうを使用する財産上の権利の行使を著しく制限するものではあるが，結局それは，災害を防止し公共の福祉を保持する上に社会生活上已むを得ないものであり，そのような制約は，ため池の堤とうを使用し得る財産権を有する者が当然受忍しなければならない責務というべきものであって，憲法 29 条３項の損失補償はこれを必要としないと解するのが相当である。」

9-17 損失保証と証券取引法

★☆☆☆☆

最判平成 15・4・18 民集 57 巻 4 号 366 頁

【判　旨】 証券取引法（当時）42 条の２第１項３号は，「平成３年法律第 96 号による証券取引法の改正前に締結された損失保証等を内容とする契約に基づいてその履行の請求をする場合も含め，利益提供行為を禁止するものであるが，……私法上有効であるとはいえ，損失保証等は，元来，証券市場における価格形成機能をゆがめるとともに，証券取引の公正及び証券市場に対する信頼を損なうものであって，反社会性の強い行為であるといわなければならず……，もともと証券取引法上違法とされていた損失保証等を内容とする契約によって発生した債権が，財産権として一定の制約に服することはやむを得」ず，「立法目的達成のための手段として必要性又は合理性に欠けるものであるとはいえない。」

9-18 事後法による財産権の内容変更の合憲性

★★★★☆

最大判昭和53・7・12民集32巻5号946頁

【事　実】 Xは，自作農創設特別措置法（当時。以下「自創法」という）に基づいて国に買収された農地を，農地法80条（当時）の買収農地売払制度に基づいて売払請求をした。ところで，1952（昭和27）年に制定された改正前の農地法80条2項後段は，売払いの対価を買収の対価相当額と定めていたが，1971（昭和46）年に施行された特別措置法施行の結果，時価の7割相当額の対価でなければ売払いを受けることができなくなった。2審は，特別措置法による対価によるべきとしたため，Xは，買収対価に相当する額で売払いを求めうる権利を侵害する点で，憲法29条に違反すると争い上告。

【判　旨】 上告棄却。①**審査基準**　法律でいったん定められた財産権の内容を事後の法律で変更することが「公共の福祉に適合するようにされたものであるかどうかは，いったん定められた法律に基づく財産権の性質，その内容を変更する程度，及びこれを変更することによって保護される公益の性質などを総合的に勘案し，その変更が当該財産権に対する合理的な制約として容認されるべきものであるかどうかによって，判断すべきである。」②**買収農地売払制度の趣旨**　「もともと，自創法に基づく農地の買収は……自作農の創設による農業生産力の発展等を目的としてされるものであるから，買収農地が自作農の創設等の目的に供しないことを相当とする事実が生じたときは旧所有者に買収農地を回復する権利を与えることが立法政策上当を得たものであるとして，その趣旨で農地法80条の買収農地売払制度が設けられた」。③**対価の相当性**　買収農地の「対価は，当然に買収の対価に相当する額でなければならないものではなく，その額をいかに定めるかは，……農地買収制度及び買収農地売払制度の趣旨・目的のほか，これらの制度の基礎をなす社会・経済全般の事情等を考慮して決定されるべき立法政策上の問題であ」る。④**事情の変化**「農地法施行後における社会的・経済的事情の変化は当初の予想をはるかに超えるものがあり，特に地価の騰貴，なかんずく都市及びその周辺におけるそれが著しいことは公知の事実である。このような事態が生じたのちに，買収の対価相当額で売払いを求める旧所有者の権利をそのまま認めておくとすれば，一般の土地取引の場合に比較してあまりにも均衡を失し，社会経済秩序に好ましくない影響を及ぼすものであることは明らかであり，しかも国有財産は適正な対価で処分されるべきものである（財政法９条１項参照）から，現に地価が著しく騰貴したのちにおいて売払いの対価を買収の対価相当額のままとすることは極めて不合理であり適正を欠くといわざるをえないのである。のみならず，右のような事情の変化が生じたのちにおいてもなお，買収の対価相当額での売払いを認めておくことは，その騰貴による利益のすべてを旧所有者に収得させる結果をきたし，一般国民の納得を得がたい不合理なものとなったというべきである。……特別措置法及び同法施行令が売払いの対価を時価そのものではなくその７割相当額に変更したことは，前記の社会経済秩序の保持及び国有財産の処分の適正という公益上の要請と旧所有者の前述の権利との調和を図ったものであり旧所有者の権利に対する合理的な制約として容認される」。

▼コメント▼　暦年途中で施行された長期譲渡所得に係る損益通算廃止規定を暦年当初から適用する改正附則が憲法 84 条の趣旨に反しないとした，15-3（不利益遡及効を有する租税法規）を参照。

9-19　ＮＨＫ受信料訴訟

★★☆☆☆

最大判平成 29・12・6 民集 71 巻 10 号 1817 頁

【判　旨】　上告棄却。「公共放送事業者と民間放送事業者との二本立て体制の下において，前者を担うものとして原告を存立させ，これを民主的かつ多元的な基盤に基づきつつ自律的に運営される事業体たらしめるためその財政的基盤を受信設備設置者に受信料を負担させることにより確保するものとした仕組みは，……憲法 21 条の保障する表現の自由の下で国民の知る権利を実質的に充足すべく採用され，その目的にかなう合理的なものであると解されるのであり，かつ，放送をめぐる環境の変化が生じつつあるとしても，なおその合理性が今日までに失われたとする事情も見いだせないのであるから，これが憲法上許容される立法裁量の範囲内にあることは，明らかというべきである。このような制度の枠を離れて被告が受信設備を用いて放送を視聴する自由が憲法上保障されていると解することはできない。」「放送法 64 条１項は，同法に定められた原告の目的にかなう適正・公平な受信料徴収のために必要な内容の受信契約の締結を強制する旨を定めたものとして，憲法 13 条，21 条，29 条に違反するものではないというべきである。」

3　損失補償

9-20　自創法による宅地買収の公共性

最判昭和 29・1・22 民集 8 巻 1 号 225 頁

★☆☆☆☆

【判　旨】「自創法（自作農創設特別措置法）による農地改革は，同法 1 条に，この法律の目的として掲げたところによって明らかなごとく，耕作者の地位を安定し，その労働の成果を公正に享受させるため自作農を急速且つ広汎に創設し，又，土地の農業上の利用を増進し，以て農業生産力の発展と農村における民主的傾向の促進を図るという公共の福祉の為の必要に基いたものであるから，自創法により買収された農地，宅地，建物等が買収申請人である特定の者に売渡されるとしても，それは農地改革を目的とする公共の福祉の為の必要に基いて制定された自創法の運用による当然の結果に外なら」ず，「この事象のみを捉えて本件買収の公共性を否定する」見解は採用できない。

9-21　農地改革事件

最大判昭和 28・12・23 民集 7 巻 13 号 1523 頁

★★☆☆☆

【事　実】 X は自作農創設特別措置法（当時）6 条 3 項による買収対価は，憲法 29 条 3 項にいう「正当な補償」ではないと主張したが，1 審・2 審が請求棄却。X が上告。

【判　旨】 上告棄却。「憲法 29 条 3 項にいうところの財産権を公共の用に供する場合の正当な補償とは，その当時の経済状態において成立することを考えられる価格に基き，合理的に算出された相当な額をいうのであつて，必しも常にかかる価格と完全に一致することを要するものでないと解するを相当とする。けだし財産権の内容は，公共の福祉に適合するように法律で定められるのを本質とするから（憲法 29 条 2 項），公共の福祉を増進し又は維持するため必要ある場合は，財産権の使用収益又は処分の権利にある制限を受けることがあり，また財産権の価格についても特定の制限を受けることがあって，その自由な取引による価格の成立を認められないこともあるからである。」

9-22 土地収用補償金請求事件

★★☆☆☆

最判平成14・6・11民集56巻5号958頁

【判　旨】 上告棄却。土地収用法「71条は，事業の認定の告示の時における相当な価格を近傍類地の取引価格等を考慮して算定した上で，権利取得裁決の時までの物価の変動に応ずる修正率を乗じて，権利取得裁決の時における補償金の額を決定することとしている。」「事業認定の告示の時から権利取得裁決の時までには，近傍類地の取引価格に変動が生ずることがあり，その変動率は必ずしも上記の修正率と一致するとはいえない」が，「上記の近傍類地の取引価格の変動は，一般的に当該事業による影響を受けたものであると考えられるところ，事業により近傍類地に付加されることとなった価値と同等の価値を収用地の所有者等が当然に享受し得る理由はない」ことなどにかんがみれば，「土地収用法71条が補償金の額について前記のように規定したことには，十分な合理性があり，これにより，被収用者は，収用の前後を通じて被収用者の有する財産価値を等しくさせるような補償を受けられる」。

＊最判昭和48・10・18民集27巻9号1210頁は，土地収用法における損失の補償は「完全な補償，すなわち，収用の前後を通じて被収用者の財産価値を等しくならしめるような補償をなすべき」としていたが，本判決は土地収用法71条の規定が憲法29条3項に違反するかどうかは，9-21（農地改革事件）判決の趣旨に従って判断すべきとしている。

9-23 都市計画建築制限補償請求事件

★★☆☆☆

最判平成17・11・1集民218号187頁

【判　旨】 上告棄却。都市計画法53条に基づく建築物の建築の制限による「損失は，一般的に当然に受忍すべきものとされる制限の範囲を超えて特別の犠牲を課せられたものということがいまだ困難であるから，上告人らは，直接憲法29条3項を根拠として上記の損失につき補償請求をすることはできない」。

▼コメント▼　藤田宙靖裁判官の補足意見は，「公共の利益を理由としてそのような制限が損失補償を伴うことなく認められるのは，あくまでも，その制限が都市計画の実現を担保するために必要不可欠であり，かつ，権利者に無補償での制限を受忍させ

ることに合理的な理由があることを前提とした上でのことというべきであるから，そのような前提を欠く事態となった場合には，都市計画制限であることを理由に補償を拒むことは許されない」として，制限が課せられた期間の長さによっては補償が必要となる場合がありうるとしている。なお最大判昭和 33・4・9 民集 12 巻 5 号 717 頁は，「建築物に関する制限が，他面において財産権に対する制限であっても，それが都市計画上必要なものである限りは公共の福祉のための制限と解すべくこれを違憲といえないことは，憲法 29 条により明らかである」としていた。

9-24 河川附近地制限令違反事件

最大判昭和 43・11・27 刑集 22 巻 12 号 1402 頁

★★★☆☆

【事　実】 河川附近地制限令（当時）4 条 2 号は「河川附近ノ土地ノ掘削其ノ他土地ノ形状ノ変更」には都道府県知事の許可を要すると定めていたところ，X らは，知事の許可を受けずに砂・砂利等を採取し河川法適用河川附近地を掘削したとして，同号違反の罰則を定めた同令 10 条に基づいて起訴された。X らは，損失補償に関する規定を有しない同令 4 条 2 号・10 条は憲法 29 条 3 項に反して無効と主張したが，1 審・2 審は X らを有罪とした。X らが上告。

【判　旨】 上告棄却。①**特別犠牲の有無**　「河川附近地制限令 4 条 2 号の定める制限は，河川管理上支障のある事態の発生を事前に防止するため，単に所定の行為をしようとする場合には知事の許可を受けることが必要である旨を定めているにすぎず，この種の制限は，公共の福祉のためにする一般的な制限であり，原則的には，何人もこれを受忍すべきものである。このように，同令 4 条 2 号の定め自体としては，特定の人に対し，特別に財産上の犠牲を強いるものとはいえないから，右の程度の制限を課するには損失補償を要件とするものではなく，したがって，補償に関する規定のない同令 4 条 2 号の規定が所論のように憲法 29 条 3 項に違反し無効であるとはいえない。」②**憲法 29 条 3 項に基づく直接請求の可否**　もっとも，X らは，「従来から同所の砂利を採取してきたところ，……右地域が河川附近地に指定されたため，河川附近地制限令により，知事の許可を受けることなくしては砂利を採取することができなくなり，……相当の損失を被る筋合であるというのである。そうだとすれば，その財産上の犠牲は，公共のために必要な制限によるものとはいえ，単に一般的に当然に受忍すべきものとされる制限の範囲をこえ，特別の犠牲を課したものとみる余地が全くないわけではなく，憲法29条3項の趣旨に照らし，……その補償を請求することができるものと解する余地がある。……〔河川附近地制限令〕4条2号による制限について同条に損失補償に関する規定がないからといって，同条があらゆる場合について一切の損失補償を全く否定する趣旨とまでは解されず，Xらも，その損失を具体的に主張立証して，別途，直接憲法29条3項を根拠にして，補償請求をする余地が全くないわけではないから，単に一般的な場合について，当然に受忍すべきものとされる制限を定めた同令4条2号およびこの制限違反について罰則を定めた同令10条の各規定を直ちに違憲無効の規定と解すべきではない。」

9-25 市営と畜場廃止訴訟

最判平成22・2・23判時2076号40頁

★☆☆☆☆

【判　旨】「利用業者等は，市と継続的契約関係になく，本件と畜場を事実上独占的に使用していたにとどまるのであるから，利用業者等がこれにより享受してきた利益は，基本的には本件と畜場が公共の用に供されたことの反射的利益にとどまるものと考えられる。そして，……本件と畜場は，と畜場法施行令の改正等に伴い必要となる施設の新築が実現困難であるためにやむなく廃止されたのであり，そのことによる不利益は住民が等しく受忍すべきものであるから，利用業者等が本件と畜場を利用し得なくなったという不利益は，憲法29条3項による損失補償を要する特別の犠牲には当たらないというべきである。」

9-26 占領中に受けた被害への補償請求事件

最判昭和44・7・4民集23巻8号1321頁

★☆☆☆☆

【判　旨】 日本国との「平和条約〔昭和27年条約第5号〕19条(a)項による所論請求権は，在外資産に対する権利とその対象を異にするものとはいえ，その請求権の発生した当時わが国のおかれていた状況，平和条約の締結にあたりこれが放棄されるに至った経緯および同条約の規定の体裁を考え合せれば，その放棄に対する補償が憲法の前示条項の予想外にあったものとする点においては，在外資産におけると差異あるものとは認め難く，所論請求権の放棄による損害に対しては，憲法29条

3項に基づいて国にその補償を求めることができないものというべきである。」

＊在外資産の喪失による損害については，最大判昭和43・11・27民集22巻12号2808頁を参照。

9-27　予防接種事故と補償請求

★★☆☆☆

東京地判昭和59・5・18判時1118号28頁

【上告一部破棄差戻し，一部棄却（最判平成10・6・12）】

【事　実】 強制ないし勧奨により予防接種を受けた結果，副作用により，疾病にかかり，障害の状態となり，または死亡するに至った被害児童とその両親らが，国に対し，民法上の債務不履行責任，国家賠償法上の責任または憲法上の損失補償責任を追及した。

【判　旨】 一部認容（控訴)。「右憲法13条後段，25条1項の規定の趣旨に照らせば，財産上特別の犠牲が課せられた場合と生命，身体に対し特別の犠牲が課せられた場合とで，後者の方を不利に扱うことが許されるとする合理的理由は全くない。従って，生命，身体に対して特別の犠牲が課せられた場合においても，右憲法29条3項を類推適用し，かかる犠牲を強いられた者は，直接憲法29条3項に基づき，被告国に対し正当な補償を請求することができると解するのが相当である。」

＊なお，2審（東京高判平成4・12・18判時1445号3頁〔一部認容〕）は，予防接種被害を適法行為による侵害であるとみることはできないとして損失補償規定の類推適用を否定しながらも，国賠法上の請求を一部認容している。

4　移動の自由ほか

9-28　帆足計事件

★★☆☆☆

最大判昭和33・9・10民集12巻13号1969頁

【判　旨】 上告棄却。「憲法22条2項の『外国に移住する自由』には外国へ一時旅行する自由を含むものと解すべきであるが，外国旅行の自由といえども無制限のままに許されるものではなく，公共の福祉のために合理的な制限に服するものと解すべきである。そして旅券発給を拒否することができる場合として，旅券法13条

1項5号が，『著しく且つ直接に日本国の利益又は公安を害する行為を行う虞があると認めるに足りる相当の理由がある者』と規定したのは，外国旅行の自由に対し，公共の福祉のために合理的な制限を定めたものとみることができ」る。「旅券法13条1項5号は，公共の福祉のために外国旅行の自由を合理的に制限したものと解すべきであることは，既に述べたとおりであって，日本国の利益又は公安を害する行為を将来行う虞れある場合においても，なおかつその自由を制限する必要のある場合のありうることは明らかであるから，同条をことさら所論のごとく『明白かつ現在の危険がある』場合に限ると解すべき理由はない。」

9-29 旅券返納命令事件

★★☆☆☆

最決平成30・3・15LEX/DB25560455

【事　実】 ジャーナリストであるXは，トルコとシリアとの国境付近に渡航し，現地を取材した上でその成果を発表する計画を有していたところ，外務大臣から旅券法19条1項4号の規定に基づく一般旅券の返納命令の処分を受けたため，憲法21条，22条に反するとして，処分の取消しを求めて訴えを起こした。1審・2審がともにXの請求を退けたため，Xが上告。

【決定要旨】 上告棄却。「本件上告の理由は，違憲をいうが，その実質は単なる法令違反を主張するものであって，明らかに〔民訴312条1項・2項〕に規定する事由に該当しない。」

＊原審：「旅券法19条1項4号は，外国に渡航中の邦人又は外国に渡航しようとしている邦人で種々の事情からその生命，身体又は財産に重大な危険が及ぶ事態に立ち至ったものをその危険から保護することを目的とするものであり，またその手段において，当該邦人に旅券を発給した外務大臣等に対し，上記の目的を達成するために当該邦人に渡航を中止させる必要があると認められ，かつ，旅券を返納させる必要があると認められる場合に限り，その旅券の返納を命ずることができる権限を付与するものであって，公共の福祉のためにする国民の海外渡航の自由の制限として一般的な合理性を有する」とする1審を維持した。

第10章 人身の自由・適正手続

1　適正手続

10-1　第三者所有物没収事件

★★★★☆

最大判昭和37・11・28刑集16巻11号1593頁

【事　実】 Xらは共謀の上，所轄税関の輸出免許を受けないで，貨物を機帆船に積み込んで韓国に密輸出しようと企てて下関港から出港し，博多沖で漁船に積み替えようとしたが，巡視中の海上保安官に発見され，密輸出の嫌疑で逮捕された。1審，2審ともにXらを有罪と判断するとともに，附加刑として関税法118条1項により漁船および貨物の没収を言い渡した。そこでXらは，附加刑として没収された貨物にX以外が所有する物があるにもかかわらず，当該第三者に財産権擁護の機会を与えずに没収することは憲法29条1項，31条に違反するなどとして上告。

【判　旨】 破棄自判。**①関税法118条1項の趣旨**「関税法118条1項の規定による没収は，同項所定の犯罪に関係ある船舶，貨物等で同項但書に該当しないものにつき，被告人の所有に属すると否とを問わず，その所有権を剥奪して国庫に帰属せしめる処分であって，被告人以外の第三者が所有者である場合においても，被告人に対する附加刑としての没収の言渡により，当該第三者の所有権剥奪の効果を生ずる趣旨である」。**②告知聴聞の機会提供の必要性**「しかし，第三者の所有物を没収する場合において，その没収に関して当該所有者に対し，何ら告知，弁解，防禦の機会を与えることなく，その所有権を奪うことは，著しく不合理であって，憲法の容認しないところであるといわなければならない。けだし，憲法29条1項は，財産権は，これを侵してはならないと規定し，また同31条は，何人も，法律の定める手続によらなければ，その生命若しくは自由を奪われ，又はその他の刑罰を科せられないと規定しているが，前記第三者の所有物の没収は，被告人に対する附加刑として言い渡され，その刑事処分の効果が第三者に及ぶものであるから，所有物を没収せられる第三者についても，告知，弁解，防禦の機会を与えることが必要であって，これなくして第三者の所有物を没収することは，適正な法律手続によらないで，財産権を侵害する制裁を科するに外ならないからである」。**③関税法 118 条 1 項による第三者所有没収の違憲性** 「関税法 118 条 1 項は，同項所定の犯罪に関係ある船舶，貨物等が被告人以外の第三者の所有に属する場合においてもこれを没収する旨規定しながら，その所有者たる第三者に対し，告知，弁解，防禦の機会を与えるべきことを定めておらず，また刑訴法その他の法令においても，何らかかる手続に関する規定を設けていないのである。従って，前記関税法 118 条 1 項によって第三者の所有物を没収することは，憲法 31 条，29 条に違反するものと断ぜざるをえない」。**④結論** 「かかる没収の言渡を受けた被告人は，たとえ第三者の所有物に関する場合であっても，被告人に対する附加刑である以上，没収の裁判の違憲を理由として上告をなしうることは，当然である。のみならず，被告人としても没収に係る物の占有権を剥奪され，またはこれが使用，収益をなしえない状態におかれ，更には所有権を剥奪された第三者から賠償請求権等を行使される危険に曝される等，利害関係を有することが明らかであるから，上告によりこれが救済を求めることができるものと解すべきである」。

▼コメント▼　本判決は，「訴訟において，他人の権利に容喙干渉し，これが救済を求めるが如きは，本来許されない筋合のものと解する」とした，同種の事件である最大判昭和 35・10・19 刑集 14 巻 12 号 1574 頁の判例を明示的に変更したものである。本判決後，本判決も踏まえて，刑事事件における第三者所有物の没収手続に関する応急措置法（昭和 38 年法律第 138 号）が制定された。

10-2 刑罰法規の明確性①――徳島市公安条例事件

★★★★☆

最大判昭和 50・9・10 刑集 29 巻 8 号 489 頁

【事　実】 1968（昭和 43）年 12 月 10 日，徳島市において，所轄警察署長から蛇行進をするなど「交通秩序を乱すおそれがある行為をしないこと」という条件付きで認められた道路使用許可に基づき集団示威運動が行われた。これに参加した Y は，途中，集団行進の先頭集団数十名が，蛇行進を行い交通秩序の維持に反する行為をした際，自らも蛇行進をしたことが道路交通法 77 条 3 項，119 条 1 項 13 号に該当するとして，また集団行進者に対して交通秩序の維持に反する行為をするようにせん動したことが，徳島市の「集団行進及び集団示威運動に関する条例」3 条 3 号，5 条に該当するとして起訴された。

1審は，道路交通法違反についてはYを有罪としたが，本条例違反については次の理由でYを無罪とした。条例は「法令に違反しない限りにおいて」制定しうるものであるから，本条例3条3号の「交通秩序を維持すること」は，道路交通法77条3項の道路使用許可条件の対象とされるものを除く行為を対象とするものと解さなければならないが，そうすると，いかなる行為がこれに該当するかが明確でなく，犯罪構成要件の内容として合理的解釈によって確定できる程度の明確性を備えておらず，罪刑法定主義の原則に背き憲法31条の趣旨に反する。2審もこの判断を支持して控訴を棄却したため，検察側が上告。

【判　旨】 破棄自判。**①刑罰法規のあいまい不明確性の判断方法** 「刑罰法規の定める犯罪構成要件があいまい不明確のゆえに憲法31条に違反し無効であるとされるのは，その規定が通常の判断能力を有する一般人に対して，禁止される行為とそうでない行為とを識別するための基準を示すところがなく，そのため，その適用を受ける国民に対して刑罰の対象となる行為をあらかじめ告知する機能を果たさず，また，その運用がこれを適用する国又は地方公共団体の機関の主観的判断にゆだねられて恣意に流れる等，重大な弊害を生ずるからであると考えられる。しかし，一般に法規は，規定の文言の表現力に限界があるばかりでなく，その性質上多かれ少なかれ抽象性を有し，刑罰法規もその例外をなすものではないから，禁止される行為とそうでない行為との識別を可能ならしめる基準といっても，必ずしも常に絶対的なそれを要求することはできず，合理的な判断を必要とする場合があることを免れない。それゆえ，ある刑罰法規があいまい不明確のゆえに憲法31条に違反するものと認めるべきかどうかは，通常の判断能力を有する一般人の理解において，具体的場合に当該行為がその適用を受けるものかどうかの判断を可能ならしめるような基準が読みとれるかどうかによってこれを決定すべきである」。**②本条例の意味** 「本条例は，集団行進等が表現の一態様として憲法上保障されるべき要素を有することにかんがみ，届出制を採用し，集団行進等の形態が交通秩序に不可避的にもたらす障害が生じても，なおこれを忍ぶべきものとして許容しているのであるから，本条例3条3号の規定が禁止する交通秩序の侵害は，当該集団行進等に不可避的に随伴するものを指すものでないことは，極めて明らかである」。**③表現の自由** 「思想表現行為としての集団行進等」に対して，「それが秩序正しく平穏に行われて不必要に地方公共の安寧と秩序を脅かすような行動にわたらないことを要求しても」，「憲法上保障されている表現の自由を不当に制限することにはならない」。④

本条例の意味を一般人が読み取れるか　そうすると本条例３条３号が「交通秩序を維持すること」を掲げているのは，「道路における集団行進等が一般的に秩序正しく平穏に行われる場合にこれに随伴する交通秩序阻害の程度を超えた，殊更な交通秩序の阻害をもたらすような行為を避止すべきことを命じているものと解される」のであり，「通常の判断能力を有する一般人が，具体的場合において，自己がしようとする行為が右条項による禁止に触れるものであるかどうかを判断するにあたっては」，「通常その判断にさほどの困難を感じることはないはずであ」る。⑤**結論**　したがって，本条例３条３号の規定から「集団行進等における道路交通の秩序遵守についての基準を読みとることが可能であり，犯罪構成要件の内容をなすものとして明確性を欠き憲法31条に違反するものとはいえない」。

＊法律と条例の関係については，16-2（徳島市公安条例事件）参照。

10-3 刑罰法規の不明確性②――福岡県青少年保護育成条例事件

★★★★☆

最大判昭和60・10・23刑集39巻6号413頁

【事　実】Yは，Aが18歳に満たない青少年であることを知りながら，Aと性交し，もって青少年に対し淫行をしたとして，福岡県青少年保護育成条例違反に問われた。1審，2審で有罪とされたため，Yは、本条例10条1項の「淫行」が不明確であり憲法31条等に反するなどと主張して上告。

【判　旨】上告棄却。①**本条例の趣旨と「淫行」の意味**　「本条例は，青少年の健全な育成を図るため青少年を保護することを目的として定められ（1条1項），他の法令により成年者と同一の能力を有する者を除き，小学校就学の始期から満18歳に達するまでの者を青少年と定義した（3条1項）上で，『何人も青少年に対し，淫行又はわいせつの行為をしてはならない。』（10条1項）と規定し，その違反者に対しては2年以下の懲役又は10万円以下の罰金を科し（16条1項），違反者が青少年であるときは，これに対して罰則を適用しない（17条）こととしている。これらの条項の規定するところを総合すると，本条例10条1項，16条1項の規定（以下，両者を併せて『本件各規定』という。）の趣旨は，一般に青少年が，その心身の未成熟や発育程度の不均衡から，精神的に未だ十分に安定していないため，性行為等によって精神的な痛手を受け易く，また，その痛手からの回復が困難となりがちである等の事情にかんがみ，青少年の健全な育成を図るため，青少年を対象としてなされる性行為等のうち，その育成を阻害するおそれのあるものとして社会通念上非難を受けるべき性質のものを禁止することとしたものであることが明らかであって，右のような本件各規定の趣旨及びその文理等に徴すると，本条例10条1項の規定にいう『淫行』とは，広く青少年に対する性行為一般をいうものと解すべきではなく，青少年を誘惑し，威迫し，欺罔し又は困惑させる等その心身の未成熟に乗じた不当な手段により行う性交又は性交類似行為のほか，青少年を単に自己の性的欲望を満足させるための対象として扱っているとしか認められないような性交又は性交類似行為をいうものと解するのが相当である。けだし，右の『淫行』を広く青少年に対する性行為一般を指すものと解するときは，『淫らな』性行為を指す『淫行』の用語自体の意義に添わないばかりでなく，例えば婚約中の青少年又はこれに準ずる真摯な交際関係にある青少年との間で行われる性行為等，社会通念上およそ処罰の対象として考え難いものをも含むこととなって，その解釈は広きに失することが明らかであり，また，前記『淫行』を目して単に反倫理的あるいは不純な性行為と解するのでは，犯罪の構成要件として不明確であるとの批判を免れないのであって，前記の規定の文理から合理的に導き出され得る解釈の範囲内で，前叙のように限定して解するのを相当とする。」②**本条例の合憲性**　「このような解釈は通常の判断能力を有する一般人の理解にも適うものであり，『淫行』の意義を右のように解釈するときは，同規定につき処罰の範囲が不当に広過ぎるとも不明確であるともいえないから，本件各規定が憲法31条の規定に違反するものとはいえず，憲法11条，13条，19条，21条違反をいう所論も前提を欠くに帰し，すべて採用することができない」。

10-4　個人タクシー事業の免許申請の審査と公正な手続

★★☆☆☆

最判昭和46・10・28民集25巻7号1037頁

【判　旨】「道路運送法においては，個人タクシー事業の免許申請の許否を決する手続について，同法122条の2の聴聞の規定のほか，とくに，審査，判定の手続，方法等に関する明文規定は存しない」。しかし，「同法による個人タクシー事業の免許の許否は個人の職業選択の自由にかかわりを有するものであり，このことと同法6条および前記122条の2の規定等とを併せ考えれば，本件におけるように，多数の者のうちから少数特定の者を，具体的個別的事実関係に基づき選択して免許の許否を決しようとする行政庁としては，事実の認定につき行政庁の独断を疑うことが客観的にもっともと認められるような不公正な手続をとってはならない」。抽象的な免許基準を定めた道路運送法6条の「趣旨を具体化した審査基準を設定し，これを公正かつ合理的に運用すべく」，「申請人に対し，その主張と証拠の提出の機会を与えなければならない」。「免許の申請人はこのような公正な手続によって免許の許否につき判定を受くべき法的利益を有するものと解すべく，これに反する審査手続によって免許の申請の却下処分がされたときは，右利益を侵害するものとして，右処分の違法事由となる」。

10-5 行政処分と適正手続――成田新法事件

最大判平成4・7・1民集46巻5号437頁

★★★★★

【事　実】 新東京国際空港（現在の成田国際空港）の建設に際して，これに反対する過激派等による実力闘争が強力に展開されたことを受けて，「新東京国際空港の安全確保に関する緊急措置法」（昭和53年法律第42号）が制定された（いわゆる成田訴法）。同法3条1項1号は，規制区域内に所在する建築物その他の工作物が多数の暴力主義的破壊活動者の集合の用に供され，または供されるおそれがあると認めるときは，運輸大臣（当時）は，当該工作物の所有者等に対し，期限を付して当該工作物をその用に供することを禁止することを命ずることができるとしていた。Xは，規制区域内に，鉄骨鉄筋コンクリート地上3階，地下1階建の建築物一棟（以下「本件工作物」という）を所有および管理しており，本件工作物を，居住，宿泊および新東京国際空港建設反対運動の集会のための事務連絡等に使用していた。そこで運輸大臣は，同法3条1項に基づき，本件工作物の所有者および管理者であるXに対し，本件工作物等の使用禁止命令を発した。そこでXは当該処分の取消し等を求めて訴訟を提起した。1審，2審がともにXの請求を退けたため，Xが上告。

【判　旨】 一部破棄自判，一部棄却。①**集会の自由** 「現代民主主義社会においては，集会は，国民が様々な意見や情報等に接することにより自己の思想や人格を形成，発展させ，また，相互に意見や情報等を伝達，交流する場として必要であり，さらに，対外的に意見を表明するための有効な手段であるから，憲法21条1項の保障する集会の自由は，民主主義社会における重要な基本的人権の一つとして特に尊重されなければならない」が，「公共の福祉による必要かつ合理的な制限を受ける」。「このような自由に対する制限が必要かつ合理的なものとして是認されるかどうかは，制限が必要とされる程度と，制限される自由の内容及び性質，これに加えられる具体的制限の態様及び程度等を較量して決めるのが相当である〔3-18(よど号ハイジャック記事墨塗り事件)〕」。「本法３条１項１号に基づく工作物使用禁止命令により保護される……安全の確保は，国家的，社会経済的，公益的，人道的見地から極めて強く要請されるところのものである。他方，右工作物使用禁止命令により制限される利益は，多数の暴力主義的破壊活動者が当該工作物を集合の用に供する利益にすぎ」ず，安全確保は「高度かつ緊急の必要性があるというべき」だから，総合して較量すれば，「公共の福祉による必要かつ合理的なものである」。②**憲法31条と行政手続**　「憲法31条の定める法定手続の保障は，直接には刑事手続に関するものであるが，行政手続については，それが刑事手続ではないとの理由のみで，そのすべてが当然に同条による保障の枠外にあると判断することは相当ではない」。しかし，「同条による保障が及ぶと解すべき場合であっても，一般に，行政手続は，刑事手続とその性質においておのずから差異があり，また，行政目的に応じて多種多様であるから，行政処分の相手方に事前の告知，弁解，防御の機会を与えるかどうかは，行政処分により制限を受ける権利利益の内容，性質，制限の程度，行政処分により達成しようとする公益の内容，程度，緊急性等を総合較量して決定されるべきものであって，常に必ずそのような機会を与えることを必要とするものではないと解するのが相当である」。③**総合衡量**　「本法３条１項に基づく工作物使用禁止命令により制限される権利利益の内容，性質は，……当該工作物の三態様における使用であり，右命令により達成しようとする公益の内容，程度，緊急性等は，前記のとおり，新空港の設置，管理等の安全という国家的，社会経済的，公益的，人道的見地からその確保が極めて強く要請されているものであって，高度かつ緊急の必要性を有するものであることなどを総合較量すれば，右命令をするに当たり，その相手方に対し事前に告知，弁解，防御の機会を与える旨の規定がなくても，本法３条１項が憲法31条の法意に反するものということはできない」。

▼コメント▼　本判決の後，行政処分等の行政手続に関して共通する事項を定め，行政運営における公正の確保と透明性の向上を図り，もって国民の権利利益の保護に資することを目的とした行政手続法（平成５年法律第88号）が制定された。これにより，原則として，行政処分の相手方に対して事前の通知，弁明，防御の機会が与えられることになった（同法13条以下）。ただし，その適用が除外される場合も少なくなく，その是非を判断する際には本判決の考え方が参照されることになる。

10-6 団体規制法に基づく観察処分の合憲性

★★☆☆☆

東京高判平成 25・1・16 判時 2184 号 14 頁

【上告不受理（最決平成 25・11・21）】

【判　旨】「無差別大量殺人を行った団体の規制に関する法律」（団体規制法）上の監察処分等の規制措置が憲法 31 条に違反するかについて，原審の判断を支持。原告は，「観察処分において規定されていた報告事項以外の事項に関する報告義務を，期間更新に当たり新たに課すこと」は，憲法 31 条に違反する旨主張するが，「本件更新処分に際し，新たな報告事項として定められた本件報告事項」，すなわち，団体の営む収益事業の種類および概要，事業所の名称およびその所在地，当該事業の責任者および従事する構成員の氏名ならびに各事業に関する会計帳簿を備え置いている場所については，「団体規制法５条３項４号の『当該団体の資産及び負債のうち政令で定めるもの』と密接に関連する事項であるから，団体規制法が予定していない報告事項を定めたものということはできない」。そのうえ，更新処分の際の手続保障として，「行政手続法 30 条の弁明の機会の付与の手続と同程度の手続保障がされているのであって，手続保障に欠けるところはない」。

＊原審：「観察処分等をするに当たっては，……公益の内容の重要性とその程度や必要性・緊急性の度合いの高さが，観察処分等により制限される権利利益の内容・性質，制限の程度の高さを凌駕していると認められ，観察処分等の相手方に対し，原告が主張する種々の内容・程度の事前の告知，弁解，防御の機会を与える旨の規定がなくても」，「団体規制法が憲法 31 条に違反しているということはできない」。

10-7 医療観察法に基づく処遇制度の合憲性

★★☆☆☆

最決平成 29・12・18 刑集 71 巻 10 号 570 頁

【決定要旨】「医療観察法〔心神喪失等の状態で重大な他害行為を行った者の医療及び観察等に関する法律〕は，心神喪失等の状態で重大な他害行為を行った者に対し，その適切な処遇を決定するための手続等を定めることにより，継続的かつ適切な医療並びにその確保のために必要な観察及び指導を行うことによって，その病状の改善及びこれに伴う同様の行為の再発の防止を図り，もってその社会復帰を促進することを目的としており（1 条 1 項），この目的は正当なものというべきである。そして，医療観察法は，対象者について，『対象行為を行った際の精神障害を改善し，これに伴って同様の行為を行うことなく，社会に復帰することを促進するため，この法律による医療を受けさせる必要があると認める場合』には，入院をさせる又は入院によらない医療を受けさせる旨の決定（42 条 1 項 1 号，2 号）をしなければならない等と規定しているところ，このような処遇は上記目的を達成するため必要かつ合理的なものであり，その要件も上記目的に即した合理的で相当なものと認められる」。「憲法 31 条の定める法定手続の保障は，直接には刑事手続に関するものであるが，当該手続が刑事手続ではないとの理由のみで，そのすべてが当然に同条による保障の枠外にあると判断することは相当でなく，その保障の在り方については，刑事手続との差異を考慮し，当該手続の性質等に応じて個別に考えるべきものであるところ，……医療観察法においては，その性質等に応じた手続保障が十分なされているものと認められる」。「以上のような医療観察法の目的の正当性，同法の規定する処遇及びその要件の必要性，合理性，相当性，手続保障の内容等に鑑みれば，医療観察法による処遇制度は，憲法 14 条，22 条 1 項に違反するものではなく，憲法31 条の法意に反するものということもできないと解するのが相当である」。

10-8　起訴されていない犯罪事実を量刑の資料とすることと適正手続

最大判昭和 41・7・13 刑集 20 巻 6 号 609 頁

★★☆☆☆

【判　旨】「刑事裁判において，起訴された犯罪事実のほかに，起訴されていない犯罪事実をいわゆる余罪として認定し，実質上これを処罰する趣旨で量刑の資料に考慮し，これがため被告人を重く処罰することは許されない」。それは，「刑事訴訟法の基本原理である不告不理の原則に反し，憲法 31 条にいう，法律に定める手続によらずして刑罰を科することになるのみならず，刑訴法 317 条に定める証拠裁判主義に反し，かつ，自白と補強証拠に関する憲法 38 条 3 項，刑訴法 319 条 2 項，3 項の制約を免かれることとなるおそれがあり，さらにその余罪が後日起訴されないという保障は法律上ないのであるから，若しその余罪について起訴され有罪の判決を受けた場合は，既に量刑上責任を問われた事実について再び刑事上の責任を問われることになり，憲法 39 条にも反することになるからである」。しかし，「量刑の一情状として余罪を考慮するのは，犯罪事実として余罪を認定して，これを処罰しようとするものではないから，これについて公訴の提起を必要とするものではない。余罪を単に被告人の性格，経歴および犯罪の動機，目的，方法等の情状を推知するための資料として考慮することは，犯罪事実として認定し，これを処罰する趣旨で刑を重くするのとは異なる」。

10-9 公訴時効の廃止と適正手続

★☆☆☆☆

最判平成27・12・3刑集69巻8号815頁

【判　旨】「人を死亡させた罪であって，死刑に当たるものについて公訴時効を廃止し，懲役又は禁錮の刑に当たるものについて公訴時効期間を延長した」刑訴法改正は，「行為時点における違法性の評価や責任の重さを遡って変更するものではない」。そして，刑法及び刑事訴訟法の一部を改正する法律附則3条2項は，「本法施行の際公訴時効が完成していない罪について本法による改正後の刑訴法250条1項を適用するとしたものであるから，被疑者・被告人となり得る者につき既に生じていた法律上の地位を著しく不安定にするようなものでもない」。したがって，「憲法39条，31条に違反せず，それらの趣旨に反するとも認められない」。

10-10 人身保護法による救済請求

★☆☆☆☆

最大決昭和29・4・26民集8巻4号848頁

【決定要旨】「人身保護法により救済を請求することができるのは，法律上正当な手続によらないで身体の自由を拘束されている者で（人身保護法2条），その拘束又は拘束に関する裁判若しくは処分が権限なしにされ又は法令の定める方式若しくは手続に著しく違反していることが顕著である場合に限りこれをすることができるのである（人身保護規則4条本文）。このように請求の理由を，権限，方式，手続の違反が，著しく，且つ顕著である場合に限定したのは，人身保護法が，基本的人権を保障する憲法の精神に従い，国民をして現に不当に奪はれている人身の自由を，迅速，且つ容易に回復せしめることを目的として制定された特別な救済方法であるからである（人身保護法1条，同規則4条但書参照）」。拘束者（巣鴨刑務所長）は，日本国との平和条約（サンフランシスコ講和条約）11条および「平和条約第11条による刑の執行及び赦免等に関する法律」に基づき，抗告人が釈放を求めている被拘束者等を拘束しているのであるから，本件拘束が「権限なしにされ又は法令の定める方式若しくは手続に著しく違反していることが顕著であるとはいえない」。

10-11　法廷等の秩序維持に関する法律の合憲性

最大決昭和33・10・15刑集12巻14号3291頁

★★☆☆☆

【事　実】 監禁等被告事件の被告人として審理中のXらが，裁判長の制止をきかず，許可を受けないで，裁判長を罵倒するなどしたため，法廷等の秩序維持に関する法律に基づきその場で拘束され，監置処分を受けた。そこでXらは同法の違憲性を主張して抗抗したが，2審がこれを退けたため，Xらが特別抗告。

【決定要旨】 特別抗抗棄却。「この法によって裁判所に属する権限は，直接憲法の精神，つまり司法の使命とその正常，適正な運営の必要に由来するものである。それはいわば司法の自己保存，正当防衛のために司法に内在する権限，司法の概念から当然に演繹される権限と認めることができる」。「この権限は上述のごとく直接憲法の精神に基礎を有するものであり，そのいずれかの法条に根拠をおくものではない」。「本法による制裁は従来の刑事的行政的処罰のいずれの範疇にも属しないところの，本法によって設定された特殊の処罰である」。本法は，「現行犯的行為に対し裁判所または裁判官自体によって適用されるものである」から，「令状の発付，勾留理由の開示，訴追，弁護人依頼権等刑事裁判に関し憲法の要求する諸手続の範囲外にあるのみならず，またつねに証拠調を要求されていることもない」。「かような手続による処罰は事実や法律の問題が簡単明瞭であるためであり，これによって被処罰者に関し憲法の保障する人権が侵害されるおそれがない」。

2　逮捕・捜索・押収

10-12　緊急逮捕の合憲性

最大判昭和30・12・14刑集9巻13号2760頁

★☆☆☆☆

【判　旨】「刑訴210条は，死刑又は無期若しくは長期3年以上の懲役若しくは禁錮にあたる罪を犯したことを疑うに足る充分な理由がある場合で，且つ急速を要し，裁判官の逮捕状を求めることができないときは，その理由を告げて被疑者を逮捕することができるとし，そしてこの場合捜査官憲は直ちに裁判官の逮捕状を求める手続を為し，若し逮捕状が発せられないときは直ちに被疑者を釈放すべきことを定めている。かような厳格な制約の下に，罪状の重い一定の犯罪のみについて，緊急已むを得ない場合に限り，逮捕後直ちに裁判官の審査を受けて逮捕状の発行を求めることを条件とし，被疑者の逮捕を認めることは，憲法33条規定の趣旨に反するものではない」。

10-13 現行犯逮捕と住居の不可侵――国税犯則取締法事件

★★☆☆☆

最大判昭和30・4・27刑集9巻5号924頁

【判　旨】「憲法35条は同法33条の場合を除外して住居，書類及び所持品につき侵入，捜索及び押収を受けることのない権利を保障している。この法意は同法33条による不逮捕の保障の存しない場合においては捜索押収等を受けることのない権利も亦保障されないことを明らかにしたものなのである。然るに右33条は現行犯の場合にあっては同条所定の令状なくして逮捕されてもいわゆる不逮捕の保障には係りなきことを規定しているのであるから，同35条の保障も亦現行犯の場合には及ばないものといわざるを得ない。それ故少くとも現行犯の場合に関する限り，法律が司法官憲によらずまた司法官憲の発した令状によらずその犯行の現場において捜索，押収等をなし得べきことを規定したからとて，立法政策上の当否の問題に過ぎないのであり，憲法35条違反の問題を生ずる余地は存しないのである。さればこれと異る見地に立って国税犯則取締法3条1項の規定を憲法35条に違反すると主張し，且これを前提として原判決に訴訟法違反ありとする論旨には賛同することができない。」

10-14 令状なしのＧＰＳ捜査

★★★★☆

最大判平成29・3・15刑集71巻3号13頁

【事　実】 Yが複数の共犯者と共に犯したと疑われていた窃盗事件に関し，組織性の有無，程度や組織内におけるYの役割を含む犯行の全容を解明するための捜査の一環として，約6か月半の間，Y，共犯者等が使用する蓋然性があった自動車等合計19台に，同人らの承諾なく，かつ，令状を取得することなく，GPS端末を取り付けてGPS捜査が実施された。1審の裁判所は，GPS捜査は検証許可状によらない違法な捜査であるとして，そこで得られた証拠等の証拠能力を否定したが，その余の証拠に基づいてYを有罪と判断。2審は，Yの有罪を維持し，さらに本件GPS捜査に重大な違法があったとはいえないとしたため，Yが上告。

【判　旨】 上告棄却。①**GPS捜査とプライバシー** GPS捜査は，「その性質上，公道上のもののみならず，個人のプライバシーが強く保護されるべき場所や空間に関わるものも含めて，対象車両及びその使用者の所在と移動状況を逐一把握することを可能にする。このような捜査手法は，個人の行動を継続的，網羅的に把握することを必然的に伴うから，個人のプライバシーを侵害し得るものであり，また，そのような侵害を可能とする機器を個人の所持品に秘かに装着することによって行う点において，公道上の所在を肉眼で把握したりカメラで撮影したりするような手法とは異なり，公権力による私的領域への侵入を伴うものというべきである」。②**GPS捜査の強制処分性** 憲法35条の「規定の保障対象には，『住居，書類及び所持品』に限らずこれらに準ずる私的領域に『侵入』されることのない権利が含まれるものと解するのが相当である」。そうすると，「GPS捜査は，個人の意思を制圧して憲法の保障する重要な法的利益を侵害するものとして，刑訴法上，特別の根拠規定がなければ許容されない強制の処分に当たる」。③**GPS捜査と適正手続** 「仮に，検証許可状の発付を受け，あるいはそれと併せて捜索許可状の発付を受けて行うとしても，GPS捜査は，GPS端末を取り付けた対象車両の所在の検索を通じて対象車両の使用者の行動を継続的，網羅的に把握することを必然的に伴うものであって，GPS端末を取り付けるべき車両及び罪名を特定しただけでは被疑事実と関係のない使用者の行動の過剰な把握を抑制することができず，裁判官による令状請求の審査を要することとされている趣旨を満たすことができないおそれがある。さらに，GPS捜査は，被疑者らに知られず秘かに行うのでなければ意味がなく，事前の令状呈示を行うことは想定できない。刑訴法上の各種強制の処分については，手続の公正の担保の趣旨から原則として事前の令状呈示が求められており（同法222条1項，110条），他の手段で同趣旨が図られ得るのであれば事前の令状呈示が絶対的な要請であるとは解されないとしても，これに代わる公正の担保の手段が仕組みとして確保されていないのでは，適正手続の保障という観点から問題が残る」。これらの問題を解消するために，「捜査の実効性にも配慮しつつどのような手段を選択するかは，刑訴法197条1項ただし書の趣旨に照らし，第一次的には立法府に委ねられている」。「以上のとおり，GPS捜査について，刑訴法197条1項ただし書の『この法律に特別の定のある場合』に当たるとして同法が規定する令状を発付することには疑義がある。GPS 捜査が今後も広く用いられ得る有力な捜査手法であるとすれば，その特質に着目して憲法，刑訴法の諸原則に適合する立法的な措置が講じられることが望ましい」。④**結論**「しかしながら，本件 GPS 捜査によって直接得られた証拠及びこれと密接な関連性を有する証拠の証拠能力を否定する一方で，その余の証拠につき，同捜査に密接に関連するとまでは認められないとして証拠能力を肯定し，これに基づき被告人を有罪と認定した第 1 審判決は正当であり，第 1 審判決を維持した原判決の結論に誤りはない」。

10-15　行政手続と令状主義および黙秘権――川崎民商事件

最大判昭和 47・11・22 刑集 26 巻 9 号 554 頁

★★★★☆

【事　実】 川崎市内で食肉販売業を営む川崎民主商工会の会員であるＹに対して，川崎税務署の収税官吏が，1965（昭和 40）年改正前の旧所得税法 63 条に基づき，Ｙの所得税確定申告調査のため帳簿書類等の検査をしようとしたところ，Ｙは，何回来るんだ，だめだ，だめだ，事前通知がなければ調査に応じられない等と大声をあげたりするなどして税務調査を拒んだ。これが旧所得税法 70 条 10 号に違反するとしてＹは起訴された。1 審，2 審ともにＹを有罪としたため，Ｙが上告。

【判　旨】 上告棄却。①**税務調査の性質**「旧所得税法 70 条 10 号の規定する検査拒否に対する罰則は，同法 63 条所定の収税官吏による当該帳簿等の検査の受忍をその相手方に対して強制する作用を伴なうものであるが，同法 63 条所定の収税官吏の検査は，もっぱら，所得税の公平確実な賦課徴収のために必要な資料を収集することを目的とする手続であって，その性質上，刑事責任の追及を目的とする手続ではない」。また，「右検査が，実質上，刑事責任追及のための資料の取得収集に直接結びつく作用を一般的に有するものと認めるべきことにはならない。けだし，この場合の検査の範囲は，前記の目的のため必要な所得税に関する事項にかぎられており，また，その検査は，同条各号に列挙されているように，所得税の賦課徴収手続上一定の関係にある者につき，その者の事業に関する帳簿その他の物件のみを対象としているのであって，所得税の逋脱その他の刑事責任の嫌疑を基準に右の範囲が定められているのではないからである」。②**強制の態様とその合理性**「さらに，この場合の強制の態様は，収税官吏の検査を正当な理由がなく拒む者に対し，同法

70条所定の刑罰を加えることによって，間接的心理的に右検査の受忍を強制しようとするものであり，かつ，右の刑罰が行政上の義務違反に対する制裁として必ずしも軽微なものとはいえないにしても，その作用する強制の度合いは，それが検査の相手方の自由な意思をいちじるしく拘束して，実質上，直接的物理的な強制と同視すべき程度にまで達しているものとは，いまだ認めがたいところである。国家財政の基本となる徴税権の適正な運用を確保し，所得税の公平確実な賦課徴収を図るという公益上の目的を実現するために収税官吏による実効性のある検査制度が欠くべからざるものであることは，何人も否定しがたいものであるところ，その目的，必要性にかんがみれば，右の程度の強制は，実効性確保の手段として，あながち不均衡，不合理なものとはいえないのである」。**③憲法35条1項と行政手続**　「憲法35条1項の規定は，本来，主として刑事責任追及の手続における強制について，それが司法権による事前の抑制の下におかれるべきことを保障した趣旨であるが，当該手続が刑事責任追及を目的とするものでないとの理由のみで，その手続における一切の強制が当然に右規定による保障の枠外にあると判断することは相当ではない。しかしながら，前に述べた諸点を総合して判断すれば，旧所得税法70条10号，63条に規定する検査は，あらかじめ裁判官の発する令状によることをその一般的要件としないからといって，これを憲法35条の法意に反するものとすることはできず，前記規定を違憲であるとする所論は，理由がない」。**④憲法38条1項と税務調査**　旧所得税法70条10号，12号，63条の規定に基づく検査および質問は，「もっぱら所得税の公平確実な賦課徴収を目的とする手続であって，刑事責任の追及を目的とする手続ではなく，また，そのための資料の取得収集に直接結びつく作用を一般的に有するものでもな」く，「公益上の必要性と合理性」がある。憲法38条1項の「保障は，純然たる刑事手続においてばかりではなく，それ以外の手続においても，実質上，刑事責任追及のための資料の取得収集に直接結びつく作用を一般的に有する手続には，ひとしく及ぶ」が，「検査，質問の性質が上述のようなものである以上，右各規定そのものが憲法38条1項にいう『自己に不利益な供述』を強要するもの」ではない。

10-16 職務質問に附随して行う所持品検査の許容限度――米子銀行強盗事件

★☆☆☆☆

最判昭和 53・6・20 刑集 32 巻 4 号 670 頁

【判　旨】「所持品検査は，任意手段である職務質問の附随行為として許容されるのであるから，所持人の承諾を得て，その限度においてこれを行うのが原則である」が，「所持人の承諾のない限り所持品検査は一切許容されないと解するのは相当でなく，捜索に至らない程度の行為は，強制にわたらない限り，所持品検査においても許容される場合がある」。「所持品について捜索及び押収を受けることのない権利は憲法 35 条の保障するところであり，捜索に至らない程度の行為であってもこれを受ける者の権利を害するものであるから，状況のいかんを問わず常にかかる行為が許容されるものと解すべきでないことはもちろんであって，かかる行為は，限定的な場合において，所持品検査の必要性，緊急性，これによって害される個人の法益と保護されるべき公共の利益との権衡などを考慮し，具体的状況のもとで相当と認められる限度においてのみ，許容されるものと解すべきである」。

10-17 違法収集証拠――ポケット所持品検査事件

★☆☆☆☆

最判昭和 53・9・7 刑集 32 巻 6 号 1672 頁

【判　旨】「証拠物は押収手続が違法であっても，物それ自体の性質・形状に変異をきたすことはなく，その存在・形状等に関する価値に変りのないことなど証拠物の証拠としての性格にかんがみると，その押収手続に違法があるとして直ちにその証拠能力を否定することは，事案の真相の究明に資するゆえんではなく，相当でない」。しかし，憲法 35 条および憲法 31 条等にかんがみ，「証拠物の押収等の手続に，憲法 35 条及びこれを受けた刑訴法 218 条 1 項等の所期する令状主義の精神を没却するような重大な違法があり，これを証拠として許容することが，将来における違法な捜査の抑制の見地からして相当でないと認められる場合においては，その証拠能力は否定されるものと解すべきである」。

10-18 覚せい剤密売電話傍受事件

★★☆☆☆

最決平成 11・12・16 刑集 53 巻 9 号 1327 頁

【決定要旨】「電話傍受は，通信の秘密を侵害し，ひいては，個人のプライバシーを侵害する強制処分であるが，一定の要件の下では，捜査の手段として憲法上全く許されないものではないと解すべき」である。「そして，重大な犯罪に係る被疑事件について，被疑者が罪を犯したと疑うに足りる十分な理由があり，かつ，当該電話により被疑事実に関連する通話の行われる蓋然性があるとともに，電話傍受以外の方法によってはその罪に関する重要かつ必要な証拠を得ることが著しく困難であるなどの事情が存する場合において，電話傍受により侵害される利益の内容，程度を慎重に考慮した上で，なお電話傍受を行うことが犯罪の捜査上真にやむを得ないと認められるときには，法律の定める手続に従ってこれを行うことも憲法上許されると解するのが相当である」。「前記の一定の要件を満たす場合に，対象の特定に資する適切な記載がある検証許可状により電話傍受を実施することは，本件当時においても法律上許されていたものと解するのが相当である」。

＊本決定の約 4 か月前に「犯罪捜査のための通信傍受に関する法律」（平成 11 年法律第 137 号）が制定された。

10-19 宅配便エックス線検査事件

★☆☆☆☆

最決平成 21・9・28 刑集 63 巻 7 号 868 頁

【決定要旨】「荷送人の依頼に基づき宅配便業者の運送過程下にある荷物について，捜査機関が，捜査目的を達成するため，荷送人や荷受人の承諾を得ることなく，これに外部からエックス線を照射して内容物の射影を観察した」本件エックス線検査は，「荷送人や荷受人の内容物に対するプライバシー等を大きく侵害するものであるから，検証としての性質を有する強制処分に当た」り，「検証許可状によることなくこれを行った本件エックス線検査は，違法である」。しかし，「諸事情にかんがみれば，本件覚せい剤等は，本件エックス線検査と……関連性を有するとしても，その証拠収集過程に重大な違法があるとまではいえず，その他，これらの証拠の重要性等諸般の事情を総合すると，その証拠能力を肯定することができる」。

3　刑事裁判の諸原則と被疑者・被告人の権利

10-20　弁護人依頼権――接見交通制限事件

★★★☆☆

最大判平成 11・3・24 民集 53 巻 3 号 514 頁

【判　旨】　上告棄却。①**弁護人依頼権の保障内容**　憲法 34 条前段が定める弁護人に依頼する権利は，「単に被疑者が弁護人を選任することを官憲が妨害してはならないというにとどまるものではなく，被疑者に対し，弁護人を選任した上で，弁護人に相談し，その助言を受けるなど弁護人から援助を受ける機会を持つことを実質的に保障しているものと解すべきである」。②**接見交通権**　刑訴法 39 条 1 項が，「被疑者と弁護人等との接見交通権を規定しているのは，憲法 34 条の右の趣旨にのっとり，身体の拘束を受けている被疑者が弁護人等と相談し，その助言を受けるなど弁護人等から援助を受ける機会を確保する目的で設けられたものであり，その意味で，刑訴法の右規定は，憲法の保障に由来するものである」。もっとも接見交通権は，「刑罰権ないし捜査権に絶対的に優先するような性質のものということはできない」。「憲法 34 条は，身体の拘束を受けている被疑者に対して弁護人から援助を受ける機会を持つことを保障するという趣旨が実質的に損なわれない限りにおいて，法律に……調整の規定を設けることを否定するものではない」。③**刑訴法 39 条 3 項本文の解釈**　刑訴法 39 条 3 項本文は，「接見交通権の行使につき捜査機関が制限を加えることを認めている」が，これは「被疑者の取調べ等の捜査の必要と接見交通権の行使との調整を図る趣旨で置かれたものである」。また同条同項ただし書は，「捜査機関のする……接見等の日時等の指定は飽くまで必要やむを得ない例外的措置であって，被疑者が防御の準備をする権利を不当に制限することは許されない旨を明らかにしている」。「このような刑訴法 39 条の立法趣旨，内容に照らすと，捜査機関は，弁護人等から被疑者との接見等の申出があったときは，原則としていつでも接見等の機会を与えなければならないのであり，同条 3 項本文にいう『捜査のため必要があるとき』とは，右接見等を認めると取調べの中断等により捜査に顕著な支障が生ずる場合に限られ，右要件が具備され，接見等の日時等の指定をする場合には，捜査機関は，弁護人等と協議してできる限り速やかな接見等のための日時等を指定し，被疑者が弁護人等と防御の準備をすることができるような措置を採らなければならないものと解すべきである」。**④刑訴法39条3項本文の合憲性**　「このような点からみれば，刑訴法39条3項本文の規定は，憲法34条前段の弁護人依頼権の保障の趣旨を実質的に損なうものではない」。

10-21　迅速な裁判を受ける権利——高田事件

★★★★☆

最大判昭和47・12・20刑集26巻10号631頁

【事　実】　1952（昭和27）年，Yら30数名は，名古屋市内において派出所，民団事務所，米駐留軍宿舎などに対する襲撃事件を起こし，住居侵入，暴力行為等処罰ニ関スル法律違反，爆発物取締罰則違反，放火，放火未遂，放火予備，傷害罪などに問われた。この一連の事件を総称して高田事件という。高田事件の被告人であるYらと，同時期に生じた別の襲撃事件（大須事件）の被告人20名らが重複することから，高田事件の審理は大須事件の審理終了を待って進めることとされた。その結果，1969（昭和44）年に公判審理が再開されるまでの間，約15年にわたり審理がまったく行われなかった。高田事件の1審は，公訴時効が完成した場合の刑訴法337条4号を準用してYらを免訴としたが，2審は，1審の判断は免訴事由を新たに追加立法したに等しいもので解釈の範囲を超えるとして破棄差戻しとしたため，Yらが上告。

【判　旨】　破棄自判。**①迅速な裁判を受ける権利の趣旨**　憲法37条1項の迅速な裁判を受ける権利は，「単に迅速な裁判を一般的に保障するために必要な立法上および司法行政上の措置をとるべきことを要請するにとどまらず，さらに個々の刑事事件について，現実に右の保障に明らかに反し，審理の著しい遅延の結果，迅速な裁判をうける被告人の権利が害せられたと認められる異常な事態が生じた場合には，これに対処すべき具体的規定がなくても，もはや当該被告人に対する手続の続行を許さず，その審理を打ち切るという非常救済手段がとられるべきことをも認めている趣旨の規定である」。「刑事事件について審理が著しく遅延するときは，被告人としては長期間罪責の有無未定のまま放置されることにより，ひとり有形無形の社会的不利益を受けるばかりでなく，当該手続においても，被告人または証人の記憶の減退・喪失，関係人の死亡，証拠物の滅失などをきたし，ために被告人の防禦権の行使に種々の障害を生ずることをまぬがれず，ひいては，刑事司法の理念である，事案の真相を明らかにし，罪なき者を罰せず罪ある者を逸せず，刑罰法令を適正かつ迅速に適用実現するという目的を達することができないこととなるのである。上記憲法の迅速な裁判の保障条項は，かかる弊害発生の防止をその趣旨とする」。②**立法措置を欠く場合**　この趣旨を活かす立法措置を欠く場合，「単に，これに対処すべき補充立法の措置がないことを理由として，救済の途がないとするがごときは，右保障条項の趣旨を全うするゆえんではない」。③**非常救済手段が憲法上要請される場合**　「審理の著しい遅延の結果，迅速な裁判の保障条項によって憲法がまもろうとしている被告人の諸利益が著しく害せられると認められる異常な事態が生ずるに至った場合には，さらに審理をすすめても真実の発見ははなはだしく困難で，もはや公正な裁判を期待することはできず，いたずらに被告人らの個人的および社会的不利益を増大させる結果となるばかりであって，これ以上実体的審理を進めることは適当でないから，その手続をこの段階において打ち切るという非常の救済手段を用いることが憲法上要請される」。④**判断枠組み**　「具体的刑事事件における審理の遅延が右の保障条項に反する事態に至っているか否かは，遅延の期間のみによって一律に判断されるべきではなく，遅延の原因と理由などを勘案して，それ遅延がやむをえないものと認められないかどうか，これにより右の保障条項がまもろうとしている諸利益がどの程度実際に害せられているかなど諸般の情況を総合的に判断して決せられなければならない」。⑤**あてはめ**　本件の場合，「被告人らが迅速な裁判をうける権利を自ら放棄したとは認めがたいこと，および迅速な裁判の保障条項によってまもられるべき被告人の諸利益が実質的に侵害されたと認められ」，「昭和 44 年第 1 審裁判所が公判手続を更新した段階においてすでに，憲法 37 条 1 項の迅速な裁判の保障条項に明らかに違反した異常な事態に立ち至っていた」。したがって，本件は，「被告人らに対して審理を打ち切るという非常救済手段を用いることが是認されるべき場合にあたる」。

▼コメント▼　2003（平成 15）年に制定された「裁判の迅速化に関する法律」（平成 15 年法律第 107 号）は，「第 1 審の訴訟手続については 2 年以内のできるだけ短い期間内にこれを終局させ」ること，「その他の裁判所における手続についてもそれぞれの手続に応じてできるだけ短い期間内にこれを終局させること」を求めている（同法 2 条 1 項）。

10-22　遮へい措置・ビデオリンク方式と証人審問権

最判平成 17・4・14 刑集 59 巻 3 号 259 頁

★★☆☆☆

【事　実】　Y は，傷害，強姦被告事件について 1 審で有罪となった。Y は 2 審において，1審裁判所が公判で被害者を証人尋問する際に，証人と被告人，証人と傍聴人との間に遮へい措置（刑訴法157条の3〔現157条の5〕）を設けたうえ，同一構内の別の場所に証人を在席させ，映像と音声の送受信により相手の状態を相互に認識しながら通話するというビデオリンク方式（刑訴法157条の4〔現157条の6〕）を採ったことは，「審理の公開に関する規定に違反したこと」（刑訴法377条3号）に該当するとともに，Yの反対尋問権を侵害する違法なものであったなどと主張したが，棄却された。そこでYは，遮へい措置およびビデオリンク方式を定める刑訴法の規定が憲法82条1項，37条1項，2項前段に違反するなどとして上告した。

【判　旨】 上告棄却。いずれの場合も「審理が公開されていることに変わりはない」。遮へい措置が採られた場合でも，被告人は「供述を聞くことはでき，自ら尋問することもでき，さらに，この措置は，弁護人が出頭している場合に限り採ることができるのであって，弁護人による証人の供述態度等の観察は妨げられない」から，「被告人の証人審問権は侵害されていない」。ビデオリンク方式が採られた場合でも，「被告人は，映像と音声の送受信を通じてであれ，証人の姿を見ながら供述を聞き，自ら尋問することができるのであるから，被告人の証人審問権は侵害されていない」。両方の措置が採られたとしても，「映像と音声の送受信を通じてであれ，被告人は，証人の供述を聞くことはでき，自ら尋問することもでき，弁護人による証人の供述態度等の観察は妨げられないのであるから，やはり被告人の証人審問権は侵害されていない」。

10-23　交通事故の報告義務と黙秘権

最大判昭和37・5・2刑集16巻5号495頁

★☆☆☆☆

【判　旨】 道路交通取締法24条1項の委任を受けて，交通事故の際に，「事故の内容」と講じた措置を警察官に報告する義務を課す道路交通取締法施行令67条2項にいう「『事故の内容』とは，その発生した日時，場所，死傷者の数及び負傷の程度並に物の損壊及びその程度等，交通事故の態様に関する事項を指すものと解すべきである。したがって，……操縦者，乗務員その他の従業者は，警察官が交通事故に対する前叙の処理をなすにつき必要な限度においてのみ，右報告義務を負担するのであって，それ以上，所論の如くに，刑事責任を問われる虞のある事故の原因その他の事項までも右報告義務ある事項中に含まれるものとは，解せられない」。

「いわゆる黙秘権を規定した憲法 38 条 1 項の法意は，何人も自己が刑事上の責任を問われる虞ある事項について供述を強要されないことを保障したものと解すべき」であるから，同施行「令 67 条 2 項により前叙の報告を命ずることは，憲法 38 条 1 項にいう自己に不利益な供述の強要に当らない」。

10-24 犯則嫌疑者に対する質問調査手続と供述拒否権の告知

最判昭和 59・3・27 刑集 38 巻 5 号 2037 頁

★☆☆☆☆

【判　旨】 憲法 38 条 1 項の「供述拒否権の保障は，純然たる刑事手続においてばかりでなく」，「実質上刑事責任追及のための資料の取得収集に直接結びつく作用を一般的に有する手続にはひとしく及ぶ」（10-15〔川崎民商事件〕）。「国税犯則取締法上の質問調査の手続は，犯則嫌疑者については，自己の刑事上の責任を問われるおそれのある事項についても供述を求めることになるもの」であるから，「憲法 38 条 1 項の規定による供述拒否権の保障が及ぶ」が，同条は「供述拒否権の告知を義務づけるものではなく……告知を要するものとすべきかどうかは，その手続の趣旨・目的等により決められるべき立法政策の問題」であり，「国税犯則取締法に供述拒否権告知の規定を欠き，収税官吏が犯則嫌疑者に対し同法 1 条の規定に基づく質問をするにあたりあらかじめ右の告知をしなかったからといって，その質問手続が憲法 38 条 1 項に違反することとなるものではない」。

10-25 医師法上の届出義務と自己負罪拒否権

最判平成 16・4・13 刑集 58 巻 4 号 247 頁

★★★☆☆

【事　実】 医師法 21 条は「医師は，死体又は妊娠 4 月以上の死産児を検案して異状があると認めたときは，24 時間以内に所轄警察署に届け出なければならない」と定めている。Y は，自身が院長を務める病院で生じた医療ミスによって死なせた患者について，その死体の異状を認めながらも，死体を検案した主治医と共謀して所轄警察署に届出をせず，また死因を偽って死亡診断書および死亡証明書を作成，行使したなどとして起訴された。1 審，2 審ともに有罪と判断したため，Y は，業務上過失致死等の罪責を問われるおそれがある場合にも，医師法 21 条の届出義務を負わせることは憲法 38 条 1 項に違反するなどと主張して上告。

【判　旨】 上告棄却。①**医師法上の届出義務**　「医師法 21 条にいう死体の『検案』とは，医師が死因等を判定するために死体の外表を検査することをいい，当該死体が自己の診療していた患者のものであるか否かを問わないと解するのが相当であ」る。異状死体に関する医師法 21 条の届出義務は，「警察官が犯罪捜査の端緒を得ることを容易にするほか，場合によっては，警察官が緊急に被害の拡大防止措置を講ずるなどして社会防衛を図ることを可能にするという役割をも担った行政手続上の義務と解される。そして，異状死体は，人の死亡を伴う重い犯罪にかかわる可能性があるものであるから，上記のいずれの役割においても本件届出義務の公益上の必要性は高い」。②**黙秘権の意義**　「他方，憲法 38 条 1 項の法意は，何人も自己が刑事上の責任を問われるおそれのある事項について供述を強要されないことを保障したものと解される」。③**医師法上の届出と黙秘権**　「本件届出義務は，医師が，死体を検案して死因等に異状があると認めたときは，そのことを警察署に届け出るものであって，これにより，届出人と死体とのかかわり等，犯罪行為を構成する事項の供述までも強制されるものではない。また，医師免許は，人の生命を直接左右する診療行為を行う資格を付与するとともに，それに伴う社会的責務を課するものである。このような本件届出義務の性質，内容・程度及び医師という資格の特質と，本件届出義務に関する前記のような公益上の高度の必要性に照らすと，医師が，同義務の履行により，捜査機関に対し自己の犯罪が発覚する端緒を与えることにもなり得るなどの点で，一定の不利益を負う可能性があっても，それは，医師免許に付随する合理的根拠のある負担として許容される」。

10-26　偽計による自白の証拠能力

★★☆☆☆

最大判昭和 45・11・25 刑集 24 巻 12 号 1670 頁

【判　旨】「捜査手続といえども，憲法の保障下にある刑事手続の一環である以上，刑訴法 1 条所定の精神に則り，公共の福祉の維持と個人の基本的人権の保障とを全うしつつ適正に行なわれるべきものであることにかんがみれば，捜査官が被疑者を取り調べるにあたり偽計を用いて被疑者を錯誤に陥れ自白を獲得するような尋問方法を厳に避けるべきであることはいうまでもない」。「もしも偽計によって被疑者が心理的強制を受け，その結果虚偽の自白が誘発されるおそれのある場合には，右の自白はその任意性に疑いがあるものとして，証拠能力を否定すべきであり，このような自白を証拠に採用することは，刑訴法 319 条 1 項の規定に違反し，ひいては憲法 38 条 2 項にも違反するものといわなければならない」。

4 刑 罰

10-27 死刑制度の合憲性

★★☆☆☆

最大判昭和 23・3・12 刑集 2 巻 3 号 191 頁

【判 旨】 憲法 13 条は，「公共の福祉という基本的原則に反する場合には，生命に対する国民の権利といえども立法上制限乃至剥奪されることを当然予想」している。また憲法 31 条では，「国民個人の生命の尊貴といえども，法律の定める適理の手続によって，これを奪う刑罰を科せられることが，明かに定められている」。「すなわち憲法は現代多数の文化国家におけると同様に，刑罰として死刑の存置を想定し，これを是認した」。もっとも，「死刑といえども，他の刑罰の場合におけると同様に，その執行の方法等がその時代と環境とにおいて人道上の見地から一般に残虐性を有するものと認められる場合には，勿論これを残虐な刑罰といわねばならぬから，将来若し死刑について火あぶり，はりつけ，さらし首，釜ゆでの刑のごとき残虐な執行方法を定める法律が制定されたとするならば，その法律こそは，まさに憲法第 36 条に違反するものというべきである」が，「死刑そのものをもって残虐な刑罰と解し，刑法死刑の規定を憲法違反とする」ことはできない。

10-28 絞首刑の合憲性

★☆☆☆☆

最大判昭和 30・4・6 刑集 9 巻 4 号 663 頁

【判 旨】「刑罰としての死刑は，その執行方法が人道上の見地から特に残虐性を有すると認められないかぎり，死刑そのものをもって直ちに一般に憲法 36 条にいわゆる残虐な刑罰に当るといえないという趣旨は，すでに当裁判所大法廷の判示するところである〔10-27（死刑制度の合憲性）判決〕。そして現在各国において採用している死刑執行方法は，絞殺，斬殺，銃殺，電気殺，瓦斯殺等であるが，これらの比較考量において一長一短の批判があるけれども，現在わが国の採用している絞首方法が他の方法に比して特に人道上残虐であるとする理由は認められない。従って絞首刑は憲法 36 条に違反するとの論旨は理由がない。」

＊死刑執行の方法を定める明治 6 年太政官布告 65 号（絞罪機器図式）の効力については，17-1（旧憲法以前に制定された法令の新憲法下での効力）を参照。

10-29 判例変更と事後法の禁止

最判平成 8・11・18 刑集 50 巻 10 号 745 頁

★☆☆☆☆

【判　旨】「行為当時〔1974（昭和 49）年〕の最高裁判所の判例の示す法解釈に従えば無罪となるべき行為を処罰することが憲法 39 条に違反する旨をいう点は，そのような行為であっても，これを処罰することが憲法の右規定に違反しないことは，当裁判所の判例……の趣旨に徴して明らかであ」る。

＊地方公務員の争議権に関する行為当時の判例は，11-19（都教組事件）であり，この判例に照らせば，本件行為は無罪とされる可能性が高かった。しかし本判決は，本件行為後に 11-19 を判例変更した 11-22（岩教組学テ事件）に照らして判断した。

10-30 検察官上訴と一事不再理

最大判昭和 25・9・27 刑集 4 巻 9 号 1805 頁

★☆☆☆☆

【判　旨】「元来一事不再理の原則は，何人も同じ犯行について，二度以上罪の有無に関する裁判を受ける危険に曝さるべきものではないという，根本思想に基く」。「その危険とは，同一の事件においては，訴訟手続の開始から終末に至るまでの一つの継続的状態」である。「1 審の手続も控訴審の手続もまた，上告審のそれも同じ事件においては，継続せる一つの危険の各部分たるにすぎない」。「従って同じ事件においては，いかなる段階においても唯一の危険があるのみであって，そこには二重危険（ダブル，ジェバーディ）ないし二度危険（トワイス，ジェバーディ）というものは存在しない。それ故に，下級審における無罪又は有罪判決に対し，検察官が上訴をなし有罪又はより重き刑の判決を求めることは，被告人を二重の危険に曝すものでもなく，従ってまた憲法 39 条に違反して重ねて刑事上の責任を問うものでもない」。

10-31 刑罰と重加算税

★☆☆☆☆

最大判昭和 33・4・30 民集 12 巻 6 号 938 頁

【判　旨】 法人税「法が追徴税を行政機関の行政手続により租税の形式により課すべきものとしたことは追徴税を課せらるべき納税義務違反者の行為を犯罪とし，これに対する刑罰として，これを課する趣旨でないこと明らかである。追徴税のかような性質にかんがみれば，憲法 39 条の規定は，刑罰たる罰金と追徴税とを併科することを禁止する趣旨を含むものでないと解するのが相当である」。

10-32 非親告罪化と遡及処罰の禁止

★★☆☆☆

最判令和 2・3・10 刑集 74 巻 3 号 303 頁

【事　実】「刑法の一部を改正する法律」（平成 29 年法律第 72 号）により，強制わいせつ罪等が非親告罪化され，同法の附則 2 条 2 項において，同法の施行前にした行為についても，同法の施行後は，告訴がなくても公訴を提起することができるとされた。同法の施行前に児童に対してした強制わいせつ行為について，同法の施行後に告訴がなく起訴され有罪判決を受けた Y は，同法附則 2 条 2 項は遡及処罰を禁止した憲法 39 条に違反するとして上告。

【判　旨】「親告罪は，一定の犯罪について，犯人の訴追・処罰に関する被害者意思の尊重の観点から，告訴を公訴提起の要件としたものであり，親告罪であった犯罪を非親告罪とする本法は，行為時点における当該行為の違法性の評価や責任の重さを遡って変更するものではない。そして，本法附則 2 条 2 項は，本法の施行の際既に法律上告訴がされることがなくなっているものを除き，本法の施行前の行為についても非親告罪として扱うこととしたものであり，被疑者・被告人となり得る者につき既に生じていた法律上の地位を著しく不安定にするようなものでもない。」「したがって，刑法を改正して強制わいせつ罪等を非親告罪とした本法の経過措置として，本法により非親告罪とされた罪であって本法の施行前に犯したものについて，本法の施行の際既に法律上告訴がされることがなくなっているものを除き，本法の施行後は，告訴がなくても公訴を提起することができるとした本法附則 2 条 2 項は，憲法 39 条に違反せず，その趣旨に反するとも認められない」。

第11章
社会権

1　生存権

11-1　生存権の法的性質①——食糧管理法違反事件

最大判昭和23・9・29刑集2巻10号1235頁

★☆☆☆☆

【判　旨】「憲法第25条第2項……は……社会生活の推移に伴う積極主義の政治である社会的施設の拡充増強に努力すべきことを国家の任務の一つとし宣言したものである。そして，同条第1項は，同様に積極主義の政治として，すべての国民が健康で文化的な最低限度の生活を営み得るよう国政を運営すべきことを国家の責務として宣言したものである。それは，主として社会的立法の制定及びその実施によるべきであるが，かかる生活水準の確保向上もまた国家の任務の一つとせられたのである。すなわち，国家は，国民一般に対して概括的にかかる責務を負担しこれを国政上の任務としたのであるけれども，個々の国民に対して具体的，現実的にかかる義務を有するのではない。言い換えれば，この規定により直接に個々の国民は，国家に対して具体的，現実的にかかる権利を有するものではない。」

11-2　生存権の法的性質②——朝日訴訟

最大判昭和42・5・24民集21巻5号1043頁

★★★☆☆

【事　実】X（朝日茂）は，国立療養所に肺結核患者として入所し，月600円の日用品費の生活扶助と現物による全部給付の給食付医療扶助とを受けていたが，実兄から毎月1500円の送金を受けるようになったために，月額600円の生活扶助は打ち切られ，上記の送金額から日用品費を控除した残額900円を医療費の一部としてXに負担させる旨の保護変更決定がされた。Xは，厚生大臣（当時）を被告として，不服申立却下裁決の取消しを求める訴えを提起し，1審では勝訴したものの，2審での敗訴後，上告中に死亡した。

【判　旨】訴訟終了。①**訴訟終了**「本件訴訟は，Xの死亡と同時に終了し……相続人……においてこれを承継し得る余地はない」。②**生存権の法的性質** 「(なお，念のため……憲法25条1項は……すべての国民が健康で文化的な最低限度の生活を営み得るように国政を運営すべきことを国の責務として宣言したにとどまり，直接個々の国民に対して具体的権利を賦与したものではない〔**11-1**（食糧管理法違反事件)〕。具体的権利としては，憲法の規定の趣旨を実現するために制定された生活保護法によって，はじめて与えられているというべきである。生活保護法は，『この法律の定める要件』を満たす者は，『この法律による保護』を受けることができると規定し（2条参照)，その保護は，厚生大臣の設定する基準に基づいて行なうものとしているから（8条1項参照)，右の権利は，厚生大臣が最低限度の生活水準を維持するにたりると認めて設定した保護基準による保護を受け得ることにあると解すべきである。もとより，厚生大臣の定める保護基準は，法8条2項所定の事項を遵守したものであることを要し，結局には憲法の定める健康で文化的な最低限度の生活を維持するにたりるものでなければならない。しかし，健康で文化的な最低限度の生活なるものは，抽象的な相対的概念であり，その具体的内容は，文化の発達，国民経済の進展に伴って向上するのはもとより，多数の不確定的要素を綜合考量してはじめて決定できるものである。したがって，何が健康で文化的な最低限度の生活であるかの認定判断は，いちおう，厚生大臣の合目的的な裁量に委されており，その判断は，当不当の問題として政府の政治責任が問われることはあっても，直ちに違法の問題を生ずることはない。ただ，現実の生活条件を無視して著しく低い基準を設定する等憲法および生活保護法の趣旨・目的に反し，法律によって与えられた裁量権の限界をこえた場合または裁量権を濫用した場合には，違法な行為として司法審査の対象となることをまぬかれない。……)」

11-3 生存権の法的性質③——堀木訴訟

★★★★☆

最大判昭和57・7・7民集36巻7号1235頁

【事　実】 X（堀木フミ子）は視力障害者で，国民年金法に基づく障害福祉年金を受給し，内縁の夫との間の子を夫との離別後独力で養育してきた。Xが，県知事Yに対して児童扶養手当の受給資格について認定の請求をしたが，Yは，Xが障害福祉年金を受給しているので児童扶養手当法4条3項3号（当時。公的年金給付を受けることができる者には児童扶養手当を支給しないとする併給調整条項）に該当するとして，請求を却下し異議申立ても棄却した。1審は，障害福祉年金を受給している母子世帯と父がそれを受給し母が児童を養育する世帯との差別を認定して却下処分を取り消したが，2審は，憲法25条2項は，「国の事前の積極的防貧施策をなすべき努力義務のあることを，同第1項は第2項の防貧施策の実施にも拘らず，なお落ちこぼれた者に対し，国は事後的，補足的且つ個別的な救貧施策をなすべき責務のあることを各宣言したものである」などとして原判決を取り消したので，Xが上告。

【判　旨】　上告棄却。①**立法裁量**　「憲法25条……にいう『健康で文化的な最低限度の生活』なるものは，きわめて抽象的・相対的な概念であって，その具体的内容は，その時々における文化の発達の程度，経済的・社会的条件，一般的な国民生活の状況等との相関関係において判断決定されるべきものであるとともに，右規定を現実の立法として具体化するに当たっては，国の財政事情を無視することができず，また，多方面にわたる複雑多様な，しかも高度の専門技術的な考察とそれに基づいた政策的判断を必要とするものである。したがって，憲法25条の規定の趣旨にこたえて具体的にどのような立法措置を講ずるかの選択決定は，立法府の広い裁量にゆだねられており，それが著しく合理性を欠き明らかに裁量の逸脱・濫用と見ざるをえないような場合を除き，裁判所が審査判断するのに適しない事柄である」。②**併給調整条項**　「児童扶養手当は，もともと国民年金法61条所定の母子福祉年金を補完する制度として設けられたものと見るのを相当とするのであり，児童の養育者に対する養育に伴う支出についての保障であることが明らかな児童手当法所定の児童手当とはその性格を異にし，受給者に対する所得保障である点において，……母子福祉年金ひいては国民年金法所定の国民年金（公的年金）一般，したがってその一種である障害福祉年金と基本的に同一の性格を有するもの，と見るのがむしろ自然である。そして，一般に，社会保障法制上，同一人に同一の性格を有する2以上の公的年金が支給されることとなるべき，いわゆる複数事故において，そのそれぞれの事故それ自体としては支給原因である稼得能力の喪失又は低下をもたらすものであっても，事故が2以上重なったからといって稼得能力の喪失又は低下の程度が必ずしも事故の数に比例して増加するといえないことは明らかである。このような場合について，社会保障給付の全般的公平を図るため公的年金相互間における併給調整を行うかどうかは，さきに述べたところにより，立法府の裁量の範囲に属する事柄と見るべきである」。③**14条，13条違反**　「憲法25条の規定の要請にこたえて制定された法令において，受給者の範囲，支給要件，支給金額等につきなんら合理的理由のない不当な差別的取扱をしたり，あるいは個人の尊厳を毀損するような内容の定めを設けているときは，別に所論指摘の憲法14条及び13条違反の問題を生じうることは否定しえない」が「この点に関する上告人の主張も理由がない」。

11-4 遺族補償年金と男女平等――地方公務員災害補償基金事件

★★☆☆☆

最判平成29・3・21集民255号55頁

【事　実】 地方公務員の夫であるXは妻死亡のため遺族補償年金等の支給を申請したが，死亡した職員の夫については，夫妻逆の場合と異なり，職員の死亡の当時，夫が一定の年齢に達していることが受給の要件であるとして不支給処分を受けた。そのため，憲法14条1項違反を主張して取消しを求めたところ，1審は請求を認容したが，2審がこれを取り消したためXが上告。

【判　旨】 上告棄却。「遺族補償年金制度は，憲法25条の趣旨を実現するために設けられた社会保障の性格を有する制度というべきところ，……男女間における生産年齢人口に占める労働力人口の割合の違い，平均的な賃金額の格差及び一般的な雇用形態の違い等からうかがえる妻の置かれている社会的状況に鑑み，妻について一定の年齢に達していることを受給の要件としないことは，上告人に対する不支給処分が行われた当時においても合理的な理由を欠くものということはできない。したがって，地方公務員災害補償法32条1項ただし書及び附則7条の2第2項のうち，死亡した職員の夫について，当該職員の死亡の当時一定の年齢に達していることを受給の要件としている部分が憲法14条1項に違反するということはできない。」

11-5 所得税の課税最低限と生存権――総評サラリーマン税金訴訟

★★☆☆☆

最判平成元・2・7判時1312号69頁

【判　旨】「上告人らは，……所得税法中の給与所得に係る課税関係規定が著しく合理性を欠き明らかに裁量の逸脱・濫用と見ざるをえないゆえんを具体的に主張しなければならない」。「しかるに……上告人らは，もっぱら，そのいうところの昭和46年の課税最低限がいわゆる総評理論生計費を下まわることを主張するにすぎないが，右総評理論生計費は日本労働組合総評議会（総評）にとっての望ましい生活水準ないしは将来の達成目標にほかならず，これをもって『健康で文化的な最低限度の生活』を維持するための生計費の基準とすることができないことは原判決の判示するところであり，他に上告人らは前記諸規定が立法府の裁量の逸脱・濫用と見ざるをえないゆえんを何ら具体的に主張していないから，上告人らの憲法25条，81条違反の主張は失当といわなければならない。」

11-6 学生無年金障害者訴訟

★★★☆☆

最判平成19・9・28民集61巻6号2345頁

【事　実】 国民年金法は，原則として，日本国内に住所を有する20歳以上60歳未満の者につき，当然に国民年金の被保険者となるものとしているが，1989（平成元）年改正前は，このうちの20歳以上を除く所定の生徒または学生につき，その例外とし，任意加入を認めていた。また，同法は，強制加入被保険者に対しては，保険料納付義務の免除に関する規定を設け，これによる免除を受けた者に対しても所定の要件の下で障害基礎年金等を支給することとしたが，任意加入被保険者については，保険料を滞納し所定の期限までに納付しないときは，被保険者の資格を喪失することとした。

このため，平成元年改正前の法の下においては，①20歳以上の学生は，国民年金に任意加入して保険料を納付していない限り，傷病により障害の状態にあることとなっても，初診日において国民年金の被保険者でないため障害基礎年金等の支給を受けることができない。また，保険料負担能力のない20歳以上60歳未満の者のうち20歳以上の学生とそれ以外の者との間には，上記の国民年金への加入に関する取扱いの区別およびこれに伴う保険料免除規定の適用に関する区別によって，障害基礎年金等の受給に関し差異が生じていたことになる。

さらに，②傷病の初診日において20歳未満であった者が，障害認定日以後の20歳に達した日において所定の障害の状態にあるとき等には，その者に対し，障害の状態の程度に応じて，いわゆる無拠出制の障害基礎年金を支給する旨定められていたが，20歳以上の学生に対しては無拠出制の年金を支給する旨の規定を設けるなどの措置は講じられていなかった。Xは，①について，不支給処分の取消しを，②について立法不作為による国家賠償を求めた。1審は請求を一部認容したが，2審が請求をすべて退けたため，Xが上告。

【判　旨】 上告棄却。**【上記①について】**「20歳以上の学生の保険料負担能力，国民年金に加入する必要性ないし実益の程度，加入に伴い学生及び学生の属する世帯の世帯主等が負うこととなる経済的な負担等を考慮し，保険方式を基本とする国民年金制度の趣旨を踏まえて，20 歳以上の学生を国民年金の強制加入被保険者として一律に保険料納付義務を課すのではなく，任意加入を認めて国民年金に加入するかどうかを 20 歳以上の学生の意思にゆだねることとした措置は，著しく合理性を欠くということはできず，加入等に関する区別が何ら合理的理由のない不当な差別的取扱いであるということもできない」。「拠出制の年金である障害基礎年金等の受給に関し保険料の拠出に関する要件を緩和するかどうか，どの程度緩和するかは，国民年金事業の財政及び国の財政事情にも密接に関連する事項であって，立法府は，これらの事項の決定について広範な裁量を有する」。**【上記②について】**「無拠出制の年金を支給する旨の規定を設けるなどの所論の措置を講じるかどうかは，立法府の裁量の範囲に属する事柄というべき」。

▼コメント▼　この問題については，「特定障害者に対する特別障害給付金の支給に関する法律」（平成 16 年法律第 166 号）で一定の救済がなされた。

11-7 生活保護老齢加算廃止訴訟

★★☆☆☆

最判平成 24・2・28 民集 66 巻 3 号 1240 頁

【判　旨】「老齢加算の廃止を内容とする保護基準の改定は，〔1〕 当該改定の時点において 70 歳以上の高齢者には老齢加算に見合う特別な需要が認められず，高齢者に係る当該改定後の生活扶助基準の内容が高齢者の健康で文化的な生活水準を維持するに足りるものであるとした厚生労働大臣の判断に，最低限度の生活の具体化に係る判断の過程及び手続における過誤，欠落の有無等の観点からみて裁量権の範囲の逸脱又はその濫用があると認められる場合，あるいは，〔2〕 老齢加算の廃止に際し激変緩和等の措置を採るか否かについての方針及びこれを採る場合において現に選択した措置が相当であるとした同大臣の判断に，被保護者の期待的利益や生活への影響等の観点からみて裁量権の範囲の逸脱又はその濫用があると認められる場合に，生活保護法 3 条，8 条 2 項の規定に違反し，違法となる」。「本件改定については……いずれの観点からも裁量権の範囲の逸脱又はその濫用があるということはできない」。「本件改定は，このように憲法 25 条の趣旨を具体化した生活保護法 3 条又は 8 条 2 項の規定に違反するものではない以上，これと同様に憲法 25 条に違反するものでもない」。

11-8　学資保険訴訟

★☆☆☆☆

最判平成 16・3・16 民集 58 巻 3 号 647 頁

【判　旨】「給付される保護金品並びに被保護者の金銭及び物品……を要保護者の需要に完全に合致させることは，事柄の性質上困難であり，〔生活保護〕法は，世帯主等に当該世帯の家計の合理的な運営をゆだねている」。「被保護者が保護金品等によって生活していく中で，支出の節約の努力（同法 60 条参照）等によって貯蓄等に回すことの可能な金員が生ずることも考えられないではなく，同法も，保護金品等を一定の期間内に使い切ることまでは要求していない」。「生活保護法の趣旨目的にかなった目的と態様で保護金品等を原資としてされた貯蓄等は，収入認定の対象とすべき資産には当たらない」。「被保護世帯において，最低限度の生活を維持しつつ，子弟の高等学校修学のための費用を蓄える努力をすることは，同法の趣旨目的に反するものではない」。

2　教育権

11-9　教育関係の憲法的位置づけ――旭川学力テスト事件

★★★★☆

最大判昭和 51・5・21 刑集 30 巻 5 号 615 頁

【事　実】文部省（当時）が全国中学校一斉学力調査を企画し，旭川市教育委員会がその実施を市内各中学校長に求めたところ，X らはその実施を実力で妨害したとして，公務執行妨害罪等で訴追された。1 審および 2 審が，学力調査にはなはだ重大な違法があるとして公務執行妨害罪について成立を否定したため，双方が上告。

【判　旨】一部上告棄却，一部破棄自判（有罪）。**①学力調査の手続上の適法性**「地教行法〔地方教育行政の組織及び運営に関する法律〕54 条 2 項が……文部大臣において本件学力調査のような調査の実施を要求する権限までをも認めたものと解し難いことは，原判決の説くとおりである〔が〕，地教行法 54 条 2 項によって求めることができない文部大臣の調査要求に対しては，地教委〔地方公共団体の教育委員会〕においてこれに従う法的義務がないということを意味するだけであって，右要求に応じて地教委が行った調査行為がそのために当然に手続上違法となるわけのものではない」。**②学習権**　憲法 26 条「の規定の背後には，国民各自が，一個の人間として，また，一市民として，成長，発達し，自己の人格を完成，実現するために必要な学習をする固有の権利を有すること，特に，みずから学習することのできない子どもは，その学習要求を充足するための教育を自己に施すことを大人一般に対して要求する権利を有するとの観念が存在している」。③**教授の自由**「普通教育の場においても，例えば教師が公権力によって特定の意見のみを教授することを強制されないという意味において，また，子どもの教育が教師と子どもとの間の直接の人格的接触を通じ，その個性に応じて行われなければならないという本質的要請に照らし，教授の具体的内容及び方法につきある程度自由な裁量が認められなければならないという意味においては，一定の範囲における教授の自由が保障されるべきことを肯定できないではない。しかし，大学教育の場合には，学生が一応教授内容を批判する能力を備えていると考えられるのに対し，普通教育においては，児童生徒にこのような能力がなく，教師が児童生徒に対して強い影響力，支配力を有することを考え，また，普通教育においては，子どもの側に学校や教師を選択する余地が乏しく，教育の機会均等をはかる上からも全国的に一定の水準を確保すべき強い要請があること等に思いをいたすときは，普通教育における教師に完全な教授の自由を認めることは，とうてい許されない」。④**親，私学，教師，国家等の位置づけ**「親は，子どもに対する自然的関係により，子どもの将来に対して最も深い関心をもち，かつ，配慮をすべき立場にある者として，子どもの教育に対する一定の支配権，すなわち子女の教育の自由を有すると認められるが，このような親の教育の自由は，主として家庭教育等学校外における教育や学校選択の自由にあらわれるものと考えられるし，また，私学教育における自由や前述した教師の教授の自由も，それぞれ限られた一定の範囲においてこれを肯定するのが相当であるけれども，それ以外の領域においては，一般に社会公共的な問題について国民全体の意思を組織的に決定，実現すべき立場にある国は，国政の一部として広く適切な教育政策を樹立，実施すべく，また，しうる者として，憲法上は，あるいは子ども自身の利益の擁護のため，あるいは子どもの成長に対する社会公共の利益と関心にこたえるため，必要かつ相当と認められる範囲において，教育内容についてもこれを決定する権能を有するものと解さざるをえ」ない。「教育内容に対する……国家的介入についてはできるだけ抑制的であることが要請されるし，殊に個人の基本的自由を認め，その人格の独立を国政上尊重すべきものとしている憲法の下においては，子どもが自由かつ独立の人格として成長することを妨げるような国家的介入，例えば，誤った知識や一方的な観念を子どもに植えつけるような内容の教育を施すことを強制するようなことは，憲法26条，13条の規定上からも許されないと解することができるけれども……国の……合理的な決定権能を否定する理由となるものではない」。**⑤学習指導要領** 「本件当時の中学校学習指導要領の内容を通覧するのに……その中には，ある程度細目にわたり，かつ，詳細に過ぎ，また，必ずしも法的拘束力をもって地方公共団体を制約し，又は教師を強制するのに適切でなく，また，はたしてそのように制約し，ないしは強制する趣旨であるかどうか疑わしいものが幾分含まれているとしても……全体としてみた場合，教育政策上の当否はともかくとして，少なくとも法的見地からは，上記目的のために必要かつ合理的な基準の設定として是認することができるものと解するのが，相当である」。**⑥学力調査の適法性** 「法的見地からは，本件学力調査を目して……教基法〔教育基本法〕10条にいう教育に対する『不当な支配』にあたるものとすることは，相当ではなく，結局，本件学力調査は，その調査の方法において違法であるということはできない」。「文部大臣〔が〕，地教行法54条2項によっては地教委に対し本件学力調査の実施をその義務として……要求をすること〔が〕教育に関する地方自治の原則に反することは，これを否定することができない。しかしながら……地教委は必ずしも文部大臣の右見解に拘束されるものではなく……本件学力調査における調査の実施には，教育における地方自治の原則に反する違法があるとすることはできない。」

11-10 学習指導要領の拘束力と教育の自由——伝習館高校事件

★☆☆☆☆

最判平成2・1・18判時1337号3頁

【判　旨】 上告棄却（懲戒免職処分が確定）。「高等学校学習指導要領（昭和35年文部省告示第94号）は法規としての性質を有するとした原審の判断は，正当として是認することができ，右学習指導要領の性質をそのように解することが憲法23条，26条に違反するものでないことは〔 **11-9** （旭川学力テスト事件）〕の趣旨とするところである」。「学校教育法51条により高等学校に準用される同法21条が高等学校における教科書使用義務を定めたものであるとした原審の判断は，正当として是認することができ，右規定をそのように解することが憲法26条，教育基本法10条に違反するものでないことは，前記最高裁判決の趣旨に徴して明らかである。」

11-11 教科書検定の合憲性——第3次家永訴訟

★★★★★

最判平成9・8・29民集51巻7号2921頁

【事　実】 Xは，1963（昭和38）年，高校日本史の教科書の検定不合格処分を受け，さらに再申請に対し条件付合格処分の決定を受けたため，これら処分の違憲違法を主張して損害賠償を求めて出訴した（第1次訴訟）。さらに1966（昭和41）年にも不合格処分を受け，その取消しを求めて出訴した（第2次訴訟）。第2次訴訟1審判決（東京地判昭和45・7・17）は，当該検定不合格処分を憲法21条2項，教育基本法10条に違反するものと判示したが，第1次訴訟1審判決（東京地判昭和49・7・16）は，検定制度を合憲として，裁量権の逸脱があるとした検定意見の一部についてのみ請求を認容した。その後第2次訴訟の控訴審（東京高判昭和50・12・20）は控訴を棄却したが，上告審（最判昭和57・4・8）は，原則として法律上の利益が失われているとして差し戻し，差戻し後控訴審（東京高判平成元・6・27）は訴えの利益を全面的に否定した。第1次訴訟については，控訴審（東京高判昭和61・3・19），上告審（最判平成5・3・16）ともXの主張を全面的に退けた。

Xが1980（昭和55）年に行った検定申請に対しても，文部大臣（Y）によって条件付合格処分がされ，さらに1982（昭和57）年には正誤訂正申請が受理を拒否され，1983（昭和58）年にも条件付合格処分がされた。Xはこれらによって精神的苦痛を被ったとして国家賠償を請求した（第3次訴訟）。1審判決は，検定制度を合憲としつつ，一部の修正意見について違法として請求を一部認容し，2審判決は，一部認容の範囲を拡大した。Yはこれらの部分については上告せず，その他の部分についてのみ上告し，Xは原判決について全面的に争って上告した。

【判　旨】 一部破棄自判，一部上告棄却。**①憲法26条等違反** 「普通教育の場においては，児童，生徒の側にはいまだ授業の内容を批判する十分な能力は備わっていないこと，学校，教師を選択する余地も乏しく教育の機会均等を図る必要があることなどから，教育内容が正確かつ中立・公正で，地域，学校のいかんにかかわらず全国的に一定の水準であることが要請されるのであって，このことは，もとより程度の差はあるが，基本的には高等学校の場合においても小学校，中学校の場合と異ならない。このような児童，生徒に対する教育の内容が，その心身の発達段階に応じたものでなければならないことも明らかである。そして……本件検定の審査が，右の各要請を実現するために行われるものであることは，その内容から明らかであり，その基準も，……目的のため必要かつ合理的な範囲を超えているものということはいえず，子供が自由かつ独立の人格として成長することを妨げるような内容を含むものではない。また，……検定を経た教科書を使用することが，教師の授業等における……裁量を奪うものでもない」。「本件検定は，憲法26条，13条，教育基本法10条の規定に違反するものではな」い。②**21条違反**「本件検定は……一般図書としての発行を何ら妨げるものではなく，発表禁止目的や発表前の審査などの特質がないから，検閲には当たらず，憲法21条2項前段の規定に違反するものではない」。「不適切と認められる内容を含む図書についてのみ，教科書という特殊な形態において発行することを禁ずるものにすぎないことなどを考慮すると，教科書の検定による表現の自由の制限は，合理的で必要やむを得ない限度のものというべきである。したがって，本件検定は，憲法21条1項の規定に違反するものではな」い。③**裁量違反**「文部大臣が，七三一部隊に関する事柄を教科書に記述することは時期尚早として，原稿記述を全部削除する必要がある旨の修正意見を付したことには，その判断の過程に，検定当時の学説状況の認識及び旧検定基準に違反するとの評価に看過し難い過誤があり，裁量権の範囲を逸脱した違法がある」。

11-12 障害のある生徒の教育を受ける権利――市立尼崎高校事件

神戸地判平成4・3・13行集43巻3号309頁【確定】

★★☆☆☆

【事　実】 Xは，1991（平成3）年度の市立高等学校の入学を志願し，学力検査を受検したところ，調査書の学力評定および学力検査の合計点において合格点に達していたが，進行性の筋ジストロフィー症に罹患していて，高等学校の全課程を無事に履修する見込みがないと判定されて，入学不許可の処分を受けた。Xは，校長に対し不許可処分の取消しを求めるとともに，市に対し，慰謝料の支払いを求めた。

【判　旨】 不許可処分取消し，賠償請求一部認容。「たとえ施設，設備の面で，Xにとって養護学校が望ましかったとしても，少なくとも，普通高等学校に入学できる学力を有し，かつ，普通高等学校において教育を受けることを望んでいるXについて，普通高等学校への入学の途が閉ざされることは許されるものではない」。「Xは，その中学時代の通学状況，学習能力，身体能力及び成績並びに本件高校における過去の身体障害者受入れの実績，施設及び教科履修などの点からしても，本件高校の全課程を履修することは可能であると認められるにもかかわらず，養護学校の方が望ましいという理由で本件高校への入学を拒否することは，万難を排して本件高校へ入学し，自己の可能性を最大限に追求したいというXの希望を無視することになり，その結果は，身体に障害を有する原告を不当に扱うものである」。

＊なお，障害を理由とする差別の解消の推進に関する法律（平成25年法律第65号）では，行政機関等（地方公共団体も含まれる。同法２条３号）について，「その事務又は事業を行うに当たり，障害者から現に社会的障壁の除去を必要としている旨の意思の表明があった場合において，その実施に伴う負担が過重でないときは，障害者の権利利益を侵害することとならないよう，当該障害者の性別，年齢及び障害の状態に応じて，社会的障壁の除去の実施について必要かつ合理的な配慮をしなければならない」（同法７条２項）と定められている。

11-13　義務教育の無償――教科書代金負担請求訴訟

★☆☆☆☆

最大判昭和39・2・26民集18巻2号343頁

【判　旨】「憲法26条２項後段の『義務教育は，これを無償とする。』という意義は，国が義務教育を提供するにつき有償としないこと，換言すれば，子女の保護者に対しその子女に普通教育を受けさせるにつき，その対価を徴収しないことを定めたものであり，教育提供に対する対価とは授業料を意味するものと認められるから，同条項の無償とは授業料不徴収の意味と解するのが相当である」。「それ故，憲法の義務教育は無償とするとの規定は，授業料のほかに，教科書，学用品その他教育に必要な一切の費用まで無償としなければならないことを定めたものと解することはできない」。

3　労働基本権

11-14　争議権と生産管理――山田鋼業事件

★★☆☆☆

最大判昭和25・11・15刑集4巻11号2257頁

【判　旨】「憲法は勤労者に対して団結権，団体交渉権その他の団体行動権を保障すると共に，すべての国民に対して平等権，自由権，財産権等の基本的人権を保障しているのであって，是等諸々の基本的人権が労働者の争議権の無制限な行使の前に悉く排除されることを認めているのでもなく，後者が前者に対して絶対的優位を有することを認めているのでもない。寧ろこれ等諸々の一般的基本的人権と労働者の権利との調和をこそ期待しているのであって，この調和を破らないことが，即ち争議権の正当性の限界である」。「労働者側が企業者側の私有財産の基幹を揺がすような争議手段は許されない。なるほど同盟罷業も財産権の侵害を生ずるけれども，それは労働力の給付が債務不履行となるに過ぎない。然るに本件のようないわゆる生産管理に於ては，企業経営の権能を権利者の意思を排除して非権利者が行うのである。それ故に同盟罷業も生産管理も財産権の侵害である点において同様であるからとて，その相違点を無視するわけにはゆかない。前者において違法性が阻却されるからとて，後者においてもそうだという理由はない」。

11-15 労働組合の統制権と立候補の自由 —— 三井美唄労組事件

最大判昭和 43・12・4 刑集 22 巻 13 号 1425 頁

★★★☆☆

【事　実】 労働組合員たるXが，市議会議員選挙に際し組合の統一候補の選にもれたことから，独自に立候補する旨の意思を表示したため，Yら組合幹部は，Xに対し，組合の方針に従って右選挙の立候補を断念するように再三説得したが，Xは容易にこれに応ぜず，あえて独自の立場で立候補することを明らかにした。Yらは，組合の決定に基づいて立候補を取りやめることを要求し，これに従わないことを理由にXを統制違反者として処分するとして威迫したとして訴追された。1審はYらを有罪としたが，2審は無罪としたため，検察官側が上告。

【判　旨】 破棄差戻し。①**労働組合の統制権**　「憲法上，団結権を保障されている労働組合においては，その組合員に対する組合の統制権は，一般の組織的団体のそれと異なり，労働組合の団結権を確保するために必要であり，かつ，合理的な範囲内においては，労働者の団結権保障の一環として，憲法 28 条の精神に由来するものということができる」。「労働組合が……目的をより十分に達成するための手段として，その目的達成に必要な政治活動や社会活動を行なうことを妨げられるものではない」。②**立候補の自由**　「立候補の自由は，選挙権の自由な行使と表裏の関係にあり，自由かつ公正な選挙を維持するうえで，きわめて重要である。このような見地からいえば，憲法 15 条 1 項には，被選挙権者，特にその立候補の自由について，直接には規定していないが，これもまた，同条同項の保障する重要な基本的人権の一つと解すべきである」。③**統制権の限界**　「公職選挙における立候補の自由は，憲法 15 条 1 項の趣旨に照らし，基本的人権の一つとして，憲法の保障する重要な権利であるから，これに対する制約は，特に慎重でなければならず，組合の団結を維持するための統制権の行使に基づく制約であっても，その必要性と立候補の自由の重要性とを比較衡量して，その許否を決すべきであり，その際，政治活動に対する組合の統制権のもつ前叙のごとき性格と立候補の自由の重要性とを十分考慮する必要がある」。「統一候補以外の組合員で立候補しようとする者に対し，組合が所期の目的を達成するために，立候補を思いとどまるよう，勧告または説得をすることは，組合としても，当然なし得るところである。しかし，当該組合員に対し，勧告または，説得の域を超え，立候補を取りやめることを要求し，これに従わないことを理由に当該組合員を統制違反者として処分するがごときは，組合の統制権の限界を超えるものとして，違法といわなければならない。」

11-16 労働組合の政治活動と組合費納付義務――国労広島地本事件

★★★★☆

最判昭和 50・11・28 民集 29 巻 10 号 1698 頁

【事　実】 国鉄の職員によって結成された単一労働組合であるＸ（国鉄労働組合）が，以前にＸの組合員として広島地方本部厚狭支部に所属していたＹらに対し，未納入である脱退までの組合費等の支払いを求めた事案である。1 審，2 審ともにＹらの組合費納入義務を否定したため，Ｘが上告。

【判　旨】 一部破棄自判，一部棄却。①**労働組合とその目的** 「労働組合は，労働者の労働条件の維持改善その他経済的地位の向上を図ることを主たる目的とする団体であって，組合員はかかる目的のための活動に参加する者としてこれに加入するのであるから，その協力義務も当然に右目的達成のために必要な団体活動の範囲に限られる。しかし，いうまでもなく，労働組合の活動は，必ずしも対使用者との関係において有利な労働条件を獲得することのみに限定されるものではない。労働組合は，歴史的には，使用者と労働者との間の雇用関係における労働者側の取引力の強化のために結成され，かかるものとして法認されてきた団体ではあるけれども，その活動は，決して固定的ではなく，社会の変化とそのなかにおける労働組合の意義や機能の変化に伴って流動発展するものであり，今日においては，その活動の範囲が本来の経済的活動の域を超えて政治的活動，社会的活動，文化的活動など広く組合員の生活利益の擁護と向上に直接間接に関係する事項にも及び，しかも更に拡大の傾向を示しているのである。このような労働組合の活動の拡大は，そこにそれだけの社会的必然性を有するものであるから，これに対して法律が特段の制限や規制の措置をとらない限り，これらの活動そのものをもって直ちに労働組合の目的の範囲外であるとし，あるいは労働組合が本来行うことのできない行為であるとすることはできない。」②**組合員の協力義務の範囲**　「組合からの脱退の自由が確保されている限り，たとえ個々の場合に組合の決定した活動に反対の組合員であっても，原則的にはこれに対する協力義務を免れないというべきであるが，労働組合の活動が……多様化するにつれて，組合による統制の範囲も拡大し，組合員が一個の市民又は人間として有する自由や権利と矛盾衝突する場合が増大し，しかも今日の社会的条件のもとでは，組合に加入していることが労働者にとって重要な利益で，組合脱退の自由も事実上大きな制約を受けていることを考えると，労働組合の活動として許されたものであるというだけで，そのことから直ちにこれに対する組合員の協力義務を無条件で肯定することは，相当でないというべきである。それゆえ，この点に関して格別の立法上の規制が加えられていない場合でも，問題とされている具体的な組合活動の内容・性質，これについて組合員に求められる協力の内容・程度・態様等を比較考量し，多数決原理に基づく組合活動の実効性と組合員個人の基本的利益の調和という観点から，組合の統制力とその反面としての組合員の協力義務の範囲に合理的な限定を加えることが必要である」。③**安保資金**　「安保資金は，いわゆる安保反対闘争による処分が行われたので専ら被処分者を救援するために徴収が決定されたものであるというのであるから……Y らはこれを納付する義務を負うことが明らかであるといわなければならない」。④**政治意識昂揚資金**　「右資金は，総選挙に際し特定の立候補者支援のためにその所属政党に寄付する資金であるが，政党や選挙による議員の活動は，各種の政治的課題の解決のために労働者の生活利益とは関係のない広範な領域にも及ぶものであるから，選挙においてどの政党又はどの候補者を支持するかは，投票の自由と表裏をなすものとして，組合員各人が市民としての個人的な政治的思想，見解，判断ないしは感情等に基づいて自主的に決定すべき事柄である。したがって，労働組合が組織として支持政党又はいわゆる統一候補を決定し，その選挙運動を推進すること自体は自由であるが〔11-15（三井美唄事件)〕，組合員に対してこれへの協力を強制することは許されないというべきであり，その費用の負担についても同様に解すべきことは，既に述べたところから明らかである」。

＊第３章「2　法人」（3-12 以下）参照。

11-17 公務員の争議権――政令 201 号事件

★☆☆☆☆

最大判昭和 28・4・8 刑集 7 巻 4 号 775 頁

【判　旨】「国民の権利はすべて公共の福祉に反しない限りにおいて立法その他の国政の上で最大の尊重をすることを必要とするのであるから，憲法 28 条が保障する勤労者の団結する権利及び団体交渉その他の団体行動をする権利も公共の福祉のために制限を受けるのは已を得ないところである。殊に国家公務員は，国民全体の奉仕者として（憲法 15 条）公共の利益のために勤務し，且つ職務の遂行に当っては全力を挙げてこれに専念しなければならない（国家公務員法 96 条 1 項）性質のものであるから，団結権団体交渉権等についても，一般に勤労者とは違って特別の取扱を受けることがあるのは当然である。……本件政令第 201 号が公務員の争議を禁止したからとて，これを以て憲法 28 条に違反するものということはできない。」

11-18 公共企業体等の職員の争議行為と労働組合法の刑事免責――全逓東京中郵事件

★★★☆☆

最大判昭和 41・10・26 刑集 20 巻 8 号 901 頁

【事　実】全逓信労働組合の役員であった Y らが，職場大会に参加するよう東京中央郵便局の従業員を説得し職場を離脱させた行為が，郵便法 79 条 1 項の郵便物不取扱いの罪にあたるとして訴追された。1 審は，正当な争議行為は労組法 1 条 2 項によって刑事免責されるとして Y らを無罪としたが，2 審は，公共企業体等労働関係法（当時。以下「公労法」という）公労法 17 条 1 項で争議行為が禁止されている以上刑事免責の適用はないとして破棄差し戻したので，Y らが上告。

【判　旨】破棄差戻し。「『公務員は，全体の奉仕者であって，一部の奉仕者ではない』とする憲法 15 条を根拠として，公務員に対して……労働基本権をすべて否定するようなことは許されない。ただ，公務員またはこれに準ずる者については……その担当する職務の内容に応じて，私企業における労働者と異なる制約を内包しているにとどまると解すべきである」。「同盟罷業その他の争議行為であって労組法の目的を達成するためにした正当なものが刑事制裁の対象とならないことは，当然のことである。労組法 1 条 2 項で，刑法 35 条の規定は，労働組合の団体交渉その他の行為であって労組法 1 条 1 項に掲げる目的を達成するためにした正当なものについて適用があるとしているのは，この当然のことを注意的に規定したものと解すべきである」。「公労法3条が労組法1条2項の適用があるものとしているのは，争議行為が労組法1条1項の目的を達成するためのものであり，かつ，たんなる罷業または怠業等の不作為が存在するにとどまり，暴力の行使その他の不当性を伴わない場合には，刑事制裁の対象とはならないと解するのが相当である。それと同時に，争議行為が刑事制裁の対象とならないのは，右の限度においてであって，もし争議行為が労組法1条1項の目的のためでなくして政治的目的のために行なわれたような場合であるとか，暴力を伴う場合であるとか，社会通念に照らして不当に長期に及ぶときのように国民生活に重大な障害をもたらす場合には，憲法28条に保障された争議行為としての正当性の限界をこえるもので，刑事制裁を免れないといわなければならない。これと異なり，公共企業体等の職員のする争議行為について労組法1条2項の適用を否定し，争議行為について正当性の限界のいかんを論ずる余地がないとした当裁判所の判例〔最判昭和38・3・15〕は，これを変更すべきものと認める」。「争議行為が労組法1条1項の目的のためであり，暴力の行使その他の不当性を伴わないときは……郵便法の罰則は適用されないこととなる」

＊差戻控訴審で無罪が確定。

11-19　地方公務員の争議行為のあおり行為の処罰（旧判例）——都教組事件

★★★☆☆　　最大判昭和44・4・2刑集23巻5号305頁

【事　実】 都教組の役員Yらは，勤務評定に反対するため，組合員に年次有給休暇を一斉に取得させ組合集会に参加させたことから，同盟罷業をあおったとして地方公務員法（地公法）61条4号の罪で訴追された。原審が有罪としたので，Yらが上告。

【判　旨】 破棄自判。「地公法37条，61条4号の各規定……が，文字どおりに，すべての地方公務員の一切の争議行為を禁止し，これらの争議行為の遂行を共謀し，そそのかし，あおる等の行為（以下，あおり行為等という。）をすべて処罰する趣旨と解すべきものとすれば，それは，……公務員の労働基本権を保障した憲法の趣旨に反し，必要やむをえない限度をこえて争議行為を禁止し，かつ，必要最小限度にとどめなければならないとの要請を無視し，その限度をこえて刑罰の対象としているものとして，これらの規定は，いずれも，違憲の疑を免れないであろう」。「しかし，法律の規定は，可能なかぎり，憲法の精神にそくし，これと調和しうるよう，合理的に解釈されるべきものであって，この見地からすれば，これらの規定の表現にのみ拘泥して，直ちに違憲と断定する見解は採ることができない」。「地公法61条４号は，争議行為をした地方公務員自体を処罰の対象とすることなく，違法な争議行為のあおり行為等をした者にかぎって，これを処罰することにしているのであるが，このような処罰規定の定め方も，立法政策としての当否は別として，一般的に許されないとは決していえない。ただ，それは，争議行為自体が違法性の強いものであることを前提とし，そのような違法な争議行為等のあおり行為等であってはじめて，刑事罰をもってのぞむ違法性を認めようとする趣旨と解すべき」である。「争議行為そのものを処罰の対象とすることなく，あおり行為等にかぎって処罰すべきものとしている地公法61条４号の趣旨からいっても，争議行為に通常随伴して行なわれる行為のごときは，処罰の対象とされるべきものではない」。「Ｙらは，いずれも都教組の執行委員長その他幹部たる組合員の地位において……指令の配布または趣旨伝達等の行為をしたというのであって，これらの行為は，本件争議行為の一環として行なわれたものであるから，前示の組合員のする争議行為に通常随伴する行為にあたるものと解すべきであり……これらＹのした行為は，刑事罰をもってのぞむ違法性を欠くものといわざるをえない」。

11-20　国家公務員の争議行為のあおり行為の処罰 ―― 全農林警職法事件

★★★★☆

最大判昭和48・4・25刑集27巻4号547頁

【事　実】　Ｙらが幹部である全農林労組は，警察官職務執行法の改正反対のため，各県本部にあてて，正午出勤と午前の職場集会への参加を慫慂し，現に集会が開かれた。Ｙらは，同盟罷業をあおったとして国家公務員法（国公法）98条５項（現２項），110条１項17号違反で起訴された。原審が有罪としたのでＹらが上告。

【判　旨】　上告棄却。①**職務の公共性**「公務員は，私企業の労働者と異なり，国民の信託に基づいて国政を担当する政府により任命されるものであるが，憲法15条の示すとおり，実質的には，その使用者は国民全体であり，公務員の労務提供義務は国民全体に対して負うものである」。②**勤務条件の法定性**「公務員の勤務条件の決定については，私企業における勤労者と異なるものがある……。……これら公務員の勤務条件の決定に関し，政府が国会から適法な委任を受けていない事項について，公務員が政府に対し争議行為を行なうことは，的はずれであって正常なものとはいいがたく，もしこのような制度上の制約にもかかわらず公務員による争議行為が行なわれるならば，使用者としての政府によっては解決できない立法問題に逢着せざるをえないこととなり，ひいては民主的に行なわれるべき公務員の勤務条件決定の手続過程を歪曲することともなって，憲法の基本原則である議会制民主主義（憲法41条，83条等参照）に背馳し，国会の議決権を侵す虞れすらなしとしない」。**③非市場性**「公務員の場合には，そのような市場の機能が作用する余地がないため，公務員の争議行為は場合によっては一方的に強力な圧力となり，この面からも公務員の勤務条件決定の手続をゆがめることとなる」。**④代償措置**「人事院は，公務員の給与，勤務時間その他の勤務条件について，いわゆる情勢適応の原則により，国会および内閣に対し勧告または報告を義務づけられている。そして，公務員たる職員は，個別的にまたは職員団体を通じて俸給，給料その他の勤務条件に関し，人事院に対しいわゆる行政措置要求をし，あるいはまた，もし不利益な処分を受けたときは，人事院に対し審査請求をする途も開かれている」。**⑤争議行為禁止の合憲性**「公務員の従事する職務には公共性がある一方，法律によりその主要な勤務条件が定められ，身分が保障されているほか，適切な代償措置が講じられているのであるから，国公法98条5項がかかる公務員の争議行為およびそのあおり行為等を禁止するのは，勤労者をも含めた国民全体の共同利益の見地からするやむをえない制約というべきであって，憲法28条に違反するものではない」。**⑥あおり行為の処罰の合憲性**「公務員の争議行為の禁止は，憲法に違反することはないのであるから，何人であっても，この禁止を侵す違法な争議行為をあおる等の行為をする者は，違法な争議行為に対する原動力を与える者として，単なる争議参加者にくらべて社会的責任が重いのであり，また争議行為の開始ないしはその遂行の原因を作るものであるから……国公法110条1項17号は，憲法18条，憲法28条に違反するものとはとうてい考えることができない」。**⑦限定解釈の否定**「不明確な限定解釈は，かえって犯罪構成要件の保障的機能を失わせることとなり，その明確性を要請する憲法31条に違反する疑いすら存する」。「いわゆる全司法仙台事件についての当裁判所の判決〔**11-19**（都教組事件）と同日に下された同旨の判決〕は，本判決において判示したところに抵触する限度で，変更を免れない」。

11-21 公共企業体等の職員の争議行為と労働組合法の刑事免責――全逓名古屋中郵事件

★★☆☆☆

最大判昭和52・5・4刑集31巻3号182頁

【事　実】 争議行為が郵便物不取扱い罪の教唆になるかについて，原審が，11-18（全逓東京中郵事件）を先例に，無罪としたため，検察官が上告。

【判　旨】 一部破棄自判，一部棄却。「刑事法上の効果についてみると……民事法上の効果と区別して，刑事法上に限り公労法〔公共企業体等労働関係法〕17条1項違反の争議行為を正当なものと評価して当然に労組法1条2項の適用を認めるべき特段の憲法上の根拠は，見出しがたい。かりに，争議行為が憲法28条によって保障される権利の行使又は正当な行為であることの故に，これに対し刑罰を科することが許されず，労組法1条2項による違法性阻却を認めるほかないものとすれば，これに対し民事責任を問うことも原則として許されないはずであって，そのような争議行為の理解は，公労法17条1項が憲法28条に違反しないとしたところにそぐわないものというべきである」。「憲法28条に違反しないとされる公労法17条1項によっていっさい禁止されている争議行為に対しては，特別の事情のない限り，労組法1条2項の適用を認めえないのがむしろ当然であ」る。「東京中郵事件判決〔11-18〕は，変更を免れない」。

11-22 岩教組学テ事件

★☆☆☆☆

最大判昭和51・5・21刑集30巻5号1178頁

【判　旨】「当裁判所は，さきに，〔11-20（全農林警職法事件)〕において，国家公務員法……98条5項，110条1項17号の合憲性について判断をし，その際，非現業国家公務員の労働基本権，特に争議権の制限に関する憲法解釈についての基本的見解を示したが，右の見解は，今日においても変更の要を認めない。そして，右の見解における法理は，非現業地方公務員の労働基本権，特に争議権の制限についても妥当するものであり，これによるときは，地公法〔地方公務員法〕37条1項，61条4号の各規定は，あえて原判決のいうような限定解釈を施さなくてもその合憲性を肯定することができるものと考える。」「いわゆる都教組事件〔11-19〕についての当裁判所の判決……は，上記判示と抵触する限度において，変更すべきものである」。

第 12 章

選挙権・国務請求権

1 参政権

12-1 選挙犯罪により処罰された者の選挙権・被選挙権 —— 公民権停止事件

最大判昭和 30・2・9 刑集 9 巻 2 号 217 頁

★★☆☆☆

【判　旨】 「〔公職選挙法〕252 条所定の選挙犯罪は，いずれも選挙の公正を害する犯罪であって，かかる犯罪の処刑者は……現に選挙の公正を害したものとして，選挙に関与せしめるに不適当なものとみとめるべきであるから，これを一定の期間，公職の選挙に関与することから排除するのは相当であって，他の一般犯罪の処刑者が選挙権被選挙権を停止されるとは，おのずから別個の事由にもとずくものである。されば選挙犯罪の処刑者について，一般犯罪の処刑者に比し，特に，厳に選挙権被選挙権停止の処遇を規定しても，これをもって……条理に反する差別待遇というべきではない」。「国民主権を宣言する憲法の下において，公職の選挙権が国民の最も重要な基本的権利の一であることは所論のとおりであるが，それだけに選挙の公正はあくまでも厳粛に保持されなければならないのであって，一旦この公正を阻害し，選挙に関与せしめることが不適当とみとめられるものは，しばらく，被選挙権，選挙権の行使から遠ざけて選挙の公正を確保すると共に，本人の反省を促すことは相当であるからこれを以て不当に国民の参政権を奪うものというべきではない。」

12-2 重度障害者の選挙権 —— 在宅投票制度廃止違憲訴訟

最判昭和 60・11・21 民集 39 巻 7 号 1512 頁

★★☆☆☆

【事　実】 国会は 1952（昭和 27）年に在宅投票制度を廃止し，その後同制度を設けるための立法を行わなかった（本件立法行為）。この結果，歩行が著しく困難な X は，公職選挙において投票できなかったため，本件立法行為は憲法 15 条 1 項等に違反しているとして，国家賠償を請求した。1 審は X の請求を一部認容したが，2 審は同請求を棄却したため，X が上告した。

【判　旨】 上告棄却。「国会議員は，立法に関しては，原則として，国民全体に対する関係で政治的責任を負うにとどまり，個別の国民の権利に対応した関係での法的義務を負うものではないというべきであって，国会議員の立法行為は，立法の内容が憲法の一義的な文言に違反しているにもかかわらず国会があえて当該立法を行うというごとき，容易に想定し難いような例外的な場合でない限り，国家賠償法1条1項の規定の適用上，違法の評価を受けないものといわなければならない。」Xは「本件立法行為の違法を主張するのであるが，憲法には在宅投票制度の設置を積極的に命ずる明文の規定が存しないばかりでなく」，憲法47条が「投票の方法その他選挙に関する事項の具体的決定を原則として立法府である国会の裁量的権限に任せる趣旨であることは，当裁判所の判例とするところである〔5-18（衆議院議員選挙昭和51年判決）〕」。それゆえ，「本件立法行為につき，これが前示の例外的場合に当たると解すべき余地はなく，結局，本件立法行為は国家賠償法1条1項の適用上違法の評価を受けるものではない」。

12-3 在外日本国民の選挙権――在外日本国民選挙権制限規定違憲判決

★★★★☆

最大判平成17・9・14民集59巻7号2087頁

【事　実】 国外に居住する日本国民は，かつて選挙人名簿に登録されず，衆参両院議員選挙等において選挙権を行使できなかった。1998（平成10）年の公職選挙法改正により，在外選挙人名簿が作成されるようになり，在外国民も衆参両院の比例代表選出議員選挙において投票できるようになったが，選挙区選出議員選挙（衆議院は小選挙区，参議院は選挙区）においては投票できない状態が継続した。在外日本国民Xらは，在外国民であることを理由として選挙権の行使の機会を保障しないことは憲法および国際人権B規約に違反すると主張し，①改正前の公職選挙法が違憲違法であることの確認，②改正後の公職選挙法が違憲違法であることの確認，③Xらが衆参両院の選挙区選出議員選挙において選挙権を行使する権利を有することの確認，④1996（平成8）年実施の衆議院議員選挙において投票できなかったことに対する国家賠償を請求した（③については，2審段階で追加）。1審・2審いずれも，各確認の訴えについては「法律上の争訟」性を否定して却下し，国家賠償請求については棄却したので，Xらが上告した。

【判　旨】 一部破棄自判，一部上告棄却。①**選挙権の保障**　憲法前文，1条，15条1項・3項，43条1項，44条ただし書によれば，「憲法は，国民主権の原理に基づき，両議院の議員の選挙において投票をすることによって国の政治に参加することができる権利を国民に対して固有の権利として保障しており，その趣旨を確たるものとするため，国民に対して投票をする機会を平等に保障しているものと解するのが相当である。」②**選挙権制限の合憲性審査基準** 「憲法の以上の趣旨にかんがみれば，自ら選挙の公正を害する行為をした者等の選挙権について一定の制限をすることは別として，国民の選挙権又はその行使を制限することは原則として許されず，国民の選挙権又はその行使を制限するためには，そのような制限をすることがやむを得ないと認められる事由がなければならないというべきである。そして，そのような制限をすることなしには選挙の公正を確保しつつ選挙権の行使を認めることが事実上不能ないし著しく困難であると認められる場合でない限り，上記のやむを得ない事由があるとはいえず，このような事由なしに国民の選挙権の行使を制限することは，憲法 15 条 1 項及び 3 項，43 条 1 項並びに 44 条ただし書に違反する」。このことは，国の不作為によって「国民が選挙権を行使することができない場合についても，同様である。」③**改正前の公職選挙法の合憲性** 「世界各地に散在する多数の在外国民に選挙権の行使を認めるに当たり，公正な選挙の実施や候補者に関する情報の適正な伝達等に関して解決されるべき問題があったとしても，既に昭和 59 年の時点で，選挙の執行について責任を負う内閣がその解決が可能であることを前提に……法律案を国会に提出していることを考慮すると，同法律案が廃案となった後，国会が，10 年以上の長きにわたって在外選挙制度を何ら創設しないまま放置し，本件選挙において在外国民が投票をすることを認めなかったことについては，やむを得ない事由があったとは到底いうことができない。」④**改正後の公職選挙法の合憲性** 「本件改正後に在外選挙が繰り返し実施されてきていること，通信手段が地球規模で目覚ましい発達を遂げていることなどによれば，在外国民に候補者個人に関する情報を適正に伝達することが著しく困難であるとはいえなくなった」。それゆえ，「遅くとも，本判決言渡し後に初めて行われる衆議院議員の総選挙又は参議院議員の通常選挙の時点においては，衆議院小選挙区選出議員の選挙及び参議院選挙区選出議員の選挙について在外国民に投票をすることを認めないことについて，やむを得ない事由があるということはでき」ない。

▼コメント▼ 本判決には，横尾和子・上田豊三裁判官の反対意見（在外国民の選挙権行使に対する制限を合憲と判断），泉徳治裁判官の反対意見（国家賠償請求の認容の部分のみ反対），福田博裁判官の補足意見（両反対意見に対する反論）が付されている。各確認の

訴えの適法性や国家賠償請求については，14-30（在外日本国民選挙権制限規定違憲判決）参照。また，本判決は，「選挙の公正を害する行為をした者」の選挙権を制限することについては「別として」いるが，これについては 12-1（公民権停止事件）参照。

12-4 精神的原因による投票困難者の選挙権

最判平成 18・7・13 判時 1946 号 41 頁

★★☆☆☆

【事　実】 X は精神的原因により外出が困難なことから，公職選挙において投票できなかった。このため，X は，国会議員が精神的原因による投票困難者に対して選挙権行使の機会を確保するための立法措置をとらなかったことは違憲であるとして，国家賠償を請求した。X の請求を 1 審・2 審ともに棄却したため，X が上告した。

【判　旨】 上告棄却。〔12-3 ／ 14-30（在外日本国民選挙権制限規定違憲判決）を引用・参照した上で〕「精神的原因による投票困難者については，その精神的原因が多種多様であり，しかもその状態は必ずしも固定的ではないし，……身体に障害がある者のように，既存の公的な制度によって投票所に行くことの困難性に結び付くような判定を受けているものではない」。しかも，「精神的原因による投票困難者の選挙権の行使については，本件各選挙までにおいて，国会でほとんど議論されたことはなく，その立法措置を求める地方公共団体の議会等の意見書も，本件訴訟の第 1 審判決後に初めて国会に提出されたというのであるから，少なくとも本件各選挙以前に，精神的原因による投票困難者に係る投票制度の拡充が国会で立法課題として取り上げられる契機があったとは認められない。」それゆえ，「本件立法不作為について，国民に憲法上保障されている権利行使の機会を確保するために所要の立法措置を執ることが必要不可欠であり，それが明白であるにもかかわらず，国会が正当な理由なく長期にわたってこれを怠る場合などに当たるということはできないから，本件立法不作為は，国家賠償法 1 条 1 項の適用上，違法の評価を受けるものではない」。

＊公職選挙法が「憲法の平等な選挙権の保障の要求に反する状態にある」とする，泉徳治裁判官の補足意見がある。

12-5 成年被後見人の選挙権

東京地判平成 25・3・14 判時 2178 号 3 頁

★☆☆☆☆

【判 旨】「成年後見制度と選挙制度はその趣旨目的が全く異なるものであり……成年被後見人とされた者の中にも，選挙権を行使するに必要な判断能力を有する者が少なからず含まれていると解される。そして，……成年被後見人に選挙権を付与するならば選挙の公正を害する結果が生じるなど，成年被後見人から選挙権を剝奪することなしには，選挙の公正を確保しつつ選挙を行うことが事実上不能ないし著しく困難であると解すべき事実は認めがたい」。それゆえ，成年被後見人の選挙権を否定した公職選挙法 11 条 1 項 1 号（当時）は，12-3（在外日本国民選挙権制限規定違憲判決）がいうところの「選挙権に対する『やむを得ない』制限であるということはできず，憲法 15 条 1 項及び 3 項，43 条 1 項並びに 44 条ただし書に違反する」。＊本判決後，国は控訴したが，国会が当該規定を削除する法改正を行い，和解が成立した（朝日新聞 2013 年 7 月 18 日朝刊 31 頁）。

12-6 受刑者の選挙権

大阪高判平成 25・9・27 判時 2234 号 29 頁【確定】

★★☆☆☆

【判 旨】受刑者の刑の根拠となる犯罪行為の内容はさまざまであり，「選挙権の行使とは無関係な犯罪が大多数であると考えられる。そうすると，単に受刑者であるということのみから，直ちにその者が著しく遵法精神に欠け，公正な選挙権の行使を期待できないとすることはできない。」また，「未決収容者が現に不在者投票を行っており，また，憲法改正の国民投票については受刑者にも投票権があるとされていることからすれば，受刑者について不在者投票等の方法により選挙権を行使させることが技術的に困難であるということはでき」ないし，「犯罪を犯して実刑に処せられたということにより，一律に公民権をも剝奪されなければならないとする合理的根拠」もない。さらに，受刑者に選挙公報を届けることは容易であるから，「受刑者が外部の情報取得について一定の制約を受けていることを選挙権制限の根拠とすることはできない」。それゆえ，「公職選挙法 11 条 1 項 2 号が受刑者の選挙権を一律に制限していることについて〔12-3（在外日本国民選挙権制限規定違憲判決）がいうところの〕やむを得ない事由があるということはできず，同号は，憲法15条1項及び3項，43条1項並びに44条ただし書に違反する」。ただし，学説，世論，国会における議論状況等に照らせば，本件選挙時点において，同号を廃止しない立法不作為が国家賠償法上違法であったということはできない。

＊本判決後の事案において，広島地判平成28・7・20判時2329号68頁は同号を合憲と判断した上で，同号を廃止しない立法不作為に国家賠償法上の違法は認められないとし，2審の広島高判平成29・12・20（裁判所ウェブサイト）もこれを支持した。原告は最高裁判所に上告したが，最決平成31・2・26（2019WLJPCA02266014）はいわゆる「三行半決定」によって上告を棄却した。

12-7 投票の秘密——投票用紙差押え事件

★★☆☆☆

最判平成9・3・28判時1602号71頁

【事　実】 市議会議員選挙において詐偽投票が行われたとして，警察は，特定候補者の氏名が記載された投票用紙を全て押収して指紋を検出し，被疑者の指紋と照合した。このため，本件選挙で投票を行ったXら（被疑者ではない）は，投票の秘密が侵害されたとして国家賠償を請求した。1審・2審ともにXらの請求を棄却したことから，Xらが上告した。

【判　旨】 上告棄却。「本件差押え等の一連の捜査によりXらの投票内容が外部に知られたとの事実はうかがえないのみならず，本件差押え等の一連の捜査は詐偽投票罪の被疑者らが投票をした事実を裏付けるためにされたものであって，Xらの投票内容を探索する目的でされたものではなく，また，押収した投票用紙の指紋との照合に使用された指紋にはXらの指紋は含まれておらず，Xらの投票内容が外部に知られるおそれもなかったのであるから，本件差押え等の一連の捜査がXらの投票の秘密を侵害したとも，これを侵害する現実的，具体的な危険を生じさせたともいうことはできない。したがって，Xらは，投票の秘密に係る自己の法的利益を侵害されたということはできない。」

＊本件差押えが憲法15条4項前段に違反するとする，福田博裁判官の補足意見がある。なお，最高裁判所は，「議員の当選の効力を定める手続」においては，「選挙権のない者又はいわゆる代理投票をした者の投票についても，その投票が何人に対しなされたかは……取り調べてはならない」としている（最判昭和25・11・9民集4巻11号523頁，最判昭和23・6・1民集2巻7号125頁）。

12-8　拡大連座制

★★☆☆☆

最判平成9・3・13民集51巻3号1453頁

【判　旨】「組織的選挙運動管理者等」を連座の対象者とする公職選挙法251条の3は，「従来の連座制ではその効果が乏しく選挙犯罪を十分抑制することができなかったという我が国における選挙の実態にかんがみ，公明かつ適正な公職選挙を実現するため，公職の候補者等に組織的選挙運動管理者等が選挙犯罪を犯すことを防止するための選挙浄化の義務を課し，公職の候補者等がこれを防止するための注意を尽くさず選挙浄化の努力を怠ったときは，当該候補者等個人を制裁し，選挙の公明，適正を回復するという趣旨で設けられたものと解するのが相当である。〔本規定〕は，このように，民主主義の根幹をなす公職選挙の公明，適正を厳粛に保持するという極めて重要な法益を実現するために定められたものであって，その立法目的は合理的である。また，右規定は……連座制の適用範囲に相応の限定を加え，立候補禁止の期間及びその対象となる選挙の範囲も……限定し，さらに〔一定の〕場合には免責することとしているほか，当該候補者等が選挙犯罪行為の発生を防止するため相当の注意を尽くすことにより連座を免れることのできるみちも新たに設けている」。それゆえ，本規定は「前記立法目的を達成するための手段として必要かつ合理的なもの」であり，憲法前文，1条，15条，21条及び31条に違反しない。

＊最大判昭和37・3・14民集16巻3号537頁は，選挙運動の総括主宰者を連座の対象者とすることについて，総括主宰者による選挙犯罪行為は「候補者の当選に相当な影響を与えるものと推測され，……その当選は，公正な選挙の結果によるものとはいえないから」，当選を無効とすることは合憲としている。

12-9　重複立候補制／比例代表制／小選挙区制／選挙運動をめぐる別異取り扱い

★★★★★

最大判平成11・11・10民集53巻8号1577頁（I）・1704頁（II）

【事　実】 1994（平成6）年，衆議院議員の選挙制度は，中選挙区制から小選挙区比例代表並立制へと改められた。本件は，新制度下初の1996（平成8）年の総選挙をめぐる選挙無効訴訟である。Iでは重複立候補制・比例代表制の合憲性等，IIでは小選挙区制・選挙運動をめぐる別異取扱いの合憲性等が争われた。1審（東京高等裁判所）は原告の請求をすべて棄却したため，原告が上告した。

【判　旨】　上告棄却。①**選挙制度設計における国会の裁量**（Ⅰ・Ⅱ）「代表民主制の下における選挙制度は……その国の実情に即して具体的に決定されるべきものであり，そこに論理的に要請される一定不変の形態が存在するわけではない。我が憲法もまた，右の理由から，国会の両議院の議員の選挙について，およそ議員は全国民を代表するものでなければならないという制約の下で……国会の広い裁量にゆだねている」。ゆえに，「国会が新たな選挙制度の仕組みを採用した場合には，その具体的に定めたところが，右の制約や法の下の平等などの憲法上の要請に反するため国会の右のような広い裁量権を考慮してもなおその限界を超えており，これを是認することができない場合に，初めてこれが憲法に違反することになる……〔**5-18**（衆議院議員選挙昭和51年判決）等〕。」②**重複立候補制の合憲性**（Ⅰ）「選挙制度の仕組みを具体的に決定することは国会の広い裁量にゆだねられているところ，同時に行われる2つの選挙に同一の候補者が重複して立候補することを認めるか否かは，右の仕組みの1つとして，国会が裁量により決定することができる事項である」。「したがって，重複立候補制を採用したこと自体が憲法前文，43条1項，14条1項，15条3項，44条に違反するとはいえない。」③**重複立候補に対する制限の合憲性**（Ⅰ）　重複立候補できる者が候補者届出政党に所属する者に限定されていることは，「選挙制度を政策本位，政党本位のものとするために設けられたものと解されるのであり，政党の果たしている国政上の重要な役割にかんがみれば，選挙制度を政策本位，政党本位のものとすることは，国会の裁量の範囲に属する」から，「不当に立候補の自由や選挙権の行使を制限するとはいえ」ない。④**比例代表制の合憲性**（Ⅰ）　比例代表制は，「投票の結果すなわち選挙人の総意により当選人が決定される点において，選挙人が候補者個人を直接選択して投票する方式と異なるところはない。」同一順位の重複立候補者間では「当選人となるべき順位が小選挙区選挙の結果を待たないと確定しないことになるが，結局のところ当選人となるべき順位は投票の結果によって決定されるのであるから」，その採用が「国会の裁量の限界を超えるということはできず，このことをもって比例代表選挙が直接選挙に当たらないということはできず，憲法43条1項，15条1項，3項に違反するとはいえない。」⑥**小選挙区制の合憲性**（Ⅱ）　小選挙区制は「特定の政党等にとってのみ有利な制度とはいえない。小選挙区制の下においては死票を多く生む可能性があることは否定し難いが，死票はいかなる制度でも生ずる」。「小選挙区制は，選挙を通じて国民の総意を議席に反映させる一つの合理的方法ということができ，これによって選出された議員が全国民の代表であるという性格と矛盾抵触するものではないと考えられるから」，その採用が「国会の裁量の限界を超えるということはできず，……憲法の要請や各規定に違反するとは認められない」。⑦**選挙運動をめぐる別異取り扱いの合憲性（Ⅱ）**「選挙運動をいかなる者にいかなる態様で認めるかは，選挙制度の仕組みの一部を成すものとして，国会がその裁量により決定することができる」。小選挙区選挙においては候補者届出政党にのみ政見放送が認められているが，「政見放送は選挙運動の一部を成すにすぎず，その余の選挙運動については候補者届出政党に所属しない候補者も十分に行うことができる」から，「政見放送が認められないことの一事をもって，選挙運動に関する規定における候補者間の差異が合理性を有するとは到底考えられない程度に達しているとまでは断定し難い」。ゆえに，国会の合理的裁量の限界を超えているとはいえず，憲法14条1項に違反しない。

＊⑦の論点について，河合伸一・遠藤光男・福田博・元原利文・梶谷玄裁判官の反対意見がある。

2　裁判を受ける権利

12-10　出訴期間の制限・遡及的短縮と裁判を受ける権利

★☆☆☆☆

最大判昭和24・5・18民集3巻6号199頁

【判　旨】「刑罰法規については憲法第39条によって事後法の制定は禁止されているけれども，民事法規については憲法は法律がその効果を遡及せしめることを禁じてはいない……。従て民事訴訟上の救済方法の如き公共の福祉が要請する限り従前の例によらず遡及して之を変更することができると解すべきである。出訴期間も民事訴訟上の救済方法に関するものであるから，新法を以て遡及して短縮しうるものと解すべきであって，改正前の法律による出訴期間が既得権として当事者の権利となるものではない。そして新法を以て遡及して出訴期間を短縮することができる以上は，その期間が著しく不合理で実質上裁判の拒否と認められるような場合でない限り憲法第32条に違反するということはできない。」

12-11 上告理由の制限と裁判を受ける権利

★☆☆☆☆

最判平成 13・2・13 判時 1745 号 94 頁

【判　旨】「いかなる事由を理由に上告をすることを許容するかは審級制度の問題であって，憲法が 81 条の規定するところを除いてはこれをすべて立法の便宜に定めるところにゆだねていると解すべきことは，当裁判所の判例とするところである〔最大判昭和 23・3・10 刑集 2 巻 3 号 175 頁，最大決昭和 24・7・22 月裁民 2 号 467 頁，最大判昭和 29・10・13 民集 8 巻 10 号 1846 頁〕。その趣旨に徴すると，〔上告理由を制限する〕民訴法〔312 条および 318 条〕が憲法 32 条に違反するものでないことは明らかである。」

12-12 訴訟事件と公開・対審原則——強制調停違憲決定

★☆☆☆☆

最大決昭和 35・7・6 民集 14 巻 9 号 1657 頁

【決定要旨】「憲法は 32 条において，……基本的人権として裁判請求権を認め，何人も裁判所に対し裁判を請求して司法権による権利，利益の救済を求めることができることとすると共に，〔82 条〕において，純然たる訴訟事件の裁判については，……公開の原則の下における対審及び判決によるべき旨を定めたのであって，これにより，近代民主社会における人権の保障が全うされるのである。従って，若し性質上純然たる訴訟事件につき，当事者の意思いかんに拘わらず終局的に，事実を確定し当事者の主張する権利義務の存否を確定するような裁判が，憲法所定の例外の場合を除き，公開の法廷における対審及び判決によってなされないとするならば，それは憲法 82 条に違反すると共に，同 32 条が基本的人権として裁判請求権を認めた趣旨をも没却する」。「本件訴は……純然たる訴訟事件であることは明瞭である」から，本件訴に対して，金銭債務臨時調停法 7 条による調停に代わる裁判をすることを正当とする下級審の判断は，憲法 82 条・32 条に違反する。

12-13 家事審判と公開・対審原則

★☆☆☆☆

最大決昭和 40・6・30 民集 19 巻 4 号 1089 頁

【決定要旨】 夫婦同居義務等は「法律上の実体的権利義務であることは否定でき

ない……から，かかる権利義務自体を終局的に確定するには公開の法廷における対審及び判決によって為すべきものと解せられる……。従って〔夫婦同居等に関する〕審判は夫婦同居の義務等の実体的権利義務自体を確定する趣旨のものではなく，これら実体的権利義務の存することを前提として，例えば夫婦の同居についていえば，その同居の時期，場所，態様等について具体的内容を定める処分であり，また必要に応じてこれに基づき給付を命ずる処分であると解するのが相当である。けだし，民法は同居の時期，場所，態様について一定の基準を規定していないのであるから，家庭裁判所が後見的立場から，合目的の見地に立って，裁量権を行使してその具体的内容を形成することが必要であり，かかる裁判こそは，本質的に非訟事件の裁判であって，公開の法廷における対審及び判決によって為すことを要しないものであるからである。……審判確定後は，審判の形成的効力については争いえない……が，その前提たる同居義務等自体については公開の法廷における対審及び判決を求める途が閉ざされているわけではない。」ゆえに，家事審判法の審判に関する規定は，憲法 82 条，32 条に抵触しない。

12-14　過料の裁判と公開・対審原則

★☆☆☆☆

最大決昭和 41・12・27 民集 20 巻 10 号 2279 頁

【決定要旨】「民事上の秩序罰としての過料を科する作用は，国家のいわゆる後見的民事監督の作用であり，その実質においては，一種の行政処分としての性質を有するものであるから，必ずしも裁判所がこれを科することを憲法上の要件とするものではなく，行政庁がこれを科する……ことにしても，なんら違憲とすべき理由はない。従つて，法律上，裁判所がこれを科することにしている場合でも，過料を科する作用は，もともと純然たる訴訟事件としての性質の認められる刑事制裁を科する作用とは異なるのであるから，憲法 82 条，32 条の定めるところにより，公開の法廷における対審及び判決によつて行なわれなければならないものではない。」また，非訟事件手続法の定める「手続により過料を科せられた者の不服申立の手続について，これを同法の定める即時抗告の手続によらしめることにしているのは，これまた，きわめて当然であり，殊に，非訟事件の裁判については，非訟事件手続法の定めるところにより，公正な不服申立の手続が保障されていることにかんがみ，公開・対審の原則を認めなかったからといって，憲法 82 条，32 条に違反するものとすべき理由はない」。

＊過料の決定に対する不服申立ての手続には憲法32条・82条が適用されるとする，入江俊郎裁判官の反対意見がある。

12-15 破産手続と公開・対審原則

★☆☆☆☆

最大決昭和45・6・24民集24巻6号610頁

【決定要旨】「破産手続は，狭義の民事訴訟手続のように，裁判所が相対立する特定の債権者と債務者との間において当事者の主張する実体的権利義務の存否を確定することを目的とする手続ではなく，特定の債務者が経済的に破綻したためその全弁済能力をもってしても総債権者に対する債務を完済することができなくなった場合に，その債務者の有する全財産を強制的に管理，換価して総債権者に公平な配分をすることを目的とする手続である」。「破産宣告決定は右に述べたような目的を有する一連の破産手続の開始を宣告する裁判であるにとどまり，また，その抗告裁判所がする抗告棄却決定は右のような破産宣告決定に対する不服の申立を排斥する裁判であるにすぎないのであって，それらは，いずれも裁判所が当事者の意思いかんにかかわらず終局的に事実を確定し当事者の主張する実体的権利義務の存否を確定することを目的とする純然たる訴訟事件についての裁判とはいえない」。ゆえに，口頭弁論を経なくても，憲法82条に違反しない。

3　国家賠償請求権・刑事補償請求権

12-16 国家賠償責任の免除・制限――郵便法違憲判決

★★★★☆

最大判平成14・9・11民集56巻7号1439頁

【事　実】 債権者Xは，債務者Aが保有するB銀行C支店の預金債権の差押えを裁判所に申し立てた。裁判所は申立てを認め，差押命令の正本をC支店に特別送達したが，C支店への送達前日にAはC支店から預金を引き出していた。Xは，郵便局職員（当時は国家公務員）が特別送達郵便物を誤ってC支店の私書箱に投函したために送達が遅延し，その結果，差押えの目的を達することができずに損害を被ったと主張して，国に対して損害賠償を請求した。1審・2審は，郵便物に関する損害賠償の対象・範囲を限定する郵便法68条・73条（いずれも当時）は憲法17条に違反しないと判断した上で，両規定に基づきXの請求を棄却したことから，Xが上告した。

【判　旨】 破棄差戻し。①**憲法17条の趣旨**「憲法17条は，……国又は公共団体に対し損害賠償を求める権利については，法律による具体化を予定している。これは，……公務員の行為の国民へのかかわり方には種々多様なものがあり得ることから，国又は公共団体が公務員の行為による不法行為責任を負うことを原則とした上，公務員のどのような行為によりいかなる要件で損害賠償責任を負うかを立法府の政策判断にゆだねたものであって，立法府に無制限の裁量権を付与するといった法律に対する白紙委任を認めているものではない。そして，公務員の不法行為による国又は公共団体の損害賠償責任を免除し，又は制限する法律の規定が同条に適合する……かどうかは，当該行為の態様，これによって侵害される法的利益の種類及び侵害の程度，免責又は責任制限の範囲及び程度等に応じ，当該規定の目的の正当性並びにその目的達成の手段として免責又は責任制限を認めることの合理性及び必要性を総合的に考慮して判断すべきである。」②**郵便法68条・73条の目的とその正当性**　郵便法は「『郵便の役務をなるべく安い料金で，あまねく，公平に提供することによって，公共の福祉を増進すること』を目的として制定されたものであり（法1条），法68条，73条が規定する免責又は責任制限もこの目的を達成するために設けられたものである」。すなわち，仮に郵便物に生じる事故について全て損害賠償しなければならないとすると，「多くの労力と費用を要することにもなるから，その結果，料金の値上げにつながり，上記目的の達成が害されるおそれがある。」「上記目的の下に運営される郵便制度が極めて重要な社会基盤の一つであることを考慮すると，法68条，73条が郵便物に関する損害賠償の対象及び範囲に限定を加えた目的は，正当なものである」。③**郵便法68条・73条の合憲性（書留郵便物の場合）**「本件の郵便物については，まず書留郵便物として法68条，73条が適用されることとなる」。「法1条に定める目的を達成するため，郵便業務従事者の軽過失による不法行為に基づき損害が生じたにとどまる場合には，法68条，73条に基づき国の損害賠償責任を免除し，又は制限することは，やむを得ないものであり，憲法17条に違反するものではない」。しかしながら，「書留郵便物について，郵便業務従事者の故意又は重大な過失による不法行為に基づき損害が生ずるようなことは，通常の職務規範に従って業務執行がされている限り，ごく例外的な場合にとどまるはずであって，……このような例外的な場合にまで国の損害賠償責任を免除し，又は制限しなければ法1条に定める目的を達成することができないとは到底考えられず，〔このような場合に〕免責又は責任制限を認める規定に合理性があるとは認め難い。」ゆえに，「法68条，73条の規定のうち，書留郵便物について，郵便業務従事者の故意又は重大な過失によって損害が生じた場合に，不法行為に基づく国の損害賠償責任を免除し，又は制限している部分は」，憲法17条に違反し，無効である。**④郵便法68条・73条の合憲性（特別送達郵便物の場合）**「特別送達は，……訴訟法上の送達の実施方法であり（民訴法99条），国民の権利を実現する手続の進行に不可欠なものであるから，特別送達郵便物については，適正な手順に従い確実に受送達者に送達されることが特に強く要請される。そして，特別送達郵便物は，書留郵便物全体のうちのごく一部にとどまることがうかがわれる上に，書留料金に加えた特別の料金が必要とされている。」「これら特別送達郵便物の特殊性に照らすと，……特別送達郵便物については，郵便業務従事者の軽過失による不法行為から生じた損害の賠償責任を肯定したからといって，直ちに，〔法1条の〕目的の達成が害されるということはできず，〔法68条，73条〕に規定する免責又は責任制限に合理性，必要性があるということは困難」である。ゆえに，「法68条，73条のうち，特別送達郵便物について，郵便業務従事者の軽過失による不法行為に基づき損害が生じた場合に，国家賠償法に基づく国の損害賠償責任を免除し，又は制限している部分は，憲法17条に違反し，無効である」。

▼コメント▼　本判決には，立法裁量に関する滝井繁男裁判官の補足意見と福田博・深澤武久裁判官の意見，③に反対する横尾和子裁判官の意見，④に反対する上田豊三裁判官の意見が付されている。なお，国会は，本判決を受けて法改正を行った。

12-17　不起訴処分と刑事補償

★☆☆☆☆

最大決昭和31・12・24刑集10巻12号1692頁

【決定要旨】　憲法40条の文言に照らせば，「抑留または拘禁された被疑事実が不起訴となった場合は同条の補償の問題を生じないことは明らかである。しかし，或る被疑事実により逮捕または勾留中，その逮捕状または勾留状に記載されていない他の被疑事実につき取り調べ，前者の事実は不起訴となったが，後者の事実につき公訴が提起され後無罪の裁判を受けた場合において，その無罪となった事実についての取調が，右不起訴となった事実に対する逮捕勾留を利用してなされたものと認められる場合においては，これを実質的に考察するときは，各事実につき各別に逮捕勾留して取り調べた場合と何ら区別すべき理由がない」。「そうだとすると，憲法40条にいう『抑留又は拘禁』中には，無罪となった公訴事実に基く抑留または拘禁はもとより，たとえ不起訴となった事実に基く抑留または拘禁であっても，そのうちに実質上は，無実となった事実についての抑留または拘禁であると認められるものがあるときは，その部分の抑留及び拘禁もまたこれを包含するものと解するを相当とする。そして刑事補償法……第1条の『未決の抑留又は拘禁』とは，右憲法40条の『抑留又は拘禁』と全く同一意義のものと解すべきものである。」

＊被疑者補償規程（法務省訓令）2条は，「検察官は，被疑者として抑留又は拘禁を受けた者につき，公訴を提起しない処分があった場合において，その者が罪を犯さなかったと認めるに足りる十分な事由があるときは，抑留又は拘禁による補償をするものとする。」と定めている。

12-18　少年審判と刑事補償

★★☆☆☆

最決平成3・3・29刑集45巻3号158頁

【事　実】　少年Xは，少年審判手続において非行事実なしとして不処分決定を受けた。Xは，逮捕から少年鑑別所出所までの身体拘束に対する刑事補償等を請求したところ，1審・2審ともにこれを棄却したため，最高裁判所に特別抗告した。

【決定要旨】　抗告棄却。「刑事補償法1条1項にいう『無罪の裁判』とは，同項及び関係の諸規定から明らかなとおり，刑訴法上の手続における無罪の確定裁判をいうところ，不処分決定は，刑訴法上の手続とは性質を異にする少年審判の手続における決定である上，右決定を経た事件について，刑事訴追をし，又は家庭裁判所の審判に付することを妨げる効力を有しないから，非行事実が認められないことを理由とするものであっても，刑事補償法1条1項にいう『無罪の裁判』には当たらないと解すべきであり，このように解しても憲法40条及び14条に違反しないことは，当裁判所の大法廷の判例〔12-17（不起訴処分と刑事補償），最大判昭和40年4月28日刑集19巻3号240頁〕の趣旨に徴して明らかである」。

＊本決定後，少年の保護事件に係る補償に関する法律（平成4年法律第84号）が制定された。

4　請願権

12-19　署名運動に対する個別訪問調査 —— 関ヶ原署名調査事件

★★☆☆☆

名古屋高判平成 24・4・27 判時 2178 号 23 頁

【事　実】 Y 町の住民 X らは，町長の小学校統廃合案に反対して署名活動を行い，町長・教育委員会に署名簿を提出した。その後，町長の指示の下，町職員が署名者に対して戸別訪問調査を実施したため，X らは表現の自由・請願権等を侵害されたとして，国家賠償を請求した。1 審は X らの請求を一部認容し，X らが控訴した。

【判　旨】 原判決一部変更。署名行為・署名活動は，表現の自由・請願権によって保障される。そして，「表現の自由及び請願権の重要性にかんがみれば，……国家機関や地方公共団体は，〔それらを〕制約するためには，その目的の正当性や手段の相当性について厳格な審査を受けその要件を充たすことが必要である。」「仮に署名者の署名が真正になされたかに疑義があっても，請願者として署名がされている者を戸別訪問してその点を調査することは原則として相当でない」。「本件戸別訪問の真の目的は，民意を確認するということではなく，統廃合に反対する住民が多くないこと，本件署名簿の記載が誤っていて，正しくは賛成者が多いことを直接的に聴き取り調査によって明らかにしようとすることにあった……。そうすると，本件戸別訪問は，正当の目的を有しないにとどまらず不当な目的を有していたと認められる。そして，……本件戸別訪問にはその態様・手段の点からも表現の自由に対する萎縮効果があったことが認められる。」ゆえに，本件戸別訪問は「表現の自由，請願権を侵害し，違法というべきである。」

＊Y 町は上告したが，最高裁判所は棄却した。

第13章

国会・内閣

1 国 会

13-1 法令の公布の方法

最大判昭和32・12・28刑集11巻14号3461頁

★☆☆☆☆

【判 旨】「公式令の廃止後は，法令公布の方法については，一般的な法令の規定を欠くに至ったのであって，実際の取扱としては，公式令廃止後も，法令の公布を官報をもってする従前の方法が行われて来たことは顕著な事実ではあるが，」「法令の公布が，官報による以外の方法でなされることを絶対に認め得ないとまで云うことはできない」。「しかしながら，公式令廃止後の実際の取扱としては，法令の公布は従前通り官報によってなされて」おり，「特に国家がこれに代わる他の適当な方法をもって法令の公布を行うものであることが明らかな場合でない限りは，法令の公布は従前通り，官報をもってせられるものと解」されるので，「たとえ事実上法令の内容が一般国民の知りうる状態に置かれえたとしても，いまだ法令の公布があったとすることはできない」。

13-2 法令の公布の時期

最大判昭和33・10・15刑集12巻14号3313頁

★☆☆☆☆

【判 旨】 一般の希望者が，本件で問題となっている「官報を閲覧し又は購入しようとすればそれをなし得た最初の場所は，印刷局官報課又は東京都官報販売所であり，その最初の時点は，右2ケ所とも同日〔1954〔昭和29〕年6月12日〕午前8時30分であったことが明らかであ」り，「以上の事実関係の下においては，本件改正法律は，おそくとも，同日午前8時30分までには，」「『一般国民の知り得べき状態に置かれ』たもの，すなわち公布されたものと解」される。

13-3 政令による罰則規定――鉄砲火薬類取締法施行規則無効訴訟

★★☆☆☆

最大判昭和27・12・24刑集6巻11号1346頁

【判　旨】原判決破棄・被告人免訴。「憲法73条6号によれば，法律の規定を実施するために政令を制定する内閣の権限を認めると共に，『政令には，特にその法律の委任がある場合を除いては罰則を設けることができない』と定めている。別の言葉でいえば，実施さるべき基本の法律において特に具体的な委任がない限り，その実施のための政令においては罰則を設けることを得ない」。銃砲火薬類「取締法14条2号の規定による命令，すなわち」銃砲火薬類取締法「施行規則22条に違反した者に対し命令を以て罰則を設けることができる旨を特に委任した規定は，基本法である法律の中のどこにもこれを発見することができない」ので，「前記施行規則45条で火薬類の所持に対し罰則を設けている規定は，」日本国憲法施行の際現に効力を有する命令の規定の効力等に関する法律「1条にいわゆる『日本国憲法施行の際現に効力を有する命令の規定で，法律を以て規定すべき事項を規定するもの』に該当するわけであり，従って昭和22年12月31日までは法律と同一の効力を有するが，昭和23年1月1日以降は国法として効力を失う」。

13-4 酒税法施行規則違憲訴訟

★☆☆☆☆

最大判昭和33・7・9刑集12巻11号2407頁

【判　旨】「酒税法65条によれば，同法54条の規定による帳簿の記載を怠った者等は，所定の罰金，科料に処される旨規定しているから，同65条の規定は，」「いわゆる罰則規定であり，同54条の規定は，その罪となるべき事実の前提要件たる帳簿の記載義務を規定したもの」である。「54条は，その帳簿の記載等の義務の主体およびその義務の内容たる製造，貯蔵又は販売に関する事実を帳簿に記載すべきこと等を規定し，ただ，その義務の内容の一部たる記載事項の詳細を命令の定めるところに一任しているに過ぎ」ず，立法権によるこのような権限の行政機関への賦与が「憲法上差支ないことは，憲法73条6号本文および但書の規定に徴し明白であ」り，酒税法施行規則61条も「酒税法54条の委任の趣旨に反」していない。

13-5 委任立法の範囲①――児童扶養手当資格喪失処分取消訴訟

★★★☆☆

最判平成14・1・31民集56巻1号246頁

【事　実】 Xは，婚姻によらないで子を懐胎，出産して，これを監護しており，児童扶養手当法施行令（以下「施行令」という）1条の2第3号（当時）に該当する児童を監護する母として1991（平成3）年2月分から児童扶養手当の支給を受けていたが，1993（平成5）年5月12日，子がその父から認知されたため，Y（奈良県知事）は，これにより児童扶養手当の受給資格が消滅したとして，同年10月27日付けで児童扶養手当受給資格喪失処分（以下「本件処分」という）をした。これに対して，XはYに異議申立てをしたが棄却されたので，本件処分の取消訴訟を提起した。1審は，Xの請求を認容したが，2審は1審判決を取り消し，Xの請求を棄却した。Xが上告。

【判　旨】 原判決破棄，控訴棄却。**①児童扶養手当法4条1項の趣旨** 「〔児童扶養手当〕法が4条1項各号で規定する類型の児童は，」「世帯の生計維持者としての父による現実の扶養を期待することができないと考えられる児童，すなわち，児童の母と婚姻関係にあるような父が存在しない状態，あるいは児童の扶養の観点からこれと同視することができる状態にある児童を支給対象児童として類型化している」。**②施行令1条の2第3号括弧書の評価・無効性** 「母が婚姻によらずに懐胎，出産した婚姻外懐胎児童は，世帯の生計維持者としての父がいない児童であり，父による現実の扶養を期待することができない類型の児童に当たり，施行令1条の2第3号が」「括弧書を除いた本文において」支給対象児童としていること「は，法の委任の趣旨に合致する」。一方で，施行令1条の2第3号括弧書により，「父から認知された婚姻外懐胎児童を支給対象児童から除外」している。「確かに，婚姻外懐胎児童が父から認知されることによって，法律上の父が存在する状態になる」が，「法4条1項1号ないし4号が法律上の父の存否のみによって支給対象児童の類型化をする趣旨でないことは明らかであるし，」それによって「世帯の生計維持者としての父が存在する状態」になるわけではなく，また「父による現実の扶養を期待することができるともいえない」ので，「婚姻外懐胎児童が認知により法律上の父がいる状態になったとしても，依然として法4条1項1号ないし4号に準ずる状態が続いている」といえる。そうすると，施行令1条の2第3号が「括弧書により父から認知された婚姻外懐胎児童を除外することは，法の趣旨，目的に照らし両者の間の均衡を欠き，法の委任の趣旨に反するもの」であり，当該「括弧書は法の委任の範囲を逸脱した違法な規定として無効」であり，「本件括弧書を根拠としてされた本件処分は違法といわざるを得ない。」原審の判断には，法令の解釈適用を誤った違法があり，その違法は判決に影響を及ぼすことが明らかであり，原判決は破棄を免れず，1審判決は，結論において是認することができるから，被上告人の控訴を棄却すべきである。

13-6 委任立法の範囲② —— 医薬品ネット販売権訴訟

最判平成25・1・11民集67巻1号1頁

★★★★☆

【事　実】 平成18年法律第69号1条による改正後の薬事法（以下「新薬事法」という）の施行に伴って平成21年厚生労働省令第10号により改正された薬事法施行規則（以下「新施行規則」という）では，「郵便等販売」は一定の医薬品に限って行うことができる旨の規定およびそれ以外の医薬品の販売等は店舗において薬剤師等の専門家との対面により行わなければならない旨の規定が設けられた。インターネットを通じた郵便等販売を行う事業者であるXらは，新施行規則の上記各規定は郵便等販売を広範に禁止するものであり，新薬事法の委任の範囲外の規制を定めるもので違法・無効であるなどと主張して，Y（国）を相手に，新施行規則の規定にかかわらず郵便等販売をすることができる権利ないし地位を有することの確認等を求めて提訴した。1審判決は，Xらの訴え，請求について，すべて却下ないし棄却して退けた。2審判決は，原判決を取り消し，郵便等販売を制限する新施行規則を，新薬事法の委任の範囲を超えて違法，無効とした。Yが上告。

【判　旨】 上告棄却。①**新施行規則の審査枠組み**「新薬事法成立の前後を通じてインターネットを通じた郵便等販売に対する需要は現実に相当程度存在していた上，郵便等販売を広範に制限することに反対する意見は」「専門家・有識者等の間にも少なからず見られ，また，政府部内においてすら，」「一般用医薬品の販売又は授与の方法を店舗における対面によるものに限定すべき理由には乏しいとの趣旨の見解が根強」かった。「しかも，憲法22条1項による保障は，」「職業活動の自由の保障をも包含して」おり，旧法下で「違法とされていなかった郵便等販売に対する新たな規制は，郵便等販売をその事業の柱としてきた者の職業活動の自由を相当程度制約するものであ」り，「これらの事情の下で，厚生労働大臣が制定した郵便等販売を規制する新施行規則の規定が，これを定める根拠となる新薬事法の趣旨に適合」し，「委任の範囲を逸脱し」てい「ないというためには，立法過程における議論をもしんしゃくした上で，」「新薬事法中の諸規定」「から，郵便等販売を規制する内容の省令の制定を委任する授権の趣旨が，上記規制の範囲や程度等に応じて明確に読み取れ」る必要がある。②**新施行規則による規制の評価**　新薬事法の諸規定の規定ぶりや，検討部会における議論やそれを踏まえた国会審議を踏まえると，「そもそも国会が新薬事法を可決するに際して第一類医薬品及び第二類医薬品に係る郵便等販売を禁止すべきであるとの意思を有していたとはいい難」く，「新薬事法の授権の趣旨が，第一類医薬品及び第二類医薬品に係る郵便等販売を一律に禁止する旨の省令の制定までをも委任するものとして，上記規制の範囲や程度等に応じて明確であると」は言いがたく，新施行規則の「各規定は，いずれも上記各医薬品に係る郵便等販売を一律に禁止することとなる限度において，新薬事法の趣旨に適合するものではなく，新薬事法の委任の範囲を逸脱した違法なものとして無効」である。

▼コメント▼　判決後2013（平成25）年の法改正で，薬事法は，「医薬品，医療機器等の品質，有効性及び安全性の確保等に関する法律」（薬機法）と改称され，インターネット販売も，医療用医薬品（いわゆる処方薬）や医療用から一般用に転換されて日の浅い薬品や劇薬（要指導医薬品）を除いて，一般用医薬品については一定の条件のもと可能となった。また，本判決は委任立法による委任の範囲の逸脱について判断したものだが，委任の限界に関する最近の判決として，最判平成27・12・14民集69巻8号2348頁がある。

13-7　委任立法の範囲③――泉佐野市ふるさと納税訴訟

★★★☆☆

最判令和2・6・30民集74巻4号800頁

【事　実】　2019（平成31）年の地方税法の一部改正により，いわゆるふるさと納税として特例控除の対象となる寄附金について，総務大臣が指定するものに対するものに限定する制度が導入され，平成31年総務省告示第179号（本件告示）は，制度の趣旨に反する方法により他の地方団体に多大な影響を及ぼすような寄附金の募集を行い，当該趣旨に沿った方法による第1号寄附金の募集を行う他の地方団体に比して著しく多額の第1号寄附金を受領した地方団体については指定を行わない旨規定していた。泉佐野市はこの制度に基づき，指定の申出をしたが，総務大臣Yは不指定の決定をした。泉佐野市長Xは本件不指定が違法な国の関与にあたるとして，その取消しを求めて地方自治法251条の5第1項に基づき提訴した。1審（原審）は，本件不指定は適法であるとして請求を棄却した。X が上告。

【判　旨】　原判決破棄。「本件告示２条３号は,」「実質的には,」総務「大臣による技術的な助言に従わなかったことを理由とする不利益な取扱いを定める側面がある」。「そのような取扱いであっても，それが法律上の根拠に基づくものである場合，すなわち，同号が地方税法の委任の範囲内で定められたものである場合には，直ちに地方自治法 247 条３項に違反するとまではいえないものの,」普通地方公共団体は助言等に従って事務を処理すべき法律上の義務を負わず，これに従わなくても不利益な取扱いを受ける法律上の根拠がないため，そのような不利益な取扱いを禁止する「同項の趣旨も考慮すると，本件告示２条３号が地方税法 37 条の２第２項の委任の範囲を逸脱したものではないというためには,」地方公共団体が本件改正規定の施行前における返礼品の提供の態様を理由に指定の対象外とされる場合があるとの「趣旨の基準の策定を委任する授権の趣旨が，同法の規定等から明確に読み取れることを要するものというべきである。」「関係規定の文理や総務大臣に対する委任の趣旨等のほか，立法過程における議論をしんしゃくしても,」上記「のような趣旨の基準の策定を委任する授権の趣旨が明確に読み取れるということはでき」ず,「本件告示２条３号の規定のうち，本件改正規定の施行前における寄附金の募集及び受領について定める部分は，地方税法 37 条の２第２項及び 314 条の７第２項の委任の範囲を逸脱し」，違法・無効である。

13-8　国会議員の不逮捕特権

★☆☆☆☆

東京地決昭和 29・3・6 判時 22 号３頁

【決定要旨】　議院の逮捕許諾権（国会法 33 条）は,「国会の審議に当つている議院の職務を尊重し，議員に犯罪の嫌疑がある場合においても」「犯罪捜査権或は司法権の行使」の誤りや濫用によって国会議員の職務遂行が不当に妨害されぬよう,「逮捕の適法性及び必要性の明確な場合を除」き，各議院が「所属議員に対する逮捕の適法性及び必要性を判断する権能」であり，逮捕が適法で，必要性が明白な場合にも,「適正なる犯罪捜査権或は司法権行使を制限し得るものではない。」「議員に対しては一般の犯罪被疑者を逮捕する場合よりも特に国政審議の重要性の考慮からより高度の必要性を要求する」場合に「許諾を拒否することも肯認し得る」が,「適法にして且必要な逮捕と認める限り無条件にこれを許諾しなければならない。」

13-9 国会議員の免責特権――第 1 次国会乱闘事件

★☆☆☆☆

東京地判昭和 37・1・22 判時 297 号 7 頁

【判　旨】 国会議員の「発言の自由を保障し，もって国会の機能を遺憾なく発揮せしめんことを企図した」，憲法 51「条の免責特権」の「立法の目的および趣旨」を「鑑みるときは，その特権の対象たる行為は同条に列挙された演説，討論または表決等の本来の行為そのものに限定せらるべきものではなく，議員の国会における意見の表明とみられる行為にまで拡大されるべき」である。

13-10 免責特権と国家賠償請求

★★★★☆

最判平成 9・9・9 民集 51 巻 8 号 3850 頁

【事　実】 衆議院議員であった Y_1 は，衆議院社会労働委員会において行った質疑において，患者の人権を擁護する見地から問題のある病院に対する所管行政庁の十分な監督を求める趣旨で，ある病院の院長が 5 名の女性患者に対して破廉恥な行為をした，同院長は薬物を常用するなど通常の精神状態ではないのではないか，現行の行政の中でこのような医師はチェックできないのではないかなどと発言した。同院長は，Y_1 の当該発言のあった翌日自殺した。同院長の妻 X は，Y_1 に対して，民事不法行為による損害賠償を，Y_2（国）に対して国家賠償法に基づく損害賠償を求めて提訴した。1 審，2 審ともに，裁判所は，X の請求を認めなかった。X が上告。

【判　旨】 上告棄却。①**議員個人の賠償責任発生の可能性** 「本件発言は，国会議員である Y_1 によって，国会議員としての職務を行うにつきされたものであることが明らかであ」り，「仮に本件発言が Y_1 の故意又は過失による違法な行為であるとしても，Y_2 が賠償責任を負うことがあるのは格別，公務員である Y_1 個人は，X に対してその責任を負わ」ず，「本件発言が憲法 51 条に規定する『演説，討論又は表決』に該当するかどうかを論ずるまでもなく，」「本訴請求は理由がない。」② **質疑等による国賠法上の責任発生の可能性** 「質疑等は，多数決原理による統一的な国家意思の形成に密接に関連し，これに影響を及ぼすべきものであり，国民の間に存する多元的な意見及び諸々の利益を反映させるべく，あらゆる面から質疑等を尽くすことも国会議員の職務ないし使命に属するものであるから，質疑等においてどのような問題を取り上げ，どのような形でこれを行うかは，国会議員の政治的判断を含む広範な裁量にゆだねられている事柄とみるべきであって，たとえ質疑等によって結果的に個別の国民の権利等が侵害されることになったとしても，直ちに当該国会議員がその職務上の法的義務に違背したとはいえない」。憲法 51 条が「国会議員の発言，表決につきその法的責任を免除している」趣旨も，「一面では国会議員の職務行為についての広い裁量の必要性を裏付けている」。「もっとも，国会議員に右のような広範な裁量が認められるのは，その職権の行使を十全ならしめるという要請に基づくものであるから，職務とは無関係に個別の国民の権利を侵害することを目的とするような行為が許されないことはもちろんであり，また，あえて虚偽の事実を摘示して個別の国民の名誉を毀損するような行為は，国会議員の裁量に属する正当な職務行為とはいえない」。「以上によれば，国会議員が国会で行った質疑等において，個別の国民の名誉や信用を低下させる発言があったとしても，」「当然に」「国の損害賠償責任が生ずるものではなく，右責任が肯定されるためには，当該国会議員が，その職務とはかかわりなく違法又は不当な目的をもって事実を摘示し，あるいは，虚偽であることを知りながらあえてその事実を摘示するなど，国会議員がその付与された権限の趣旨に明らかに背いてこれを行使したものと認め得るような特別の事情があることを必要とする」。（特別な事情のない本件では，国の賠償責任は認められなかった。）

13-11 国政調査権の意義――日商岩井事件

東京地判昭和 55・7・24 刑月 12 巻 7 号 538 頁【確定】

★☆☆☆☆

【判　旨】「国政調査権は議院等に与えられた補助的権能」「であって，予算委における国政調査の範囲は，他に特別の議案の付託を受けない限り，」「予算審議に限定さる」が，予算「の審議は実質的に国政の全般に亘ることは避けられず，」「国政調査権行使の範囲も同様の広がりをもつものと言い得る」。また，「司法権独立の原則を侵害するおそれがあるものとして特別の配慮を要請されている裁判所の審理との並行調査の場合とは異り，行政作用に属する検察権の行使との並行調査は，原則的に許容されて」お「り，例外的に国政調査権行使の自制が要請されているのは，それがひいては司法権の独立ないし刑事司法の公正に触れる危険性があると認められる場合」「に限定される。」

13-12 議院自律権――警察法改正無効訴訟

★★★☆☆

最大判昭和37・3・7民集16巻3号445頁

【事　実】 与野党が激しく対立した1953（昭和28）年の第19回国会において，4度目の会期延長をめぐる衆議院の議決に際して，議場が混乱した。野党の抵抗により衆議院議長は本会議場に入場することはできなかったが，議長席後方のドアを少し開き，2本の指を挙げ，2日間の会期延長を宣言するとともに，20～30名程度の与党議員が拍手をし，賛成の意思を示したとされ，これによって議長は会期延長が議決されたもの認定とした。さらなる会期延長も経たうえで，参議院は4度目の会期延長以前に衆議院から送付されていた警察法の改正法案を可決し，これによって改正警察法は成立した。その後，大阪府議会は，改正警察法に基づく支出を含む予算を議決したが，住民であるXらは，改正警察法は制定手続に瑕疵のある無効なものであって，上記予算の議決は違法であり，それに基づく警察費の支出も違法であるとして，監査請求を行い，認められなかったので，警察費の支出禁止を求める住民訴訟を提起した。1審，2審ともに，住民訴訟において予算の議決を経た支出の違法性を問うことはできないとして，請求を棄却した。Xらが上告。

【判　旨】 上告棄却。地方自治「法が243条の2を5章とは別に規定した趣旨は,」「直接請求の方法では足らず，個々の住民に，違法支出等の制限，禁止を求める手段を与え，もって，公金の支出，公財産の管理等を適正たらしめるものと解するのが相当であ」り，「監査委員は，議会の議決があった場合にも，長に対し，その執行につき妥当な措置を要求することができないわけではないし，ことに訴訟においては，議決に基くものでも執行の禁止，制限等を求めることができるものとしなければならない。」改正警察「法は両院において議決を経たものとされ適法な手続によって公布されている以上，裁判所は両院の自主性を尊重すべく同法制定の議事手続に関する所論のような事実を審理してその有効無効を判断すべきでない。従って所論のような理由によって同法を無効とすることはできない。」

＊議院の自律事項は司法権の限界を構成するという見解が前提となっている判示であり，司法権の限界の観点からも参照される判決である。

13-13 衆参同日選挙の合憲性

★☆☆☆☆

名古屋高判昭和 62・3・25 行集 38 巻 2・3 号 275 頁

【判　旨】「総選挙の期日の決定は,」「衆議院の解散権の行使のように, 直接国家政治の基本に関する極めて高度な政治性ある行為とまではなし難」く,「司法審査の対象外のものとしなければならないものではない」。「選挙期日の決定については憲法 47 条に『選挙区, 投票の方法その他両議院の議員の選挙に関する事項は, 法律でこれを定める』と規定されており, 選挙に関する平等, 守秘, 自由等の基本理念」を侵さ「ない限り, これを立法府において自由に定め」られ,「〔衆参〕同日選が民意を反映せず憲法の趣旨に反したものであると」も「いい難い」ので,「結局公選法に同日選禁止規定を設けるか否かは立法政策の問題に帰」し,「同規定を欠く現行公選法」や,「同日選を回避しない公選法の運用」は違憲とは言えない。

2 内　閣

13-14 内閣総理大臣の職務権限――ロッキード事件（丸紅ルート）

★★★☆☆

最大判平成 7・2・22 刑集 49 巻 2 号 1 頁

【事　実】 アメリカの航空機会社ロッキード社の首脳は, 日本におけるその販売代理店である丸紅社長らと共謀し, 事件当時内閣総理大臣の地位にあった田中角栄の協力を得て, 全日本空輸に対してロッキード社の旅客機の売り込みをかけることとし, 丸紅の当時の社長らは, 田中に対して, ロッキード社の特定機種の航空機を購入すべく行政指導をするよう運輸大臣（当時）を指揮することなどの協力を請託するとともに, 成功報酬 5 億円の供与を約束したという, 以上のような嫌疑により, 丸紅首脳陣や田中は, 贈収賄罪で起訴され, 1 審・2 審においていずれも有罪となった。上告した被告人のうち, 田中ら 2 名が係属中に死亡し, 最高裁大法廷は, 丸紅社長の贈賄罪の成否について判示した。

【判　旨】 上告棄却。**内閣総理大臣の職務権限**　贈賄罪の成立にあたっては,「職務に関連して」賄賂の収受, またはその要求もしくは約束がなされることが必要であるため, 特定の航空機種の購入を民間会社に勧奨する行政指導を行うよう運輸大臣を指揮することが, 内閣総理大臣の職務権限に属するかが問題となるが,「内閣総理大臣は, 憲法上, 行政権を行使する内閣の首長として（66 条）, 国務大臣の任免権（68条），内閣を代表して行政各部を指揮監督する職務権限（72条）を有するなど，内閣を統率し，行政各部を統轄調整する地位にあるものである。そして，内閣法は，閣議は内閣総理大臣が主宰するものと定め（4条），内閣総理大臣は，閣議にかけて決定した方針に基づいて行政各部を指揮監督し（6条），行政各部の処分又は命令を中止させることができるものとしている（8条）。このように，内閣総理大臣が行政各部に対し指揮監督権を行使するためには，閣議にかけて決定した方針が存在することを要するが，閣議にかけて決定した方針が存在しない場合においても，内閣総理大臣の右のような地位及び権限に照らすと，流動的で多様な行政需要に遅滞なく対応するため，内閣総理大臣は，少なくとも，内閣の明示の意思に反しない限り，行政各部に対し，随時，その所掌事務について一定の方向で処理するよう指導，助言等の指示を与える権限を有するものと解するのが相当である。したがって，内閣総理大臣の運輸大臣に対する前記働き掛けは，一般的には，内閣総理大臣の指示として，その職務権限に属することは否定できない」。

13-15　国会議員の要求に基づく臨時会の召集の決定

那覇地判令和2・6・10裁判所ウェブサイト

★★★☆☆

【事　実】 国会議員であるXらは，その他の国会議員とともに，内閣に対し，憲法53条後段に基づき，臨時会の召集を要求した（本件召集要求）が，それから98日が経過するまで臨時会が召集されなかった。Xらは，内閣が合理的な期間内に臨時会を召集するべき義務を怠った結果，臨時会において国会議員としての権能を行使する機会を奪われたなどと主張して，国（Y）に対して国賠法1条1項に基づく損害賠償等を求めた。

【判　旨】 請求棄却。「憲法53条後段に基づく内閣の臨時会の召集決定は，昭和35年最判〔**14-28**（苫米地事件）〕にいう『直接国家統治の基本に関する高度に政治性のある国家行為』又はそれに準じるものとはいえず，司法審査の対象外であるということはできない。」「憲法53条後段に基づく臨時会の召集要求に対して，内閣は臨時会を召集するべき憲法上の義務があるものと認められ，かつ当該義務は単なる政治的義務にとどまるものではなく，法的義務であると解されることから，同条後段に基づく召集要求に対する内閣の臨時会の召集決定が同条に違反するものとして違憲と評価される余地はある」が，「憲法53条後段に基づく臨時会の召集要求をした国会議員に対して，内閣が国賠法１条１項所定の職務上の義務として臨時会の召集義務を負うものとは解され」ず，「内閣が召集要求をした個々の国会議員に対し，国賠法１条１項所定の損害賠償義務を負う余地はなく，政治的責任を負うにとどまる」。「したがって，本件召集要求に対」する，内閣の臨時会の召集の決定が「冒頭解散により実質的には召集されていないか，あるいは憲法上認められる合理的期間を徒過したものであるとして，違憲かどうかを判断するまでもなく，Ｘらの国賠法１条１項に基づく損害賠償請求は理由がない。」

第14章
司法

1　裁判所

14-1　「裁判官の良心」の意味

最大判昭和23・11・17刑集2巻12号1565頁

★☆☆☆☆

【判　旨】　弁護人は，原上告審において第2審の事実認定の誤りを強調したにもかかわらず，「原上告審が右主張を無視したのは第2審の肩を持ちすぎたものであって……憲法第76条第3項にいう良心に従って裁判をしたということができぬと云う……。しかし……憲法第76条第3項の裁判官が良心に従うというのは，裁判官が有形無形の外部の圧迫乃至誘惑に屈しないで自己内心の良識と道徳感に従うの意味である。されば原上告審が，証拠の取捨選択は事実審の専権に属するものとして第2審の事実認定を是認したのは当然であって〔,〕強いて公平を欠き且良心に従はないで裁判をしたと論難することはできない。」

14-2　裁判官の政治的表現の自由――寺西判事補分限裁判

最大決平成10・12・1民集52巻9号1761頁

★★★★☆

【事　実】　仙台地方裁判所判事補Y（寺西和史）は，組織的犯罪対策法の制定に反対する市民集会において，自己の職名を明らかにした上で，次のような趣旨の発言をした。「当初，この集会においてパネリストとして参加する予定であったが，事前に所長から集会に参加すれば懲戒処分もあり得るとの警告を受けたことから，パネリストとしての参加は取りやめた。自分としては，仮に法案に反対の立場で発言しても，裁判所法52条1号が禁止する積極的な政治運動に当たるとは考えないが，パネリストとしての発言は辞退する」。この発言が積極的な政治運動に当たり，裁判所法49条所定の懲戒事由に該当するとして，Yの分限裁判が仙台高等裁判所において行われた。Yは戒告処分に付されたことから，最高裁判所に即時抗告した。

【決定要旨】　抗告棄却。①**「積極的な政治運動」の禁止の目的**　「裁判官は，独立して中立・公正な立場に立ってその職務を行わなければならないのであるが，外見上も中立・公正を害さないように自律，自制すべきことが要請される。司法に対する国民の信頼は，具体的な裁判の内容の公正，裁判運営の適正はもとより当然のこととして，外見的にも中立・公正な裁判官の態度によって支えられるからである。」「裁判所法 52 条 1 号が裁判官に対し『積極的に政治運動をすること』を禁止しているのは，裁判官の独立及び中立・公正を確保し，裁判に対する国民の信頼を維持するとともに，三権分立主義の下における司法と立法，行政とのあるべき関係を規律することにその目的があるものと解される。」② **「積極的な政治運動」の意義**　「以上のような見地に立って考えると，『積極的に政治運動をすること』とは，組織的，計画的又は継続的な政治上の活動を能動的に行う行為であって，裁判官の独立及び中立・公正を害するおそれがあるものが，これに該当すると解され，具体的行為の該当性を判断するに当たっては，その行為の内容，その行為の行われるに至った経緯，行われた場所等の客観的な事情のほか，その行為をした裁判官の意図等の主観的な事情をも総合的に考慮して決するのが相当である。」③ **「積極的な政治運動」の禁止の合憲性**　「裁判官に対し『積極的に政治運動をすること』を禁止することは，必然的に裁判官の表現の自由を一定範囲で制約することにはなるが，……右の禁止の目的が正当であって，その目的と禁止との間に合理的関連性があり，禁止により得られる利益と失われる利益との均衡を失するものでないなら，憲法 21 条 1 項に違反しない……。そして，右の禁止の目的は〔前述の通りであり，〕もとより正当である。また，〔右の禁止と〕禁止目的との間に合理的な関連性があることは明らかである。さらに，……行動のもたらす弊害の防止をねらいとして禁止するときは，同時にそれにより意見表明の自由が制約されることにはなるが，それは単に行動の禁止に伴う限度での間接的，付随的な制約にすぎず，〔禁止により〕得られる利益は失われる利益に比して更に重要なもの……であり，その禁止は利益の均衡を失するものではない。」ゆえに，憲法 21 条 1 項に違反しない。④ **「積極的な政治運動」への本件言動の該当性**　「本件言動は，本件法案を廃案に追い込むことを目的として共同して行動している諸団体の組織的，計画的，継続的な反対運動を拡大，発展させ，右目的を達成させることを積極的に支援しこれを推進するものであり……『積極的に政治運動をすること』に該当する」。

▼コメント▼　本判決には，5 名の裁判官の反対意見が付されている。それによると，裁判所法上，積極的な政治運動のみを理由として裁判官を懲戒処分に付すことはできない（園部逸夫），本件言動は積極的な政治運動には当たらない（遠藤光男，元原利文），たとえ積極的な政治運動に当たるとしても，本件では懲戒処分は相当ではない（河合伸一），分限裁判は公開の法廷で，直接主義，口頭主義に基づいて行われるべきである（尾崎行信）。

14-3 裁判官の表現の自由――岡口判事分限裁判

★★☆☆☆

最大決平成30・10・17民集72巻5号890頁

【事　実】 東京高等裁判所判事Yは，自己の実名を付したツイッターのアカウントに，担当外の確定した民事事件に関する投稿を行った。同裁判所長官は当該投稿が訴訟当事者の感情を傷つけるものであり，裁判所法49条所定の懲戒事由である「品位を辱める行状」に該当するとして，分限裁判の申立てを行った。

【決定要旨】 戒告。①**「品位を辱める行状」の意義** 「裁判官は，職務を遂行するに際してはもとより，職務を離れた私人としての生活においても，〔公正，中立な審判者として裁判を行うという〕職責と相いれないような行為をしてはならず，また，裁判所や裁判官に対する国民の信頼を傷つけることのないように，慎重に行動すべき義務を負っている」。裁判所法49条はこのような義務を踏まえたものであるから，「同条にいう『品位を辱める行状』とは，職務上の行為であると，純然たる私的行為であるとを問わず，およそ裁判官に対する国民の信頼を損ね，又は裁判の公正を疑わせるような言動をいうものと解するのが相当である。」②**「品位を辱める行状」への該当性** 「Yは，裁判官の職にあることが広く知られている状況の下で，判決が確定した担当外の民事訴訟事件に関し，その内容を十分に検討した形跡を示さず，表面的な情報のみを掲げて，私人である当該訴訟の原告が訴えを提起したことが不当であるとする一方的な評価を不特定多数の閲覧者に公然と伝えた……。Yのこのような行為は，裁判官が，その職務を行うについて，表面的かつ一方的な情報や理解のみに基づき予断をもって判断をするのではないかという疑念を国民に与えるとともに，上記原告が訴訟を提起したことを揶揄するものともとれるその表現振りとあいまって，裁判を受ける権利を保障された私人である上記原告の訴訟提起行為を一方的に不当とする認識ないし評価を示すことで，当該原告の感情を傷つけるものであり，裁判官に対する国民の信頼を損ね，また裁判の公正を疑わせるものでもある」。それゆえ，「『品位を辱める行状』に当たる」。③**表現の自由との関係** 「なお，憲法上の表現の自由の保障は裁判官にも及び，裁判官も一市民としてその自由を有することは当然であるが，Yの上記行為は，表現の自由として裁判官に許容される限度を逸脱したものといわざるを得ないものであって，これが懲戒の対象となることは明らかである。」

＊本決定後，Yは，自己の実名を付したフェイスブックのアカウントへの投稿内容が

「品位を辱める行状」にあたるとして，再び戒告処分を受けた（最大決令和 2・8・26 集民 264 号 41 頁）。また，2021（令和 3）年には，これらの投稿等を理由として，裁判官訴追委員会から罷免の訴追を受けるに至っている。

14-4 家庭裁判所の「特別裁判所」への該当性

★☆☆☆☆

最大判昭和 31・5・30 刑集 10 巻 5 号 756 頁

【判　旨】 弁護人は，家庭裁判所が憲法 76 条 2 項によって禁止されている「特別裁判所」に当たると主張するが，「すべて司法権は最高裁判所及び法律の定めるところにより設置する下級裁判所に属するところであり，家庭裁判所はこの一般的に司法権を行う通常裁判所の系列に属する下級裁判所として裁判所法により設置されたものに外ならない。」家庭裁判所の権限を定めた裁判所法 31 条の 3 が「ただ単に第一審の通常裁判所相互間においてその事物管轄として所管事務の分配を定めたに過ぎないものであることは，裁判所法における下級裁判所に関する規定，殊にその種類〔及び〕事物管轄を定めた……規定に徴して明らかである。」

14-5 最高裁判所裁判官国民審査制度の法的性格と投票方法の合憲性

★★★☆☆

最大判昭和 27・2・20 民集 6 巻 2 号 122 頁

【事　実】 X は，最高裁判所裁判官国民審査法の規定に従って実施された初めての国民審査が違憲無効であるとして，同法 36 条に基づき東京高等裁判所に訴えを提起した。X によると，①国民審査は，任命の可否を国民に問い，任命を確定させる制度であって，解職の制度ではないから，国民審査法が後者の趣旨であるなら憲法 79 条 2 項に違反する，②棄権を認めないことや，罷免の可否が分からないために無記入である票を「罷免を可としない」票として扱うことは，憲法 19 条，21 条 1 項に違反する。高等裁判所は請求を棄却したため，X が上告した。

【判　旨】 上告棄却。**①国民審査の法的性格**　「最高裁判所裁判官任命に関する国民審査の制度はその実質において所謂解職の制度と見ることが出来る。……このことは憲法第 79 条 3 項の規定にあらわれている。同条第 2 項の字句だけを見ると一見そうでない様にも見えるけれども，これを第 3 項の字句と照し合せて見ると，国民が罷免すべきか否かを決定する趣旨であって，所論の様に任命そのものを完成させるか否かを審査するものでないこと明瞭である。この趣旨は1回審査投票をした後更に10年を経て再び審査をすることに見ても明であろう。1回の投票によって完成された任命を再び完成させるなどということは考えられない。……最高裁判所裁判官国民審査法……は右の趣旨に従って出来たものであって，憲法の趣旨に合し，少しも違憲の処はない。」②**投票方法の合憲性**　国民審査は「かくの如く解職の制度であるから，積極的に罷免を可とするものと，そうでないものとの2つに分かれるのであって，前者が後者より多数であるか否かを知らんとするものである。……罷免する方がいいか悪いかわからない者は，積極的に『罷免を可とする』という意味を持たないこと勿論だから，かかる者の投票に対し『罷免を可とするものではない』との効果を発生せしめることは，何等意思に反する効果を発生せしめるものではない。解職制度の精神からいえば寧ろ意思に合する効果を生ぜしめるものといって差支ないのである。それ故論旨のいう様に思想の自由や良心の自由を制限するものでないこと勿論である。」

14-6　在外日本国民の最高裁判所裁判官国民審査権行使に対する制限の合憲性

★★☆☆☆

東京高判令和2・6・25判時2460号37頁

【判　旨】　①**審査権に対する制限の合憲性判断基準**　最高裁判所は違憲審査権等を有する終審裁判所であり，「重要な地位と権能を有していることから，憲法は，国民審査制度を設けて，主権者であって公務員の選定罷免権を有する国民に，最高裁判所の裁判官について，定期的に解職の可否という形で任命についての審査をする機会を付与することによって，その民主的統制を図ろうとした……。このような国民審査権の制度の趣旨に照らせば，選挙に関する憲法の規定（15条3項，4項，44条但書）及び投票の機会の平等の要請（14条1項）の趣旨は，国民審査についても同様に及ぶものと解され，憲法は，国民に対し，国民審査において審査権を行使する機会……を平等に保障している」と解される。「そして，憲法のこのような趣旨に鑑みれば，国民の審査権又はその行使を制限することは原則として許されず，これを制限するためには，そのような制限をすることがやむを得ないと認められる事由がなければならないというべきであって，そのような制限をすることなしには国民審査の公正を確保しつつ審査権の行使を認めることが事実上不能ないし著しく困難であると認められる場合でない限り，上記のやむを得ない事由があるとはいえない。」②**在外国民の審査権に対する制限の合憲性**　「在外国民に対して国民審査権の行使を認めない理由は，記号式による投票を前提とした場合における技術的な問題があるということに尽きる」が，2016（平成28）年の国民審査法の改正により，「ほとんどの場合には上記の技術上の問題は事実上解消された」。仮に技術上の問題がなお残るとしても，記号式以外の「他の方法を採用することが，著しく合理性を欠くような事情」もない。それゆえ，在外国民の審査権の行使を一切認めないことについては，遅くとも2017（平成29）年の時点では，「やむを得ないと認められる事由があったとはいい難く，……憲法15条1項並びに79条2項及び3項に違反する」。

14-7　参与判事補制度の性格と合憲性

最決昭和54・6・13刑集33巻4号348頁

★☆☆☆☆

【決定要旨】　参与判事補制度は，参与判事補を「事件の審理に立ち会わせたり，事件について意見を述べさせるなどして，将来よき裁判の担い手となるように判事補を指導養成することを目的とするものであるところ，参与判事補は，評決権をもつものでないことはもちろん，訴訟指揮権や発問権を有するものでもなく，その意見は判事に対し法律上も事実上もなんら拘束力を有するものでもないし，また，参与判事補には除斥，忌避及び回避の規定の適用もないうえ，参与判事補の交替は弁論・公判手続の更新とつながるものではないから，参与判事補は，形式的にも実質的にも裁判体の構成員となるものではなく，したがって，〔本制度は〕いかなる意味においても二人合議制……を採用したものではない。」それゆえ，本制度が二人合議制を採用しているとの前提に立った，憲法32条，37条，76条，77条，31条違反の主張は，「その前提を欠く。」

14-8　裁判員制度の合憲性

最大判平成23・11・16刑集65巻8号1285頁

★★★★☆

【事　実】　Yは，覚せい剤営利目的輸入の罪などにより起訴された。同罪の法定刑は裁判員法2条1項1号に該当することから，裁判員裁判が開かれ，有罪判決が下された。Yは事実誤認，量刑不当にくわえ，裁判員裁判が違憲であることを主張して控訴したが，棄却されたため，上告した。

【判　旨】 上告棄却。①**国民の司法参加と憲法** 「まず，国民の司法参加が一般に憲法上禁じられているか否かについて検討する。」「憲法に国民の司法参加を認める旨の……明文の規定が置かれていないことが，直ちに国民の司法参加の禁止を意味するものではない。憲法上，刑事裁判に国民の司法参加が許容されているか否かという刑事司法の基本に関わる問題は，憲法が採用する統治の基本原理や刑事裁判の諸原則，憲法制定当時の歴史的状況を含めた憲法制定の経緯及び憲法の関連規定の文理を総合的に検討して判断されるべき事柄である。」「刑事裁判は，人の生命すら奪うことのある強大な国権の行使である。そのため，多くの近代民主主義国家において，それぞれの歴史を通じて，刑事裁判権の行使が適切に行われるよう種々の原則が確立されてきた。……刑事裁判を行うに当たっては，これらの諸原則が厳格に遵守されなければならず，それには高度の法的専門性が要求される。憲法は，これらの諸原則を規定し，かつ，三権分立の原則の下に，『第６章　司法』において，裁判官の職権行使の独立と身分保障について周到な規定を設けている。こうした点を総合考慮すると，憲法は，刑事裁判の基本的な担い手として裁判官を想定していると考えられる。」他方，「刑事裁判に国民が参加して民主的基盤の強化を図ることと，憲法の定める人権の保障を全うしつつ，証拠に基づいて事実を明らかにし，個人の権利と社会の秩序を確保するという刑事裁判の使命を果たすこととは，決して相容れないものではなく，このことは，陪審制又は参審制を有する欧米諸国の経験に照らしても，基本的に了解し得るところである。」「そうすると，国民の司法参加と適正な刑事裁判を実現するための諸原則とは，十分調和させることが可能であり，憲法上国民の司法参加がおよそ禁じられていると解すべき理由はなく，国民の司法参加に係る制度の合憲性は，具体的に設けられた制度が，適正な刑事裁判を実現するための諸原則に抵触するか否かによって決せられるべきものである。」②**裁判員制度と公平な裁判所の裁判を受ける権利** 「裁判員制度の仕組みを考慮すれば，公平な『裁判所』における法と証拠に基づく適正な裁判が行われること（憲法 31 条，32 条，37 条 1 項）は制度的に十分保障されている上，裁判官は刑事裁判の基本的な担い手とされているものと認められ，憲法が定める刑事裁判の諸原則を確保する上での支障はない」。「したがって，憲法 31 条，32 条，37 条 1 項，76 条 1 項，80 条 1 項違反をいう所論は理由がない。」③**裁判員制度と裁判官の職権の独立** 「憲法が一般的に国民の司法参加を許容しており，裁判員法が憲法に適合するようにこれを法制化したものである以上，裁判員法が規定する評決制度の下で，裁判官が時に自らの意見と異なる結論に従わざるを得ない場合があるとしても，それは憲法に適合する法律に拘束される結果であるから」，憲法 76 条 3 項には違反しない。**④裁判員制度と特別裁判所の禁止** 「裁判員制度による裁判体は，地方裁判所に属するものであり，その第 1 審判決に対しては，高等裁判所への控訴及び最高裁判所への上告が認められて」いることから，憲法 76 条 2 項によって禁止されている「特別裁判所に当たらない」。**⑤裁判員制度と意に反する苦役の禁止** 「裁判員の職務等は，司法権の行使に対する国民の参加という点で参政権と同様の権限を国民に付与するものであり，これを『苦役』ということは必ずしも適切ではない。また，裁判員法 16 条は，国民の負担を過重にしないという観点から，裁判員となることを辞退できる者を類型的に規定し，さらに同条 8 号……は，……辞退に関し柔軟な制度を設けている。」「これらの事情を考慮すれば，裁判員の職務等は，憲法 18 条後段が禁ずる『苦役』に当たらない」。

▼コメント▼　判決は裁判官全員一致によるものであり，個別意見も付されていない。本件では，裁判員制度実施の司法行政事務に関与したことなどから，長官に対して忌避の申立てがなされたが，最大決平成 23・5・31 刑集 65 巻 4 号 373 頁は申立てを却下した。なお，裁判員裁判を受けるか否かの選択権を被告人に認めていないことにつき，最判平成 24・1・13 刑集 66 巻 1 号 1 頁は，「裁判員制度においては，公平な裁判所における法と証拠に基づく適正な裁判が制度的に保障されている」として，憲法 32 条，37 条には違反しないとした。

14-9 情報公開訴訟におけるインカメラ審理の可否

★★☆☆☆

最決平成 21・1・15 民集 63 巻 1 号 46 頁

【事　実】 X は，国（Y）を相手方とする情報公開訴訟の 2 審において，不開示文書の事実上のインカメラ審理を求めた。2 審は X の申立てを一部認容したため，Y が許可抗告した。

【決定要旨】 破棄自判。「訴訟で用いられる証拠は当事者の吟味，弾劾の機会を経たものに限られるということは，民事訴訟の基本原則であるところ，情報公開訴訟において裁判所が不開示事由該当性を判断するために証拠調べとしてのインカメラ審理を行った場合，裁判所は不開示とされた文書を直接見分して本案の判断をするにもかかわらず，原告は，当該文書の内容を確認した上で弁論を行うことができず，被告も，当該文書の具体的内容を援用しながら弁論を行うことができない。また，裁判所がインカメラ審理の結果に基づき判決をした場合，当事者が上訴理由を的確に主張することが困難となる上，上級審も原審の判断の根拠を直接確認することができないまま原判決の審査をしなければならないことになる。」「このように，情報公開訴訟において証拠調べとしてのインカメラ審理を行うことは，民事訴訟の基本原則に反するから，明文の規定がない限り，許されない」。

14-10 ハンセン病特別法廷の合憲性

熊本地判令和2・2・26裁判所ウェブサイト【確定】

★☆☆☆☆

【判　旨】「菊池事件における開廷場所指定は，本件被告人がハンセン病患者であることを理由として行われた合理性を欠く差別であり，憲法14条1項に違反すると認められ，このような違法・違憲の開廷場所指定に基づき行われた第一審及び控訴審の審理もまた，憲法14条1項に違反するというべきである。」また，憲法82条1項の裁判公開原則の趣旨は，「裁判が公正に行われることを制度として保障し，ひいては裁判に対する国民の信頼を確保しようとすることにあり〔7-48（レペタ法廷メモ訴訟）〕，同法37条1項は，そのような公開の法廷で公平かつ迅速な裁判を受けることについて，特に刑事被告人の権利を明確にしたものである」から，「開廷場所は，傍聴人が入るのに十分な場所的余裕があり，開廷の告示をするなどの方法によりその場所で訴訟手続が行われていることを一般国民が認識することが可能で，かつ，一般国民が傍聴のために入室することが可能な場所であることが必要」である。菊池事件の少なくとも一部の審理については，「裁判所庁舎と同程度に国民の傍聴に適した場所で開廷したものではなく，相当の告示も行われなかったものとして，憲法37条1項，82条1項に違反する疑いがある」。

2　司法権

14-11 地方議会における除名処分と司法審査・執行停止 —— 米内山（よないやま）事件

最大決昭和28・1・16民集7巻1号12頁

★★☆☆☆

【事　実】 青森県議会議員X（米内山義一郎）は，同議会（Y）より除名処分を受けたため，その取消しを求めて訴えを提起し，執行停止を申し立てたところ，地方裁判所は申立てを認めた。これに対し，内閣総理大臣が行政事件訴訟特例法（当時）に基づき異議を述べたところ，地方裁判所は執行停止決定を取り消さない旨の決定を行った。このため，Yが最高裁判所に特別抗告した。

【決定要旨】 抗告棄却。「行政事件訴訟特例法10条2項但書の内閣総理大臣の異議は，同項本文の裁判所の執行停止決定のなされる以前であることを要するものと解するを相当とする。」本件異議は，原審の執行停止決定の後に述べられたものであるから，「不適法なものであり，……この異議を前提とする本件抗告も亦不適法」である。

＊田中耕太郎長官の少数意見〔いわゆる部分社会論の嚆矢〕「多数意見は本件について裁判所が執行停止を命ずる決定を当然なし得るものとする前提に立つて」いるが，本件除名問題はそもそも「司法権の介入の範囲外にある」。この「結論の理論的基礎としては，これを法秩序の多元性に求めなければならない。……国家なる社会の中にも種々の社会……が存在し，それぞれの法秩序をもつている。」「それ等の特殊的法秩序は国家法秩序即ち一般的法秩序と或る程度の関連があるものもあればないものも」あり，「国会や議会に関しても，司法権の介入が認められない純然たる自治的に決定さるべき領域が存在する」。本件除名問題は「正にかかる領域に属する」。

14-12 地方議会における懲罰と司法審査①（旧判例）——山北村議会事件

★★★☆☆

最大判昭和35・10・19民集14巻12号2633頁

【事　実】 山北村（Y）議会では，村役場位置条例の改正案が審議されていたが，賛成派は，可決に必要な出席議員の3分の2の特別多数を僅かに得られない状況にあった。そこで，賛成派議員は，「議事を混乱に陥れている」との理由により，反対派議員X ら2名を3日間の出席停止の懲罰に付し，X らの出席停止中に上記改正案を可決した。X らは，当該懲罰決議が会議規則に違反しているとして，その無効確認等を求めて提訴したが，1審は訴えを却下し，2審も訴えの利益がないなどとして控訴を棄却したため，上告した。

【判　旨】 上告棄却。①**自律的団体における紛争の司法審査** 「司法裁判権が，憲法又は他の法律によってその権限に属するものとされているものの外，一切の法律上の争訟に及ぶことは，裁判所法3条の明定するところであるが，ここに一切の法律上の争訟とはあらゆる法律上の係争という意味ではない。一口に法律上の係争といっても，その範囲は広汎であり，その中には事柄の特質上司法裁判権の対象の外におくを相当とするものがあるのである。けだし，自律的な法規範をもつ社会ないしは団体に在つては，当該規範の実現を内部規律の問題として自治的措置に任せ，必ずしも，裁判にまつを適当としないものがあるからである。本件における出席停止の如き懲罰はまさにそれに該当するものと解するを相当とする。」**②除名処分と出席停止処分の違い**「(尤も昭和 35 年 3 月 9 日大法廷判決——民集 14 巻 3 号 355 頁以下——は議員の除名処分を司法裁判の権限内の事項としているが，右は議員の除名処分の如きは，議員の身分の喪失に関する重大事項で，単なる内部規律の問題に止らないからであつて，本件における議員の出席停止の如く議員の権利行為の一時的制限に過ぎないものとは自ら趣を異にしているのである。従って，前者を司法裁判権に服させても，後者については別途に考慮し，これを司法裁判権の対象から除き，当該自治団体の自治的措置に委ねるを適当とするのである。)」「されば，前示懲罰の無効又は取消を求める本訴は不適法」である。

＊本判例は 14-15（岩沼市議会事件）によって変更された。議院の自律権に属する事項の司法審査については，13-12（警察法改正無効訴訟）参照。

14-13 地方議会における発言取消命令と司法審査——愛知県議会事件

★★★☆☆

最判平成 30・4・26 判時 2377 号 10 頁

【事　実】 愛知県議会議員 X は，県議会の一般質問中に知事に関する発言を行ったところ，県議会議長から地方自治法 129 条 1 項に基づき，その一部の取消しを命じられた。そして，県議会会議規則 123 条（「会議録には……議長が取消しを命じた発言……は掲載しない」）に基づき，本件発言は配布用会議録には掲載されなかった。そこで，X は愛知県（Y）を相手に，本件発言取消命令の取消しを求めて訴訟を提起した。1 審は判例 14-12（山北村議会事件）を引用して本件の司法審査対象性を否定したが，2 審はこれを肯定して差し戻したため，Y が上告した。

【判　旨】 破棄自判，控訴棄却。**①地方議会における紛争の司法審査**「裁判所法 3 条 1 項にいう一切の法律上の争訟とは，あらゆる法律上の係争を意味するものではなく，その中には事柄の特質上自律的な法規範を有する団体の内部規律の問題として自治的措置に任せるのを適当とするものがある。そして，普通地方公共団体の議会における法律上の係争については，一般市民法秩序と直接の関係を有しない内部的な問題にとどまる限り，その自主的，自律的な解決に委ねるのを適当とし，裁判所の司法審査の対象とはならない……〔14-12〕。」②**発言取消命令と一般市民法秩序との関係性** 「普通地方公共団体の議会の運営に関する事項については，議会の議事機関としての自主的かつ円滑な運営を確保すべく，その性質上，議会の自律的な権能が尊重されるべきものであり」，地方自治法104条・129条1項等の規定に照らせば，「同法は，議員の議事における発言に関しては，議長に当該発言の取消しを命ずるなどの権限を認め，もって議会が当該発言をめぐる議場における秩序の維持等に関する係争を自主的，自律的に解決することを前提としているものと解される。」「そして，〔愛知県議会会議規則〕123条は，……議長に議場における秩序の維持等の権限を認めた地方自治法104条及び129条1項の規定を前提として定められたものと解される。そうすると，議事を速記法によって速記し，配布用会議録を関係者等に配布する旨を定めた同規則121条2項及び122条は，同規則123条の規定と併せて，同法123条1項が定める議長による会議録の調製等について具体的な規律を定めたものにとどまると解するのが相当であり，〔原審がいうように〕県議会議員に対して議事における発言が配布用会議録に記載される権利利益を付与したものということはできない。したがって，県議会議長により取消しを命じられた発言が配布用会議録に掲載されないことをもって，当該発言の取消命令の適否が一般市民法秩序と直接の関係を有するものと認めることはできず，その適否は県議会における内部的な問題としてその自主的，自律的な解決に委ねられるべきものというべきである。」「以上によれば，県議会議長の県議会議員に対する発言の取消命令の適否は，司法審査の対象とはならない」。

14-14 地方議会における懲罰的措置をめぐる国家賠償請求と司法審査
──名張市議会事件　最判平成31・2・14民集73巻2号123頁

★★★☆☆

【事　実】 名張市議会議員Xは，市議会教育民生委員会の視察旅行を市の財政状況に照らして実施すべきではないと考え，当該旅行を欠席したところ，市議会運営委員会は，正当な理由なく欠席したとしてXに対して厳重注意処分を行うことを決定し，市議会議長がその旨公表した。Xは，これにより名誉が毀損されたとして，名張市(Y)に対して国家賠償請求訴訟を提起した。1審はXの請求を棄却したが，2審はXの請求を認容したため，Yが上告した。

【判　旨】 破棄自判。①**本件の「法律上の争訟」性** 本件は「私法上の権利利益の侵害を理由とする国家賠償請求であり，その性質上，法令の適用による終局的な解決に適しないものとはいえないから，本件訴えは，裁判所法 3 条 1 項にいう法律上の争訟に当たり，適法というべきである。」**②地方議会の内部規律をめぐる国家賠償請求の判断方法**　もっとも，「普通地方公共団体の議会は，地方自治の本旨に基づき自律的な法規範を有するものであり，議会の議員に対する懲罰その他の措置については，議会の内部規律の問題にとどまる限り，その自律的な判断に委ねるのが適当である〔**14-12**（山北村議会事件)〕。そして，このことは，上記の措置が私法上の権利利益を侵害することを理由とする国家賠償請求の当否を判断する場合であっても，異なることはない」。「したがって，普通地方公共団体の議会の議員に対する懲罰その他の措置が当該議員の私法上の権利利益を侵害することを理由とする国家賠償請求の当否を判断するに当たっては，当該措置が議会の内部規律の問題にとどまる限り，議会の自律的な判断を尊重し，これを前提として請求の当否を判断すべきものと解するのが相当である。」**③本件事案の判断**　本件厳重注意処分の決定（本件措置）は，「X の議員としての行為に対する市議会の措置であり，かつ，〔Y 市議会議員政治倫理〕要綱に基づくものであって特段の法的効力を有するものではない。また，市議会議長が，相当数の新聞記者のいる議長室において，〔厳重注意処分〕通知書を朗読し，これを X に交付したことについても，殊更に X の社会的評価を低下させるなどの態様，方法によって本件措置を公表したものとはいえない。」「以上によれば，本件措置は議会の内部規律の問題にとどまる……から，その適否については議会の自律的な判断を尊重すべきであり」，本件措置およびその公表が「違法な公権力の行使に当たるものということはできない。」ゆえに，国家賠償法 1 条 1 項の適用上違法であるとはいえない。

14-15　地方議会における懲罰と司法審査②（新判例）——岩沼市議会事件

★★★☆☆

最大判令和 2・11・25 民集 74 巻 8 号 2229 頁

【事　実】　岩沼市議会は，同市議会議員 X に対して，議会運営委員会における発言を理由として 23 日間の出席停止の懲罰を科した。また，岩沼市（Y）は条例に基づき，X の議員報酬を出席停止日数分減額して支給した。そこで，X は当該懲罰が違憲・違法であるとして，Y を相手に，その取消しと議員報酬の減額分の支払いを求めて提訴した。1 審は判例 **14-12**（山北村議会事件）を引用して本件の司法審査対象性を否定したが，２審はこれを肯定して差し戻したため，Ｙが上告した。

【判　旨】 棄却。①**懲罰の取消しを求める訴えの性格と「法律上の争訟」性** 「普通地方公共団体の議会は，地方自治法並びに会議規則及び委員会に関する条例に違反した議員に対し，議決により懲罰を科することができる（同法134条1項）ところ，懲罰の種類及び手続は法定されている（同法135条）。これらの規定等に照らすと，出席停止の懲罰を科された議員がその取消しを求める訴えは，法令の規定に基づく処分の取消しを求めるものであって，その性質上，法令の適用によって終局的に解決し得る」。②**出席停止処分の性格と司法審査対象性** 「議会の運営に関する事項については，議事機関としての自主的かつ円滑な運営を確保すべく，その性質上，議会の自律的な権能が尊重されるべきであるところ，議員に対する懲罰は，会議体としての議会内の秩序を保持し，もってその運営を円滑にすることを目的として科されるものであり，その権能は上記の自律的な権能の一内容を構成する。」「他方，……議員は，憲法上の住民自治の原則を具現化するため，議会が行う……各事項等について，議事に参与し，議決に加わるなどして，住民の代表としてその意思を当該普通地方公共団体の意思決定に反映させるべく活動する責務を負う」。「出席停止の懲罰……が科されると，当該議員はその期間，会議及び委員会への出席が停止され，議事に参与して議決に加わるなどの議員としての中核的な活動をすることができず，住民の負託を受けた議員としての責務を十分に果たすことができなくなる。このような出席停止の懲罰の性質や議員活動に対する制約の程度に照らすと，これが議員の権利行使の一時的制限にすぎないものとして，その適否が専ら議会の自主的，自律的な解決に委ねられるべきであるということはできない。そうすると，出席停止の懲罰は，議会の自律的な権能に基づいてされたものとして，議会に一定の裁量が認められるべきであるものの，裁判所は，常にその適否を判断することができる」。「したがって，普通地方公共団体の議会の議員に対する出席停止の懲罰の適否は，司法審査の対象となる」。「これと異なる趣旨をいう……〔**14-12**〕その他の当裁判所の判例は，いずれも変更すべきである。」

＊ **14-19**（板まんだら事件）に照らせば，「出席停止の懲罰の取消しを求める訴えが……法律上の争訟に当たることは明らか」であり，法律上の争訟を「司法権に対する外在的制約があるとして司法審査の対象外とするのは，かかる例外を正当化する憲法上の根拠がある場合に厳格に限定される必要がある」とする，宇賀克也裁判官の補足意見がある。

14-16 国立大学の内部問題と司法審査 —— 富山大学事件

★★★☆☆

最判昭和52・3・15民集31巻2号234頁

【事　実】 国立富山大学経済学部長Y_1は，A教授に対して授業担当停止措置をとり，学生に代替授業を受講するように指示した。ところが，Aは授業を継続し，学生Xらも引き続きこれに出席して試験を受験し，Aより合格判定を得た。だが，Y_1は当該授業の単位を認定しなかったことから，Xらは学部長Y_1・学長Y_2を被告として，単位認定に関する不作為の違法確認等を求めて提訴した。1審，2審ともに本件の司法審査対象性を否定したため，Xらが上告した。

【判　旨】 上告棄却。①**部分社会における紛争の司法審査**「裁判所は，憲法に特別の定めがある場合を除いて，一切の法律上の争訟を裁判する権限を有するのであるが（裁判所法3条1項），ここにいう一切の法律上の争訟とはあらゆる法律上の係争を意味するものではない。すなわち，ひと口に法律上の係争といっても，その範囲は広汎であり，その中には事柄の特質上裁判所の司法審査の対象外におくのを適当とするものもあるのであって，例えば，一般市民社会の中にあってこれとは別個に自律的な法規範を有する特殊な部分社会における法律上の係争のごときは，それが一般市民法秩序と直接の関係を有しない内部的な問題にとどまる限り，その自主的，自律的な解決に委ねるのを適当とし，裁判所の司法審査の対象にはならないものと解するのが，相当である〔14-12（山北村議会事件）〕。」②**大学における紛争の司法審査**「大学は，国公立であると私立であるとを問わず，学生の教育と学術の研究とを目的とする教育研究施設であって，その設置目的を達成するために必要な諸事項については，法令に格別の規定がない場合でも，学則等によりこれを規定し，実施することのできる自律的，包括的な権能を有し，一般市民社会とは異なる特殊な部分社会を形成しているのであるから，このような特殊な部分社会である大学における法律上の係争のすべてが当然に裁判所の司法審査の対象になるものではなく，一般市民法秩序と直接の関係を有しない内部的な問題は右司法審査の対象から除かれるべきものである」。③**単位認定行為と一般市民法秩序との関係性**「単位の授与（認定）という行為は，学生が当該授業科目を履修し試験に合格したことを確認する教育上の措置であり，卒業の要件をなすものではあるが，当然に一般市民法秩序と直接の関係を有するものでないことは明らかである。それゆえ，単位授与（認定）行為は，他にそれが一般市民法秩序と直接の関係を有するものであることを肯認するに足りる特段の事情のない限り，純然たる大学内部の問題として大学の自主的，自律的な判断に委ねられるべきものであって，裁判所の司法審査の対象にはならない」。

＊なお，最高裁判所は同日の別判決（民集 31 巻 2 号 280 頁）において，「大学が専攻科修了の認定をしないことは，実質的にみて，一般市民としての学生の国公立大学の利用を拒否することにほかならない」と述べ，専攻科修了認定に関する争いについては司法審査対象性を認めた。

14-17 政党の内部規律と司法審査――共産党袴田事件

最判昭和 63・12・20 判時 1307 号 113 頁

★★★★☆

【事　実】 政党 X の幹部 Y は，X より除名され，居住していた X 所有の家屋を明け渡すように求められた。Y がこれを拒否したところ，X は明渡しを求めて提訴した。Y は，本件除名処分は党規約に違反しており手続的にも実体的にも無効なため，それを前提とした明渡請求は許されない旨主張したが，1 審・2 審ともに X の請求を認容したため，上告した。

【判　旨】 上告棄却。①**政党内部における処分の司法審査** 「政党は，政治上の信条，意見等を共通にする者が任意に結成する政治結社であって，内部的には，通常，自律的規範を有し，その成員である党員に対して政治的忠誠を要求したり，一定の統制を施すなどの自治権能を有するものであり，国民がその政治的意思を国政に反映させ実現させるための最も有効な媒体であって，議会制民主主義を支える上においてきわめて重要な存在であるということができる。したがって，各人に対して，政党を結成し，又は政党に加入し，若しくはそれから脱退する自由を保障するとともに，政党に対しては，高度の自主性と自律性を与えて自主的に組織運営をなしうる自由を保障しなければならない。他方，右のような政党の性質，目的からすると，自由な意思によって政党を結成し，あるいはそれに加入した以上，党員が政党の存立及び組織の秩序維持のために，自己の権利や自由に一定の制約を受けることがあることもまた当然である。右のような政党の結社としての自主性にかんがみると，政党の内部的自律権に属する行為は，法律に特別の定めのない限り尊重すべきであるから，政党が組織内の自律的運営として党員に対してした除名その他の処分の当否については，原則として自律的な解決に委ねるのを相当とし，したがって，政党が党員に対してした処分が一般市民法秩序と直接の関係を有しない内部的な問題にとどまる限り，裁判所の審判権は及ばないというべきであり，他方，右処分が一般市民としての権利利益を侵害する場合であっても，右処分の当否は，当該政党の自律的に定めた規範が公序良俗に反するなどの特段の事情のない限り右規範に照らし，右規範を有しないときは条理に基づき，適正な手続に則ってされたか否かによって決すべきであり，その審理も右の点に限られるものといわなければならない。」② **本件除名処分の有効性**　Xの請求は「本件建物の明渡及び賃料相当損害金の支払を求めるものであるところ，右請求が司法審査の対象になることはいうまでもないが，他方，右請求の原因としての除名処分は，本来，政党の内部規律の問題としてその自治的措置に委ねられるべきものであるから，その当否については，適正な手続を履践したか否かの観点から審理判断されなければならない。そして，……Xは，自律的規範として党規約を有し，本件除名処分は右規約に則ってされたものということができ，右規約が公序良俗に反するなどの特段の事情のあることについて主張立証もない本件においては，その手続には何らの違法もないというべきであるから，右除名処分は有効である」。

▼コメント▼　控訴審（東京高判昭和59・9・25判時1134号87頁）は，「当該処分の手続自体が著しく不公正であったり，当該処分が政党内部の手続規定に違背してされた等」の手続的な問題のほか，「当該処分の理由の有無の認定が著しく恣意にわたりまたその処分の選択が不法な動機に基づきあるいは制裁の目的を著しく逸脱する等の制裁権の濫用があるか否か」についても審査可能と判断していたが，最高裁判所はより制限的な判断を示した。

14-18　政党による除名処分と当選訴訟における司法審査 —— 日本新党繰上当選事件

★★★★☆

最判平成7・5・25民集49巻5号1279頁

【事　実】　1992（平成4）年の参議院（比例代表選出）議員選挙において，日本新党では，選挙長に届け出た候補者名簿の第4順位までが当選となり，名簿第5順位のXは次点となった。翌年，同党はXの除名届を選挙長に提出し，選挙長はこれを受理した。その翌月，同党の名簿第1順位・第2順位のA・Bが衆議院議員選挙に立候補し，参議院議員を辞したため，選挙会は同党の名簿第6順位・第7順位のC・Dを繰上当選人に決定した。これに対し，Xは，除名は不存在または無効なため，Dを当選人とする選挙会の決定も無効であると主張して，中央選挙管理会（Y）を相手に当選訴訟を提起した。1審（東京高等裁判所）がXの請求を認容したため，Yが上告した。

【判　旨】 破棄自判。**①除名届に対する選挙会の審査範囲**　公職選挙法においては，「選挙会が当選人を定めるに当たって当該除名の存否ないし効力を審査することは予定されておらず，法は，たとい客観的には当該除名が不存在又は無効であったとしても，名簿届出政党等による除名届に従って当選人を定めるべきこととしている」。これは，「政党等の政治結社の内部的自律権をできるだけ尊重すべきものとしたことによるものであると解される。すなわち，……政党等に対しては，高度の自主性と自律性を与えて自主的に組織運営することのできる自由を保障しなければならないのであって，このような政党等の結社としての自主性にかんがみると，政党等が組織内の自律的運営として党員等に対してした除名その他の処分の当否については，原則として政党等による自律的な解決にゆだねられているものと解される〔**14-17**（共産党袴田事件)〕。そうであるのに，……選挙長ないし選挙会が当該除名が有効に存在しているかどうかを審査すべきものとするならば，必然的に，政党等による組織内の自律的運営に属する事項について，その政党等の意思に反して行政権が介入することにならざるを得ないのであって，……相当ではない」。**②当選訴訟における，除名処分に対する裁判所の審査範囲**　「当選訴訟（法208条）は，選挙会等による当選人決定の適否を審理し，これが違法である場合に当該当選人決定を無効とするものであるから，当選人に当選人となる資格がなかったとしてその当選が無効とされるのは選挙会等の当選人決定の判断に法の諸規定に照らして誤りがあった場合に限られる。選挙会等の判断に誤りがないにもかかわらず，当選訴訟において裁判所がその他の事由を原因として当選を無効とすることは，実定法上の根拠がないのに裁判所が独自の当選無効事由を設定することにほかならず，法の予定するところではない……。このことは，名簿届出政党等から名簿登載者の除名届が提出されている場合における繰上補充による当選人の決定についても，別異に解すべき理由はない。」「したがって，名簿届出政党等による名簿登載者の除名が不存在又は無効であることは，除名届が適法にされている限り，当選訴訟における当選無効の原因とはならない」。「日本新党による本件除名届は法の規定するところに従ってされているというのであるから，日本新党による被上告人の除名が無効であるかどうかを論ずるまでもなく，本件当選人決定を無効とする余地はない」。

▼コメント▼　原審（東京高判平成6・11・29判時1513号60頁）は，投票が行われた後の名簿登載者に対する除名が「国会議員の選定過程の最も重要な一部に関わるもの

であって，公的ないしは国家的性質を有し，単に政党の内部事項にとどまるとはいえない」との立場から，本件除名が「民主的かつ公正な適正手続」に基づいたものか否か審査を行い，無効と判断した。

14-19 宗教上の教義をめぐる紛争と司法審査——板まんだら事件

★★★★☆

最判昭和 56・4・7 民集 35 巻 3 号 443 頁

【事　実】 宗教団体Ｙは，本尊「板まんだら」を安置する正本堂を建立するために寄付を募った。そこで，Ｙの会員であるＸらは，1 人あたり 280 円から 200 万円の寄付を行った。しかし，後に，⑴安置された板まんだらは偽物であることが判明した，⑵Ｙは募金時に正本堂の建立が広宣流布（開祖の教えが日本国中，さらに全世界に広まること）達成の時期にあたると述べていたのに，建立後に広宣流布は未だ達成されていないと言明したとして，Ｘらは本件寄付が錯誤に基づいてなされた無効なものであると主張し，寄付金の返還を求めた。1 審はＸらの訴えを却下したが，2 審はこれを取り消して 1 審に差し戻したため，Ｙが上告した。

【判　旨】 破棄自判。①**「法律上の争訟」の意義** 「裁判所がその固有の権限に基づいて審判することのできる対象は，裁判所法 3 条にいう『法律上の争松』，すなわち当事者間の具体的な権利義務ないし法律関係の存否に関する紛争であって，かつ，それが法令の適用により終局的に解決することができるものに限られる……。したがって，具体的な権利義務ないし法律関係に関する紛争であっても，法令の適用により解決するのに適しないものは裁判所の審判の対象となりえない，というべきである。」②**「法律上の争訟」への該当性** 本件において「要素の錯誤があったか否かについての判断に際しては，〔上記事実中の〕⑴の点については信仰の対象についての宗教上の価値に関する判断が，また，〔上記事実中の〕⑵の点についても『戒壇の完結』，『広宣流布の達成』等宗教上の教義に関する判断が，それぞれ必要であり，いずれもことがらの性質上，法令を適用することによっては解決することのできない問題である。本件訴訟は，具体的な権利義務ないし法律関係に関する紛争の形式をとっており，その結果信仰の対象の価値又は宗教上の教義に関する判断は請求の当否を決するについての前提問題であるにとどまるものとされてはいるが，本件訴訟の帰すうを左右する必要不可欠のものと認められ，また，記録にあらわれた本件訴訟の経過に徴すると，本件訴訟の争点及び当事者の主張立証も右の判断に関するものがその核心となっていると認められることからすれば，結局本件訴訟は，その実質において法令の適用による終局的な解決の不可能なものであって，裁判所法３条にいう法律上の争訟にあたらないものといわなければならない。」

▼コメント▼　寺田治郎裁判官の意見　本件では，多数意見がいうように，「錯誤の成否の判断に際しては，信仰の対象についての宗教上の価値ないし教義に関する判断が必要であって，これらはいずれも……裁判所の審判の対象となりえない」。しかし，Ｘらの「本訴請求は……不当利得返還の請求，すなわち金銭の給付を求める請求であって，前記宗教上の問題は，その前提問題にすぎず，宗教上の論争そのものを訴訟の目的とするものではないから，本件訴訟は……法律上の争訟にあたらないものであるということはでき」ない。そして，本件のように「請求の当否を決する前提問題について宗教上の判断を必要とするため裁判所の審判権が及ばない場合には，裁判所は，当該宗教上の問題に関するＸらの錯誤の主張を肯認して本件金銭の給付が無効であるとの判断をすることはできないこととなる……から，該給付の無効を前提とするＸらの本訴請求を理由がないものとして請求棄却の判決をすべき」である。

14-20　宗教法人の代表役員の地位をめぐる紛争と司法審査——日蓮正宗管長事件

★★★☆☆

最判平成5・9・7民集47巻7号4667頁

【事　実】　宗教法人 Y_1 の宗規等によれば，宗務を執行する管長と宗教法人の代表役員の地位には，宗教上の最高権威者である法主が就くこととされており，法主には，宗教的行為である「血脈相承」を経た者が就くこととされていた。Y_1 の僧侶であるＸらは，管長・代表役員を務めている Y_2 が「血脈相承」を経て法主に就任していないため，管長・代表役員の地位を有していないとして，Y_1・Y_2 を相手に，Y_2 の管長・代表役員としての地位の不存在の確認を求める訴えを提起した。1審はＸらの訴えを却下し，2審もＸらの控訴を棄却したため，Ｘらが上告した。

【判　旨】　上告棄却。①**宗教法人の代表役員の地位をめぐる紛争の司法審査**　「特定の者が宗教団体の宗教活動上の地位にあることに基づいて宗教法人である当該宗教団体の代表役員の地位にあることが争われている場合には，裁判所は，原則として，右の者が宗教活動上の地位にあるか否かを審理，判断すべきものであるが，他方，宗教上の教義ないし信仰の内容にかかわる事項についてまで裁判所の審判権が及ぶものではない……。したがって，特定の者の宗教活動上の地位の存否を審理，判断するにつき，当該宗教団体の教義ないし信仰の内容に立ち入って審理，判断することが必要不可欠である場合には，裁判所は，その者が宗教活動上の地位にあるか否かを審理，判断することができず，その結果，宗教法人の代表役員の地位の存否についても審理，判断することができないことになるが，この場合には，特定の者の宗教法人の代表役員の地位の存否の確認を求める訴えは，裁判所が法令の適用によって終局的な解決を図ることができない訴訟として，裁判所法にいう『法律上の争訟』に当たらないというほかない。」**②本件の司法審査の可否**「Y_2が代表役員及び管長の地位にあるか否かを審理，判断するには，Y_2が法主の地位にあるか否かを審理，判断する必要があるところ，……Y_1においては，法主は，宗祖以来の唯授一人の血脈を相承する者であるとされているから，Y_2が法主の地位にあるか否かを審理，判断するには，血脈相承の意義を明らかにした上で，同人が血脈を相承したものということができるかどうかを審理しなければならない。そのためには，Y_1の教義ないし信仰の内容に立ち入って審理，判断することが避けられないことは，明らかである。そうであるとすると，本件訴えは，結局，いずれも法律上の争訟性を欠き，不適法として却下を免れない。」

14-21　政府の経済政策と司法審査――郵便貯金目減り訴訟

★☆☆☆☆

最判昭和57・7・15判時1053号93頁

【判　旨】　政府が経済政策を立案施行するにあたって，政策目標を「調和的に実現するために政府においてその時々における内外の情勢のもとで具体的にいかなる措置をとるべきかは，事の性質上専ら政府の裁量的な政策判断に委ねられている事柄とみるべきものであって，仮に政府においてその判断を誤り，ないしはその措置に適切を欠いたため右目標を達成することができず，又はこれに反する結果を招いたとしても，これについて政府の政治的責任が問われることがあるのは格別，法律上の義務違反ないし違法行為として国家賠償法上の損害賠償責任の問題を生ずるものとすることはできない。」

14-22　行政上の義務の司法的執行――宝塚市パチンコ店等建築規制条例事件

★★★☆☆

最判平成14・7・9民集56巻6号1134頁

【事　実】　宝塚市長は，同市パチンコ店等建築規制条例に基づき，市内においてパチンコ店を建築しようとするＹに対し，当該建築工事の中止命令を発した。ところが，Ｙがこれに従わなかったため，宝塚市（X）はＹに対し当該建築工事を続行してはならない旨の裁判を求めた。1審・2審いずれも，同条例が風営法および建築基準法に違反しているとして，Ｘの請求を棄却したことから，Ｘが上告した。

【判　旨】 破棄自判。①**行政上の義務の履行を求める訴訟の「法律上の争訟」性** 「行政事件を含む民事事件において裁判所がその固有の権限に基づいて審判することのできる対象は，裁判所法3条1項にいう『法律上の争訟』，すなわち当事者間の具体的な権利義務ないし法律関係の存否に関する紛争であって，かつ，それが法令の適用により終局的に解決することができるものに限られる〔**14-19**（板まんだら事件)〕。国又は地方公共団体が提起した訴訟であって，財産権の主体として自己の財産上の権利利益の保護救済を求めるような場合には，法律上の争訟に当たるというべきであるが，国又は地方公共団体が専ら行政権の主体として国民に対して行政上の義務の履行を求める訴訟は，法規の適用の適正ないし一般公益の保護を目的とするものであって，自己の権利利益の保護救済を目的とするものということはできないから，法律上の争訟として当然に裁判所の審判の対象となるものではなく，法律に特別の規定がある場合に限り，提起することが許されるものと解される。」「したがって，国又は地方公共団体が専ら行政権の主体として国民に対して行政上の義務の履行を求める訴訟は，裁判所法3条1項にいう法律上の争訟に当たらず，これを認める特別の規定もないから，不適法というべきである。」②**本件訴訟の「法律上の争訟」性** 「本件訴えは，地方公共団体であるＸが本件条例8条に基づく行政上の義務の履行を求めて提起したものであり，原審が確定したところによると，当該義務がＸの財産的権利に由来するものであるという事情も認められないから，法律上の争訟に当たらず，不適法というほかはない。」

14-23　空港騒音公害と司法的救済 —— 大阪国際空港騒音公害訴訟

★★☆☆☆

最大判昭和56・12・16民集35巻10号1369頁

【事　実】 大阪国際空港の周辺住民Ｘらは，航空機の離着陸により，深刻な騒音公害等を被っていた。このためＸらは，同空港を設置・管理している国（Y）を相手として，①午後9時から翌朝7時までの空港使用の差止め，②過去の損害賠償，③将来の損害賠償を求めて，民事訴訟を提起した。1審は，①の一部と②を認めたが，③を棄却した。2審はXらの請求をほぼ全面的に認めたため，Yが上告した。

【判　旨】 一部上告棄却，一部破棄自判，一部破棄差戻し（①③は却下，②は認容）。**①の訴えの適法性** 「本件空港の離着陸のためにする供用は運輸大臣の有する空港管理権と航空行政権という二種の権限の，総合的判断に基づいた不可分一体的な行使の結果であるとみるべきであるから」，①の請求は「不可避的に航空行政権の行使の取消変更ないしその発動を求める請求を包含することとなるものといわなければならない。したがって，Xらが行政訴訟の方法により何らかの請求をすることができるかどうかはともかくとして，Yに対し，いわゆる通常の民事上の請求として〔①〕のような私法上の給付請求権を有するとの主張の成立すべきいわれはない」。ゆえに，「本件訴えのうち，いわゆる狭義の民事訴訟の手続により」①を求める部分は，「不適法」である。

＊　第4次厚木基地訴訟（最判平成28・12・8民集70巻8号1833頁）では，原告は自衛隊機の運航差止め等を求めて，行政訴訟を提起した。最高裁判所は自衛隊機の運航差止めの訴えを行政事件訴訟法3条7項の差止訴訟として捉えて，訴えの適法性を肯定し，本案判断を行った。

14-24　職務執行命令訴訟における司法審査——沖縄代理署名訴訟

★★☆☆☆

最大判平成8・8・28民集50巻7号1952頁

【事　実】 国は沖縄県に駐留する米軍の軍用地を確保するために，民有地に対して，駐留軍用地特別措置法に基づく強制使用手続を開始した。ところが，沖縄県知事Yは，その手続上必要とされた署名等代行事務を拒否した。そこで，内閣総理大臣Xは，地方自治法151条の2（当時）に基づき，Yに対して同事務の執行を命じたが，Yはこれにも応じなかった。このため，Xは同条に基づき，Yに対して同事務の執行を命じる旨の裁判を求めた。1審（福岡高等裁判所那覇支部）はXの請求を認容したため，Yが上告した。

【判　旨】 上告棄却。**①職務執行命令訴訟における司法審査の範囲** 「地方自治法151条の2は，都道府県知事本来の地位の自主独立性の尊重と国の委任事務を処理する地位に対する国の指揮監督権の実効性の確保との間の調和を図るために職務執行命令訴訟の制度を採用している」。「この趣旨から考えると，職務執行命令訴訟においては，下命者である主務大臣の判断の優越性を前提に都道府県知事が職務執行命令に拘束されるか否かを判断すべきものと解するのは相当でなく，主務大臣が発した職務執行命令がその適法要件を充足しているか否かを客観的に審理判断すべきものと解するのが相当である。」それゆえ，本件職務執行命令の法的根拠となった駐留軍用地特措法の合憲性も，「本件訴訟における審査の対象となる」。②**駐留軍用地特別措置法の合憲性**　駐留軍用地特別措置法は，日米安全保障条約及び日米地位協定上の義務を履行するために必要かつ合理的なものである。そして，同条約および協定が「違憲無効であることが一見極めて明白でない以上，裁判所としては，これが合憲であることを前提として駐留軍用地特措法の憲法適合性についての審査をすべきであるし〔**2-2**（砂川事件上告審)〕，所論も，日米安全保障条約及び日米地位協定の違憲を主張するものでないことを明示している。そうであれば，駐留軍用地特措法は，憲法前文，9条，13条，29条3項に違反するものということはできない。」

3　違憲審査権

14-25　違憲審査権の性格――警察予備隊違憲訴訟

★★★★☆

最大判昭和27・10・8民集6巻9号783頁

【事　実】　1950（昭和25）年，朝鮮戦争の勃発を受けて警察予備隊令が制定され，自衛隊の前身である警察予備隊が設置された。日本社会党委員長Xは，1951（昭和26）年4月1日以降の警察予備隊の設置・維持に関する一切の国の行為が憲法9条の下無効であることの確認を求めて，最高裁判所に直接出訴した。その際，Xは，憲法81条により，最高裁判所は具体的な争訟事件を処理する司法裁判所としての性格に加えて，具体的な争訟事件を離れて抽象的にまた第一審にして終審として違憲審査を行いうる憲法裁判所としての性格も有すると主張した。

【判　旨】　却下。①**最高裁判所の違憲審査権の性格**　「わが裁判所が現行の制度上与えられているのは司法権を行う権限であり，そして司法権が発動するためには具体的な争訟事件が提起されることを必要とする。我が裁判所は具体的な争訟事件が提起されないのに将来を予想して憲法及びその他の法律命令等の解釈に対し存在する疑義論争に関し抽象的な判断を下すごとき権限を行い得るものではない。けだし最高裁判所は法律命令等に関し違憲審査権を有するが，この権限は司法権の範囲内において行使されるものであり，この点においては最高裁判所と下級裁判所との間に異るところはないのである（憲法 76 条 1 項参照）。……憲法 81 条……は最高裁判所が憲法に関する事件について終審的性格を有することを規定したものであり，従って最高裁判所が固有の権限として抽象的な意味の違憲審査権を有すること並びにそれがこの種の事件について排他的なすなわち第一審にして終審としての裁判権を有するものと推論することを得ない。」**②抽象的違憲審査の問題点**　「なお最高裁判所がＸの主張するがごとき法律命令等の抽象的な無効宣言をなす権限を有するものとするならば，何人も違憲訴訟を最高裁判所に提起することにより法律命令等の効力を争うことが頻発し，かくして最高裁判所はすべての国権の上に位する機関たる観を呈し三権独立し，その間に均衡を保ち，相互に侵さざる民主政治の根本原理に背馳するにいたる恐れなしとしないのである。」**③本件訴えの適法性**　「要するにわが現行の制度の下においては，特定の者の具体的な法律関係につき紛争の存する場合においてのみ裁判所にその判断を求めることができるのであり，裁判所がかような具体的事件を離れて抽象的に法律命令等の合憲性を判断する権限を有するとの見解には，憲法上及び法令上何等の根拠も存しない。そして弁論の趣旨よりすれば，Ｘの請求は右に述べたような具体的な法律関係についての紛争に関するものでないことは明白である。従って本訴訟は不適法」である。

▼コメント▼　本判決は，最判昭和 27・10・31 民集 6 巻 9 号 926 頁（昭和 23 年政令 201 号制定行為の取消請求），最大判昭和 28・4・15 民集 7 巻 4 号 305 頁（衆議院解散の無効確認請求），最大判昭和 28・5・20 行集 4 巻 5 号 1229 頁（昭和 21 年勅令 68 号の違憲確認請求），最判平成 3・4・19 民集 45 巻 4 号 518 頁（裁判所支部の廃止を定めた最高裁判所規則の取消請求）等において引用され，その趣旨が確認されている。

14-26　下級裁判所の違憲審査権

★★☆☆☆

最大判昭和 25・2・1 刑集 4 巻 2 号 73 頁

【判　旨】「憲法は国の最高法規であってその条規に反する法律命令等はその効力を有せず，裁判官は憲法及び法律に拘束せられ，また憲法を尊重し擁護する義務を負うことは憲法の明定するところである。従って，裁判官が，具体的訴訟事件に法令を適用して裁判するに当り，その法令が憲法に適合するか否かを判断することは，憲法によって裁判官に課せられた職務と職権であって，このことは最高裁判所の裁判官であると下級裁判所の裁判官であることを問わない。憲法 81 条は，最高裁判所が違憲審査権を有する終審裁判所であることを明らかにした規定であって，下級裁判所が違憲審査権を有することを否定する趣旨をもっているものではない。」

14-27 違憲審査の対象① 司法行為 ―― 裁判所法施行令等違憲訴訟

★★☆☆☆

最大判昭和 23・7・7 刑集 2 巻 8 号 801 頁

【判　旨】「裁判は一般的抽象的規範を制定するものではなく，個々の事件について具体的処置をつけるものであるから，その本質は一種の処分であることは言うをまたぬところである。法律，命令，規則又は行政処分の憲法適否性が裁判の過程において終審として最高裁判所において審判されるにかかわらず，裁判の憲法適否性が裁判の過程において終審として最高裁判所において審判されない筈はない。否，一切の抽象的規範は，法律たると命令たると規則たるとを問わず，終審として最高裁判所の違憲審査権に服すると共に，一切の処分は，行政処分たると裁判たるとを問わず，終審として最高裁判所の違憲審査権に服する。すなわち，立法行為も行政行為も司法行為（裁判）も，皆共に裁判の過程においてはピラミッド型において終審として最高裁判所の違憲審査権に服するのである。かく解してこそ，最高裁判所は，初めて憲法裁判所としての性格を完全に発揮することができる。」

14-28 違憲審査の対象② 統治行為 ―― 苫米地（とまべち）事件

★★★★☆

最大判昭和 35・6・8 民集 14 巻 7 号 1206 頁

【事　実】 1952（昭和 27）年，第 3 次吉田茂内閣は衆議院を解散した（いわゆる「抜き打ち解散」）。当時衆議院議員であった X（苫米地義三）は，次の理由から本件解散の違憲無効を主張し，国（Y）に対して任期満了までの歳費の支払を求めて訴訟を提起した：①衆議院の解散は憲法 69 条所定の場合に限られるのに，本件解散はそれに当たらず，憲法 7 条のみに依拠して行われた，②本件解散に際し，憲法 7 条所定の内閣の助言と承認が適法になされなかった。1 審は，衆議院の解散は憲法 69 条所定の場合に限られないとしたものの，本件解散に際し，内閣の助言があったとはいえないとして，X の請求を認容した。しかし，2 審は，内閣の助言と承認は適法になされたとして，1 審判決を取り消したため，X が上告した。

【判　旨】 上告棄却。①**判決の骨子**「現実に行われた衆議院の解散が，その依拠する憲法の条章について適用を誤つたが故に，法律上無効であるかどうか，これを行うにつき憲法上必要とせられる内閣の助言と承認に瑕疵があったが故に無効であるかどうかのごときことは裁判所の審査権に服しないものと解すべきである。」② **高度に政治性のある国家行為の司法審査対象性** 「わが憲法の三権分立の制度の下においても，司法権の行使についておのずからある限度の制約は免れないのであって，あらゆる国家行為が無制限に司法審査の対象となるものと即断すべきでない。直接国家統治の基本に関する高度に政治性のある国家行為のごときはたとえそれが法律上の争訟となり，これに対する有効無効の判断が法律上可能である場合であっても，かかる国家行為は裁判所の審査権の外にあり，その判断は主権者たる国民に対して政治的責任を負うところの政府，国会等の政治部門の判断に委され，最終的には国民の政治判断に委ねられているものと解すべきである。この司法権に対する制約は，結局，三権分立の原理に由来し当該国家行為の高度の政治性，裁判所の司法機関としての性格，裁判に必然的に随伴する手続上の制約等にかんがみ，特定の明文による規定はないけれども，司法権の憲法上の本質に内在する制約と理解すべきである。」③**衆議院解散の司法審査対象性** 「衆議院の解散は，衆議院議員をしてその意に反して資格を喪失せしめ，国家最高の機関たる国会の主要な一翼をなす衆議院の機能を一時的とは言え閉止するものであり，さらにこれにつづく総選挙を通じて，新な衆議院，さらに新な内閣成立の機縁を為すものであって，その国法上の意義は重大であるのみならず，解散は，多くは内閣がその重要な政策ひいては自己の存在に関して国民の総意を問わんとする場合に行われるものであってその政治上の意義もまた極めて重大である。すなわち衆議院の解散は，極めて政治性の高い国家統治の基本に関する行為であって，かくのごとき行為について，その法律上の有効無効を審査することは司法裁判所の権限の外にありと解すべきことは既に前段説示するところによってあきらかである。そして，この理は，本件のごとく，当該衆議院の解散が訴訟の前提問題として主張されている場合においても同様であって，ひとしく裁判所の審査権の外にありといわなければならない。」それゆえ，裁判所としては，本件解散が適法に行われたとする「政府の見解を否定して，本件解散を憲法上無効なものとすることはできないのである。」

▼コメント▼　本判決には，衆議院の解散も司法審査の対象になるとする，小谷勝重・奥野健一，河村大助，石坂修一裁判官の各意見が付されている。なお，前年の **2-2** （砂川事件上告審）判決は，「高度の政治性を有する」行為を司法審査の対象外

とするにあたり，「一見極めて明白に違憲無効であると認められない限りは」との留保を付した。これに対し，本判決はそのような留保を特に付していないことから，「純粋な形の統治行為論」をとったといわれる（異なる理解もある）。ただ，本判決後，このタイプの統治行為論をとったとされる最高裁判所判例は，これまでのところ他にはみられない。

14-29 違憲審査の対象③　立法不作為――熊本ハンセン病訴訟

熊本地判平成13・5・11 判時1748号30頁【確定】

★☆☆☆☆

【判　旨】 12-2 事件の最高裁判所判決は，「国会議員の立法行為は，立法の内容が憲法の一義的な文言に違反しているにもかかわらず国会があえて当該立法を行うというごとき，容易に想定し難いような例外的な場合でない限り，国家賠償法1条1項の規定の適用上，違法の評価を受けない」と判示したが，同判決は「もともと立法裁量にゆだねられているところの国会議員の選挙の投票方法に関するものであり，患者の隔離という他に比類のないような極めて重大な自由の制限を課する新法〔らい予防法〕の隔離規定に関する本件とは，全く事案を異にする。」また，同判決の「文言からも明らかなように，『立法の内容が憲法の一義的な文言に違反している』ことは，立法行為の国家賠償法上の違法性を認めるための絶対条件とは解されない。」同判決がそのような表現を用いたのも，「立法行為が国家賠償法上違法と評価されるのが，極めて特殊で例外的な場合に限られるべきであることを強調しようとしたにすぎないものというべきである。」本件では，「遅くとも昭和35年には〔新法の隔離規定の〕違憲性が明白になっていた」等の事情や，「新法の隔離規定が存続することによる人権被害の重大性とこれに対する司法的救済の必要性にかんがみれば，他にはおよそ想定し難いような極めて特殊で例外的な場合として，遅くとも昭和40年以降に新法の隔離規定を改廃しなかった国会議員の立法上の不作為につき，国家賠償法上の違法性を認めるのが相当である。」また，「新法の隔離規定の違憲性を判断する前提として認定した事実関係については，国会議員が調査すれば容易に知ることができたものであり，また，〔患者団体による〕新法改正運動が行われ，国会議員や厚生省に対する陳情等の働き掛けも盛んに行われていたことなどからすれば，国会議員には過失が認められるというべきである。」

14-30　違憲審査の対象④　立法不作為 —— 在外日本国民選挙権制限規定違憲判決

最大判平成 17・9・14 民集 59 巻 7 号 2087 頁

★★★☆☆

【事　実】 12-3（在外日本人選挙権制限規定違憲判決）を参照（下記判旨の請求①－④は，12-3の「事実」を参照）。

【判　旨】 一部破棄自判，一部上告棄却。**①改正前公職選挙法の違法確認請求（請求①）** X らの①の訴えは，「過去の法律関係の確認を求めるものであり，……確認の利益が認められず，不適法である。」**②改正後公職選挙法の違法確認請求（請求②）**「他により適切な訴えによってその目的を達成することができる場合には，確認の利益を欠き不適法であるというべきところ」，本件においては③の訴えの方が「より適切な訴え」であるから，②の訴えは不適法である。**③選挙権確認請求（請求③）**「選挙権は，これを行使することができなければ意味がないものといわざるを得ず，侵害を受けた後に争うことによっては権利行使の実質を回復することができない性質のものであるから，その権利の重要性にかんがみると，具体的な選挙につき選挙権を行使する権利の有無につき争いがある場合にこれを有することの確認を求める訴えについては，それが有効適切な手段であると認められる限り，確認の利益を肯定すべきものである。そして，〔③の〕訴えは，公法上の法律関係に関する確認の訴えとして，……確認の利益を肯定することができるものに当たるというべきである。なお，この訴えが法律上の争訟に当たることは論をまたない。」それゆえ，③の訴えは「適法な訴えということができる。」そして，X らは「次回の衆議院議員の総選挙における小選挙区選出議員の選挙及び参議院議員の通常選挙における選挙区選出議員の選挙において，在外選挙人名簿に登録されていることに基づいて投票をすることができる地位にあるというべきであるから」，請求には理由があり，「認容すべきものである。」**④立法不作為に対する国家賠償請求（請求④）**「立法の内容又は立法不作為が国民に憲法上保障されている権利を違法に侵害するものであることが明白な場合や，国民に憲法上保障されている権利行使の機会を確保するために所要の立法措置を執ることが必要不可欠であり，それが明白であるにもかかわらず，国会が正当な理由なく長期にわたってこれを怠る場合などには，例外的に，国会議員の立法行為又は立法不作為は，国家賠償法 1 条 1 項の規定の適用上，違法の評価を受けるものというべきである。〔12-2（在宅投票制度廃止違憲訴訟）〕は，以上と異なる趣旨をいうものではない。」「在外国民の投票を可能にするための法律案が……廃案となった後本件選挙の実施に至るまで10年以上の長きにわたって何らの立法措置も執られなかったのであるから，このような著しい不作為は上記の例外的な場合に当たり，このような場合においては，過失の存在を否定することはできない。……したがって，本件においては，上記の違法な立法不作為を理由とする国家賠償請求はこれを認容すべきである。」

＊本判決後に立法不作為による国家賠償責任が争点になった事例として，5-8（女性の再婚禁止期間違憲訴訟）を参照。

14-31 選挙無効訴訟における違憲主張

★☆☆☆☆

最決平成26・7・9判時2241号20頁

【決定要旨】 公職選挙法205条1項は，同法204条の選挙無効訴訟において主張しうる選挙無効の原因を「『選挙の規定に違反することがあるとき』と定めており，これは，主として選挙管理の任にある機関が選挙の管理執行の手続に関する明文の規定に違反することがあるとき又は直接そのような明文の規定は存在しないが選挙の基本理念である選挙の自由公正の原則が著しく阻害されるときを指すものと解される……。このように，公職選挙法204条の選挙無効訴訟は，同法において選挙権を有するものとされている選挙人らによる候補者に対する投票の結果としての選挙の効力を選挙人又は候補者が上記のような無効原因の存在を主張して争う争訟方法であり，同法の規定において一定の者につき選挙権を制限していることの憲法適合性については，当該者が自己の選挙権の侵害を理由にその救済を求めて提起する訴訟においてこれを争うことの可否はおくとしても，同条の選挙無効訴訟において選挙人らが他者の選挙権の制限に係る当該規定の違憲を主張してこれを争うことは法律上予定されていない。そうすると，選挙人が同条の選挙無効訴訟において同法205条1項所定の選挙無効の原因として〔同法9条1項並びに11条1項2号及び3号〕の違憲を主張し得るものとはいえない」。

第 15 章
財政

15-1 租税法律主義——旭川市国民健康保険条例事件

★★★★☆

最大判平成 18・3・1 民集 60 巻 2 号 587 頁

【事　実】 旭川市（Y_1）を保険者とする国民健康保険の一般被保険者の資格を取得したXは，旭川市による国民健康保険料の賦課処分を受け，また，旭川市長（Y_2）から減免非該当処分を受けた。Xは，旭川市国民健康保険条例（本件条例）が定める保険料の賦課総額の算定基準は不明確，かつ，不特定であり，本件条例において保険料率を定めず，これを告示に委任することは，租税法律主義を定める憲法 84 条またはその趣旨に反し，国民健康保険法 81 条に違反するなどとして，賦課処分と減免非該当処分の取消しおよび無効確認を求めた。1 審は，Xの主張を認め，賦課処分を取り消したが，2 審は，保険料に関し憲法 84 条の規定は直接適用されず，保険料率自体を条例に明記していなくとも違憲の問題は生じないとして，請求を棄却した。Xが上告。

【判　旨】 上告棄却。**①憲法 84 条の租税の意義と国民健康保険料**「国又は地方公共団体が，課税権に基づき，その経費に充てるための資金を調達する目的をもって，特別の給付に対する反対給付としてでなく，一定の要件に該当するすべての者に対して課する金銭給付は，その形式のいかんにかかわらず，憲法 84 条に規定する租税に当たる」。「市町村が行う国民健康保険の保険料は，」「被保険者において保険給付を受け得ることに対する反対給付として徴収されるものであ」り，「憲法 84 条の規定」は「直接に適用され」ない。**②憲法 84 条の趣旨の波及**「憲法 84 条は，」「直接的には，租税について法律による規律の在り方を定めるものであるが，同条は，国民に対して義務を課し又は権利を制限するには法律の根拠を要するという法原則を租税について厳格化した形で明文化したもの」であり，「租税以外の公課であっても，その性質に応じて，法律又は法律の範囲内で制定された条例によって適正な規律がされるべき」であって，「憲法 84 条に規定する租税ではないという理由だけから，そのすべてが当然に同条に現れた上記のような法原則のらち外にあると」は言えない。「租税以外の公課であっても，賦課徴収の強制の度合い等の点において租税に類似する性質を有するものについては，憲法84条の趣旨が及ぶ」が，「賦課要件が法律又は条例にどの程度明確に定められるべきかなどその規律の在り方については，当該公課の性質，賦課徴収の目的，その強制の度合い等を総合考慮して判断」される。③**本件条例へのあてはめ** 「本件条例は，保険料率算定の基礎となる賦課総額の算定基準を明確に規定した上で，その算定に必要な……費用及び収入の各見込額並びに予定収納率の推計に関する専門的及び技術的な細目にかかわる事項を，被上告人市長の合理的な選択にゆだねたものであり，また，上記見込額等の推計については，国民健康保険事業特別会計の予算及び決算の審議を通じて議会による民主的統制が及」び，国民健康保険「法 81 条に」も，「憲法 84 条の趣旨に」も反しない。

▼コメント▼　本判決の「租税」の定義は，基本的に **5-3**（サラリーマン税金訴訟）を踏襲したものであるが，国民健康保険への公費投入による反対給付性の喪失を説く見解もあったところ，本判決は後者のような見解を採用しなかった。また，本判決は，同じ国民健康保険でも，本件の旭川市のように保険料として徴収するのではなく，国民健康保険税（地方税法 703 条の 4）を課す（このような方法をとることも可能である）場合は，憲法 84 条が適用されるとする（この点については，仙台高秋田支判昭和 57・7・23 行集 33 巻 7 号 1616 頁も参照）。

15-2 租税法律主義――通達課税違憲訴訟

★★☆☆☆

最判昭和 33・3・28 民集 12 巻 4 号 624 頁

【事　実】 パチンコ球遊器については，当初課税対象とされない取扱いがなされてきたが，東京国税局長，国税庁による通達によって，物品税法（1988〔昭和 63〕年 12 月制定の消費税法の施行に伴い廃止）上の課税対象である「遊戯具」に該当するとの見解が示され，この見解に従って，パチンコ球遊器製造業者である X に課税処分がなされた。X は，この処分は憲法 30 条に違反する違法無効なものであることの確認等を求めて，出訴した。1 審・2 審はともに，X の請求を認めなかった。X が上告。

【判　旨】 上告棄却。「論旨は，通達課税による憲法違反を云為しているが，本件の課税がたまたま所論通達を機縁として行われたものであっても，通達の内容が法の正しい解釈に合致するものである以上，本件課税処分は法の根拠に基く処分と解する」ことができる。

15-3 不利益遡及効を有する租税法規

★★★★☆

最判平成 23・9・22 民集 65 巻 6 号 2756 頁

【事　実】 2004（平成 16）年 4 月 1 日施行の平成 16 年法律 14 号（改正法）によって改正された租税特別措置法（措置法）31 条では，従来とは異なり，個人が 5 年を超えて所有する土地や建物などを譲渡した際の譲渡所得（長期譲渡所得）について損益通算を認めないこととし，同条については，同年 1 月 1 日以降に行う土地や建物などの譲渡に適用するものとされた（改正法附則 27 条 1 項）。2004 年 1 月 1 日に同年分の長期譲渡所得の金額の計算上損失を生じた X は，2005（平成 17）年 9 月，2004 年分の所得税の確定申告書を提出した後，上記損失について損益通算が認められるべきだとして，更正の請求をしたが，所轄税務署長は損益通算を認めず，X の同年分の所得税に係る更正の請求に対し更正をすべき理由がない旨の通知処分をした。X は，改正法附則 27 条 1 項がその施行日より前にされた土地等または建物等の譲渡についても上記損益通算を認めないのは納税者に不利益な遡及立法であって憲法 84 条に違反する等と主張し，上記通知処分の取消しを求めて出訴した。1 審，2 審はともに，X の請求を認めなかった。X が上告。

【判　旨】 上告棄却。①**遡及効発生の有無**　「所得税の納税義務は暦年の終了時に成立」し，「改正法が施行された平成 16 年 4 月 1 日の時点においては同年分の所得税の納税義務はいまだ成立していないから，」改正後の措置法 31「条の規定を同年 1 月 1 日から同年 3 月 31 日までの間にされた長期譲渡に適用しても，所得税の納税義務自体」は「事後的に変更され」ないが，「長期譲渡は既存の租税法規の内容を前提としてされるのが通常と考えられ，また，所得税が 1 暦年に累積する個々の所得を基礎として課税されるものであることに鑑みると，改正法施行前にされた上記長期譲渡について暦年途中の改正法施行により変更された上記規定を適用する」場合，「所得税の課税関係における納税者の租税法規上の地位が変更され，課税関係における法的安定に影響が及び得る」。②**憲法 84 条の趣旨**　「憲法 84 条は，課税要件及び租税の賦課徴収の手続が法律で明確に定められるべきことを規定するものであるが，これにより課税関係における法的安定が保たれるべき趣旨を含む〔 **15-1** (旭川市国民健康保険条例事件)〕」。「そして，法律で一旦定められた財産権の内容が事後の法律により変更されることによって法的安定に影響が及び得る場合における当該変更の憲法適合性については，当該財産権の性質，その内容を変更する程度及びこれを変更することによって保護される公益の性質などの諸事情を総合的に勘案し，その変更が当該財産権に対する合理的な制約として容認されるべきものであるかどうかによって判断すべき……〔 9-18 (事後法による財産権の内容変更の合憲性) 参照〕」であり，「暦年途中の租税法規の変更及びその暦年当初からの適用によって納税者の租税法規上の地位が変更され，課税関係における法的安定に影響が及び得る場合においても，これと同様に解すべき」である。なぜなら，「暦年途中の租税法規の変更にあっても，その暦年当初からの適用がこれを通じて経済活動等に与える影響は，当該変更の具体的な対象，内容，程度等によって様々に異なり得」，「租税法規の変更及び適用も，最終的には国民の財産上の利害に帰着するものであって，その合理性は上記の諸事情を総合的に勘案して判断されるべきものであるという点において，財産権の内容の事後の法律による変更の場合と同様」だからである。本件について，上記諸事情を総合的に勘案した結果，本件改正附則は，納税者の租税法規上の地位に対する合理的な制約として容認され，憲法84条の趣旨に反するものではないとした。

15-4 教育事業への公金支出の制限 —— 幼児教室事件

★☆☆☆☆

東京高判平成2・1・29 高民集 43 巻 1 号 1 頁

【上告棄却（最判平成5・5・27)】

【判　旨】 憲法89条後段「の趣旨は，公の支配に属しない教育事業に公の財産が支出又は利用された場合」，「教育の名の下に，公教育の趣旨，目的に合致しない教育活動に公の財産が支出されたり，利用されたりする虞れがあり，ひいては公の財産が濫費される可能性があることに基づく」。したがって，「教育の事業に対して公の財産を支出し，又は利用させるためには，その教育事業が公の支配に服することを要するが，その程度は，国又は地方公共団体等の公の権力が当該教育事業の運営，存立に影響を及ぼすことにより，右事業が公の利益に沿わない場合にはこれを是正しうる途が確保され，公の財産が濫費されることを防止しうること」で足り，「必ずしも，当該事業の人事，予算等に公権力が直接的に関与することを要」しない。

第 16 章

地方自治

16-1 憲法上の地方公共団体の意義 —— 特別区長公選廃止事件

★★☆☆☆

最大判昭和 38・3・27 刑集 17 巻 2 号 121 頁

【事　実】 東京都の特別区の区長は，1952（昭和 27）年 8 月の地方自治法改正によって公選制が廃止され，区議会が都知事の同意を得て選任することとされた（その後，1974〔昭和 49〕年に公選制は復活した）。1957（昭和 32）年に，渋谷区議会議員の X らは渋谷区長選任に関して金員の提供・授受を行ったとして起訴された。収賄罪の成立には職務権限の存在が要件とされるところ，特別区も憲法 93 条 2 項で長の住民による公選が求められる地方自治体に該当するのであれば，同項に反する区長選任に関して X らにはそもそも職務権限が存在しないのではないかが争われた。1 審の東京地裁は，特別区長の公選制を廃止した地方自治法 281 条の 2 第 1 項は憲法 93 条 2 項に違反して無効であると判示したが，この判示には違法があるとし，検察官が跳躍上告した。

【判　旨】 破棄差戻し。憲法 93 条 2 項で長及び議会の議員の公選が求められている「地方公共団体といい得るためには，単に法律で地方公共団体として取り扱われているということだけでは足らず，事実上住民が経済的文化的に密接な共同生活を営み，共同体意識をもっているという社会的基盤が存在し，沿革的にみても，また現実の行政の上においても，相当程度の自主立法権，自主行政権，自主財政権等地方自治の基本的権能を附与された地域団体であることを必要とするものというべきである。」「特別区は，その長の公選制が法律によって認められていたとはいえ，憲法制定当時においてもまた昭和 27 年 8 月地方自治法改正当時においても，憲法 93 条 2 項の地方公共団体と認めることはできない。」（区議会による区長の選任を定めた地方自治法の規定は違憲ではなく有効であるとし，地方自治法を違憲とした原審を破棄し，差し戻した。）

16-2 法律と条例 —— 徳島市公安条例事件

★★★☆☆

最大判昭和 50・9・10 刑集 29 巻 8 号 489 頁

【事　実】 事実については，10-2（徳島市公安条例事件）を参照。

【判　旨】 破棄自判。「地方自治法 14 条 1 項は，普通地方公共団体は法令に違反しない限りにおいて同法２条２項の事務に関し条例を制定することができる，と規定しているから，普通地方公共団体の制定する条例が国の法令に違反する場合には効力を有しないことは明らかであるが，条例が国の法令に違反するかどうかは，両者の対象事項と規定文言を対比するのみでなく，それぞれの趣旨，目的，内容及び効果を比較し，両者の間に矛盾牴触があるかどうかによってこれを決しなければならない。例えば，ある事項について国の法令中にこれを規律する明文の規定がない場合でも，当該法令全体からみて，右規定の欠如が特に当該事項についていかなる規制をも施すことなく放置すべきものとする趣旨であると解されるときは，これについて規律を設ける条例の規定は国の法令に違反することとなりうるし，逆に，特定事項についてこれを規律する国の法令と条例とが併存する場合でも，後者が前者とは別の目的に基づく規律を意図するものであり，その適用によって前者の規定の意図する目的と効果をなんら阻害することがないときや，両者が同一の目的に出たものであっても，国の法令が必ずしもその規定によって全国的に一律に同一内容の規制を施す趣旨ではなく，それぞれの普通地方公共団体において，その地方の実情に応じて，別段の規制を施すことを容認する趣旨であると解されるときは，国の法令と条例との間にはなんらの矛盾牴触はなく，条例が国の法令に違反する問題は生じえない」。（本件について，徳島市公安条例３条３号，５条の規定は，道路交通法77条１項４号，３項，119条１項13号，徳島県道路交通施行細則11条３号に違反しないとした。）

16-3　地方公共団体の課税権 ―― 神奈川県臨時特例企業税事件

★★☆☆☆

最判平成25・3・21民集67巻3号438頁

【事　実】　神奈川県（Y）は，財政の安定化を目標として，2001（平成13）年に条例で，法定外普通税としての臨時特例企業税を設けた。これは，法人事業税に外形標準課税が導入されるまでの間の臨時的，特例的な措置として，一定規模以上の法人の事業活動に対象を限定しながらも，地方税法上の課税標準とは異なる外形標準課税方式によって法人に課税するものであった。この臨時特例企業税を課されたXは，当該条例は法人事業税の課税標準である所得金額の計算について欠損金の繰越控除を定める地方税法の規定に違反し，違法，無効であると主張した。１審はXの誤納金の還付等を求める主位的請求を認容したが，Yが控訴。２審は，１審判決を取り消し，Xの請求をすべて棄却。Xが上告。

【判 旨】 破棄自判，被上告人の控訴棄却。普通地方公共団体は，「その区域内における当該普通地方公共団体の役務の提供等を受ける個人又は法人に対して国とは別途に課税権の主体となることが憲法上予定されている」が，憲法は，「課税権の具体的内容について規定しておらず，普通地方公共団体の組織及び運営に関する事項は法律でこれを定めるものとし（92条），普通地方公共団体は法律の範囲内で条例を制定することができるものとしていること（94条），さらに，租税の賦課については国民の税負担全体の程度や国と地方の間ないし普通地方公共団体相互間の財源の配分等の観点からの調整が必要であることに照らせば，」「租税の税目，課税客体，課税標準，税率」等は，「租税法律主義（84条）の原則の下で，法律において地方自治の本旨を踏まえてその準則を定める」べきであり，法律で準則が定められれば，「普通地方公共団体の課税権は，これに従ってその範囲内で行使されなければならない」。「本件条例の規定は，地方税法の」「趣旨，目的に反し，その効果を阻害する内容のものであって，法人事業税に関する同法の強行規定と矛盾抵触するものとしてこれに違反し，違法，無効である」。

16-4 大阪市売春取締条例事件

★☆☆☆☆

最大判昭和37・5・30刑集16巻5号577頁

【判 旨】「条例は，法律以下の法令といっても，」「公選の議員をもって組織する地方公共団体の議会の議決を経て制定される自治立法であって，行政府の制定する命令等とは性質を異にし，むしろ国民の公選した議員をもって組織する国会の議決を経て制定される法律に類するものであるから，条例によって刑罰を定める場合には，法律の授権が相当な程度に具体的であり，限定されておればたりると解するのが正当である」。

＊本判決は，地方自治法14条5項（当時，現3項）による条例への罰則規定の授権が相当な程度に具体的であることに言及しているが，当該事項は後の法改正により，刑罰の種類や上限を特定するのみで，罰則の対象となる事項には限定のない規定に改められている（現・14条3項）。

なお，本章ではここまで，地方公共団体の（条例による）課税権（ 16-3 ），条例による処罰（ 16-4 ）の許容性や範囲について扱ってきたが，条例による財産権制約については， 9-16 （奈良県ため池条例事件）を参照。

第 17 章
最高法規

17-1 旧憲法以前に制定された法令の新憲法下での効力

最大判昭和 36・7・19 刑集 15 巻 7 号 1106 頁

★☆☆☆☆

【判　旨】 明治 6 年太政官布告 65 号（絞罪器械図式）が定める死刑の執行方法に関する事項は，「死刑の執行方法の基本的事項であって，死刑のような重大な刑の執行方法に関する基本的事項は，旧憲法下においても法律事項に該当すると解するを相当とし（旧憲法 23 条），その限度においては同布告は旧憲法下において既に法律として遵由の効力を有していた」。「新憲法下においても，同布告に定められたような死刑の執行方法に関する基本的事項は，法律事項に該当する」。「昭和 22 年法律 72 号『日本国憲法施行の際現に効力を有する命令の規定の効力等に関する法律』は，新憲法下において法律をもって規定することを要するとされている事項を定めた従前の命令の規定につき，その新憲法下における効力を定めたものであって，旧憲法下において既に法律としての効力の認められた法令……については，触れるところはない」から，同布告は「新憲法下においても，法律と同一の効力を有するものとして存続している」。

17-2 旧憲法上の法律の新憲法下での効力

最大判昭和 23・6・23 刑集 2 巻 7 号 722 頁

★☆☆☆☆

【判　旨】 「昭和 20 年勅令第 542 号『ポツダム宣言ノ受諾ニ伴ヒ発スル命令ニ関スル件』は，旧憲法第 8 条に基いて発せられた所謂緊急勅令〔ポツダム緊急勅令〕であって，この勅令は，周知のごとく，我が国がポツダム宣言を受諾して，同宣言の定むる諸条項を誠実に履行すべき義務を負い，且つ降伏文書に調印して，同文書の定むる降伏条項を実施するため適当と認むる措置をとる連合国最高司令官の発する命令を履行するに必要な緊急処置として制定されたものである」。「所論の緊急勅令は議会に提出されて，昭和 20 年 12 月 8 日貴族院において，同月 18 日衆議院において，それぞれ承諾された。従って，その後は旧憲法上法律と同一の効力を有することとなったのである。そして，旧憲法上の法律は，その内容が新憲法の条規に反しない限り，新憲法の施行と同時にその効力を失うものではなく，なお法律としての効力を有するものである。このことは新憲法第 98 条の規定によって窺われるところである。されば，緊急勅令が新憲法の施行と共に失効し，これに基く銃砲等所持禁止令も亦その効力を失ったことを前提とする論旨は理由がない。」

17-3 ポツダム緊急勅令に基づくポツダム命令の合憲性 —— 政令 201 号事件

★☆☆☆☆

最大判昭和 28・4・8 刑集 7 巻 4 号 775 頁

【判　旨】 ポツダム宣言の受諾に伴う「連合国の管理下にあっては，日本国の統治権限は一般には憲法によって行われているが，連合国最高司令官が降伏条項を実施するため適当と認める措置をとる関係においては，その権力によって制限を受ける法律状態におかれて」おり，「連合国最高司令官は，降伏条項を実施するためには，日本国憲法にかかわりなく法律上全く自由に自ら適当と認める措置をとり，日本官庁の職員に対する指令を発してこれを遵守実施せしめることを得るのである」。「政府ハポツダム宣言ノ受諾ニ伴ヒ連合国最高司令官ノ為ス要求ニ係ル事項ヲ実施スル為，特ニ必要アル場合ニ於テハ命令ヲ以テ所要ノ定ヲ為シ及必要ナル罰則ヲ設クルコトヲ得」と定める「ポツダム」宣言ノ受諾ニ伴ヒ発スル命令ニ関スル件（ポツダム緊急勅令）は，「連合国最高司令官の為す要求に係る事項を実施する必要上制定されたものであるから，日本国憲法にかかわりなく憲法外において法的効力を有するものと認めなければならない」。

＊本判決が示した，ポツダム緊急勅令に基づく政令 201 号による労働基本権の制約についての判示部分は，11-17（政令 201 号事件）参照。

関連年表

年	主要判例	世の中のできごと
1945 (昭 20)		国際連合の成立 ポツダム宣言受諾（8/14），降伏文書に署名（9/2），GHQ の占領統治開始
1946 (昭 21)		人間宣言 **GHQ が憲法改正に関する草案を日本政府へ手交** **日本国憲法の公布** 自作農創設特別措置法（第二次農地改革）
1947 (昭 22)		**日本国憲法の施行** 教育基本法，地方自治法などの憲法附属法の公布，民法（家族法）改正
1948 (昭 23)		刑事訴訟法公布（1949 年施行） 昭和電工事件 ポツダム政令 201 号 大韓民国，朝鮮民主主義人民共和国誕生
1949 (昭 24)		国鉄に絡む下山事件，松川事件，三鷹事件の発生 中華人民共和国誕生 東西ドイツ誕生
1950 (昭 25)		警察予備隊の創設 朝鮮戦争始まる
1951 (昭 26)		サンフランシスコ平和条約（講和条約）の締結 日本社会党の分裂
1952 (昭 27)	14-25 警察予備隊違憲訴訟	講和条約・日米安全保障条約発効 保安隊発足 抜き打ち解散（→14-28）
1953 (昭 28)	9-21 農地改革事件	朝鮮戦争の休戦 奄美群島の日本復帰
1954 (昭 29)	8-1 新潟県公安条例事件	第五福竜丸事件 造船疑獄事件 自衛隊の発足
1955 (昭 30)		日本社会党の統一と自由民主党の結党（55 年体制の確立） イタイイタイ病発生 第 1 回原水爆禁止世界大会

年	主要判例	世の中のできごと
1956 (昭31)	6-1 謝罪広告事件	日ソ共同宣言 **憲法調査会法** 水俣病発生 国際連合に加盟
1957 (昭32)	7-7 『チャタレー夫人の恋人』事件	
1958 (昭33)		東京タワーが竣工
1959 (昭34)	2-2 砂川事件上告審	伊勢湾台風
1960 (昭35)	14-28 苫米地事件 8-2 東京都公安条例事件	日米安全保障条約の改定，安保闘争起こる 浅沼稲次郎刺殺事件
1961 (昭36)		
1962 (昭37)	10-1 第三者所有物没収事件	キューバ危機
1963 (昭38)	7-66 東大ポポロ事件 9-16 奈良県ため池条例事件	日本初の原子力発電所，東海発電所稼働
1964 (昭39)		第二水俣病発生 オリンピック東京大会 **憲法問題調査会『最終報告書』提出**
1965 (昭40)		高度経済成長政策（コンビナートづくり進む） アメリカの北爆開始（ベトナム戦争） 日韓基本条約発効
1966 (昭41)	11-18 全逓東京中郵事件	ビートルズ来日
1967 (昭42)	11-2 朝日訴訟 2-6 恵庭事件	初の建国記念日の適用 公害対策基本法公布 四日市ぜんそく裁判が提訴される
1968 (昭43)		東大紛争や日大紛争などの全共闘運動が激化 小笠原諸島返還 三億円事件
1969 (昭44)	11-19 都教組事件 7-38 博多駅取材フィルム提出命令事件 4-4 京都府学連事件	東大安田講堂事件 平賀書簡事件

年	主要判例	世の中のできごと
1970 (昭 45)	3-12 八幡製鉄政治献金事件	日米新安全保障条約自動継続 大阪万博 よど号ハイジャック事件
1971 (昭 46)		ニクソン・ショック 渋谷暴動事件 中国の国連代表権が中華民国政府（台北）から中華人民共和国政府（北京）へ
1972 (昭 47)	9-3 小売市場事件 10-15 川崎民商事件 10-21 高田事件	あさま山荘事件 冬季オリンピック札幌大会 公害反対運動が高まる 沖縄返還協定発効 日中共同声明調印（日中国交正常化・日台断交）
1973 (昭 48)	3-20 三菱樹脂事件 11-20 全農林警職法事件 5-2 尊属殺人罪違憲判決	上尾事件 ベトナム和平協定の調印 変動相場制移行 第 4 次中東戦争，石油輸出制限 石油危機（オイルショック），狂乱物価
1974 (昭 49)	7-60 猿払事件	佐藤栄作ノーベル平和賞受賞
1975 (昭 50)	9-4 薬事法違憲判決 10-2 徳島市公安条例事件	第 1 回主要先進国首脳会議
1976 (昭 51)	5-18 衆議院議員選挙昭和 51 年判決 11-9 旭川学力テスト事件	ロッキード事件
1977 (昭 52)	6-15 津地鎮祭事件	ダッカ日航機ハイジャック事件
1978 (昭 53)	3-4 マクリーン事件 9-18 事後法による財産権の内容変更の合憲性	第二次オイルショック 成田空港開港 核兵器完全禁止・被爆者援護世界大会 日中平和友好条約発行 「日米防衛協力のための指針」（ガイドライン）合意
1979 (昭 54)		米中の国交正常化 大学共通第 1 次学力試験導入 国際人権規約を批准
1980 (昭 55)		イラン・イラク戦争（～88） ソ連のアフガニスタン侵攻（～89）
1981 (昭 56)	14-19 板まんだら事件	

年	主要判例	世の中のできごと
1982 (昭 57)	11-3 堀木訴訟上告審	川崎公害裁判が開始
1983 (昭 58)	3-18 よど号ハイジャック記事墨塗り事件	ファミリーコンピュータ発売
1984 (昭 59)	7-1 札幌税関事件	ロス疑惑報道　グリコ・森永事件 国籍法改正（父母両系血統主義）
1985 (昭 60)	10-3 福岡県青少年保護育成条例事件	女子差別撤廃条約を批准 電電公社の民営化（NTT 誕生） 日本専売公社の民営化（JT 誕生） 日航ジャンボ機墜落事故 G5 でプラザ合意（昭和 60 年の円高不況）
1986 (昭 61)	7-2「北方ジャーナル」事件	男女雇用機会均等法の施行 チェルノブイリ原発事故 衆参同日選
1987 (昭 62)	9-13 森林法共有林事件違憲判決	バブル景気（平成景気）が本格化 国鉄分割・民営化（JR 誕生） 韓国民主化 中距離核戦力（INF）全廃条約に調印
1988 (昭 63)	14-17 共産党袴田事件 6-16 自衛官合祀訴訟	リクルート事件 瀬戸大橋，青函トンネル開通
1989 (平元)	7-48 レペタ法廷メモ訴訟	昭和天皇崩御，平成に改元 消費税施行（3%） ベルリンの壁崩壊
1990 (平 2)		大学入試センター試験導入 東西ドイツ統一 米ソ，冷たい戦争の終結宣言
1991 (平 3)		バブル経済崩壊 湾岸戦争　自衛隊のペルシャ湾派遣
1992 (平 4)	10-5 成田新法事件	国連平和維持活動（PKO）協力法の施行，自衛隊カンボジア PKO に派遣 ソビエト社会主義共和国連邦の解体 米ソ戦略兵器削減条約調印
1993 (平 5)		非自民連立政権の誕生（55 年体制崩壊）

年	主要判例	世の中のできごと
1994 (平6)		ヨーロッパ連合（EU）の成立 **読売新聞社「憲法改憲試案」公表** 北朝鮮核危機 自社さ連立村山政権誕生（日本社会党による自衛隊・日米安保条約容認） 児童の権利に関する条約（子どもの権利条約）の批准 選挙制度改革と小選挙区制の導入
1995 (平7)	13-14 ロッキード事件（丸紅ルート） 8-5 泉佐野市民会館事件 14-18 日本新党繰上当選事件	WTO発足 阪神・淡路大震災 地下鉄サリン事件 刑法口語化 村山談話 沖縄米兵少女暴行事件
1996 (平8)	6-13 宗教法人オウム真理教解散命令事件 3-14 南九州税理士会事件 6-12 エホバの証人剣道不受講事件	携帯電話・PHSの契約者数が急増 台湾初の総統直接選（台湾海峡危機） 包括的核実験禁止条約成立 らい予防法廃止 新民事訴訟法公布
1997 (平9)	6-19 愛媛玉串料訴訟 11-11 第三次家永訴訟上告審 13-10 病院長自殺国賠訴訟	消費税改定（5%） 香港返還 臓器移植法 アイヌ文化振興法 行政改革会議最終布告 地球温暖化防止京都会議 日米新ガイドライン合意
1998 (平10)	14-2 寺西判事補分限裁判	冬季オリンピック長野大会
1999 (平11)	12-9 重複立候補制／比例代表制／小選挙区制／選挙運動をめぐる別異取り扱い	NATOのコソボ空爆 日米防衛協力の指針（ガイドライン）関連法成立 国旗国歌法 東海村JCO臨界事故 自民・自由・公明連立内閣が成立 情報公開法公布（2001年施行） 民法改正（行為能力制度改正・施行は2000年）
2000 (平12)	4-14 エホバの証人輸血拒否事件	三宅島大噴火・全島避難（~04） ストーカー規制法

年	主要判例	世の中のできごと
2001 (平 13)		中央省庁再編 第 1 次小泉内閣発足 米で同時多発テロ，米国等によるアフガニスタン攻撃 司法制度改革推進法成立
2002 (平 14)	9-14 証券取引法 164 条 1 項合憲判決 12-16 郵便法違憲訴訟	日韓共催のサッカーワールドカップ 住基ネット稼働開始 日朝首脳会談・拉致被害者 5 名帰国
2003 (平 15)		イラク戦争 有事関連 3 法，イラク特措法
2004 (平 16)		国立大学法人化 法科大学院発足 自衛隊イラク派遣 有事関連 7 法 2 度目の日朝首脳会談，一部拉致被害者家族帰国 行政事件訴訟法改正（2005 年施行）
2005 (平 17)	12-3 在外日本国民選挙権制限規定違憲判決	道路関係四公団が分割民営化 会社法公布（2006 年施行） 郵政解散 沖国大米軍ヘリ墜落事件 郵政民営化法
2006 (平 18)	15-1 旭川市国民健康保険料条例事件	教育基本法の改正
2007 (平 19)	8-9 広島市暴走族追放条例事件	**日本国憲法の改正手続に関する法律（憲法改正国民投票法）公布** 郵政民営化により日本郵政グループが発足 防衛省発足
2008 (平 20)	4-10 住基ネット訴訟 5-4 国籍法違憲判決	iPhone の日本での発売（スマートフォンの普及が始まる） リーマン・ショック
2009 (平 21)		裁判員制度が始まる 民主・社民・国民新三党連立内閣が成立
2010 (平 22)	6-25 空知太神社事件	日本航空が会社更生法の適用を申請 GDP 日中逆転
2011 (平 23)	14-8 裁判員制度の合憲性 6-6 「日の丸」「君が代」起立斉唱職務命令事件 15-3 不利益遡及を有する租税法規	東日本大震災，福島第一原子力発電所で事故

年	主要判例	世の中のできごと
2012 (平24)	5-23 参議院平成24年判決 7-61 堀越事件	**自由民主党「日本国憲法改正案」公表** 尖閣諸島国有化 自公連立政権の復帰
2013 (平25)	13-6 医薬品ネット販売権訴訟 5-20 衆議院議員選挙平成25年判決 5-5 非嫡出子相続分規定違憲決定	特定秘密保護法成立
2014 (平26)		消費税改定（8%） 集団的自衛権の行使を認める憲法解釈の変更を閣議決定
2015 (平27)	5-9 女性の再婚禁止期間違憲訴訟 5-10 夫婦同氏制を定める民法750条の合憲性	選挙権年齢が満18歳以上に引き下げ（翌年施行） 安全保障関連法成立 日米ガイドライン再改定
2016 (平28)		熊本地震　マイナンバー制度本格開始
2017 (平29)	10-14 令状なしのGPS捜査	森友・加計学園問題 民法債権法改正（2020年施行）
2018 (平30)		北海道胆振東部地震や大阪府北部地震，西日本豪雨などの自然災害 成人年齢が18歳（2022年から）
2019 (平31／令元)		平成天皇が退位。新天皇が即位。令和に改元。 消費税改定（一部10%）
2020 (令2)		COVID-19の流行
2021 (令3)	6-27 那覇市孔子廟訴訟	オリンピック・パラリンピック東京大会（1年延期して開催）

判例索引

＊太字は本書の見出し判例を示す

■最高裁判所

■高等裁判所

■地方裁判所・簡易裁判所

憲法判例コレクション

A Collection of Cases on the Constitution of Japan

2021年11月15日　初版第1刷発行
2024年 7 月30日　初版第2刷発行

編　者　小泉良幸
　　　　松本哲治
　　　　横大道聡

発行者　江草貞治

発行所　株式会社 有斐閣

郵便番号 101-0051
東京都千代田区神田神保町 2-17
https://www.yuhikaku.co.jp/

印刷・大日本法令印刷株式会社／製本・大口製本印刷株式会社

ISBN 978-4-641-22811-5